Catalogage avant publication de Bibliothèque et Archives nationales du Québec et Bibliothèque et Archives Canada
Titre : Transformation financière totale : reprenez le contrôle de vos finances / Dave Ramsey; traduction, Jocelyne Roy.
Autres titres : Total money makeover. Français
Noms : Ramsey, Dave, auteur.
Description : Édition 20e anniversaire. | Traduction de : The total money makeover : a proven plan for financial peace.
Identifiants : Canadiana 20250045230 | ISBN 9782925337485
Vedettes-matière : RVM : Finances personnelles. | RVM : Dettes.
Classification : LCC HG179.R3614 2025 | CDD 332.024/02—dc23

Adresse municipale :
Les éditions Un monde différent
3905, rue Isabelle, bureau 101
Brossard (Québec) Canada
J4Y 2R2
Tél. : 450 656-2660 ou 800 443-2582
Téléc. : 450 659-9328
Site Internet : www.umd.ca
www.facebook.com/EditionsUnMondeDifferent
Courriel : info@umd.ca

Adresse postale :
Les éditions Un monde différent
C.P. 51546
Greenfield Park (Québec)
J4V 3N8

Cet ouvrage a été publié en anglais sous le titre original :
THE TOTAL MONEY MAKEOVER : A PROVEN PLAN FOR FINANCIAL PEACE
Expanded and Updated Edition
Par Dave Ramsey
Publié et distribué à Nashville, Tennessee par
Thomas Nelson Books

Dépôts légaux : 4e trimestre 2025

Bibliothèque et Archives nationales du Québec
Bibliothèque et Archives Canada
Bibliothèque nationale de France

Diffusé et importé par Interforum, 92 avenue de France, 75013 Paris – contact.clientele@interforum.fr

Conception graphique de la couverture :
OLIVIER LASSER

Version française :
JOCELYNE ROY

Photocomposition et mise en pages :
ANDRÉA JOSEPH [pagexpress@icloud.com]

Typographie : Minion Pro 12 sur 16

ISBN 978-2-925337-48-5/1re impression

(Édition originale : ISBN 978-1-4003-4252-5 ; ISBN 978-1-4003-4255-6, eBook ; ISBN 978-1-4003-4254-9, audio)

Financé par le gouvernement du Canada | Canada

Gouvernement du Québec – Programme de crédit d'impôt pour l'édition de livres et l'aide à l'édition – Gestion SODEC.

IMPRIMÉ AU CANADA

TRANSFORMATION FINANCIÈRE *totale*

DAVE RAMSEY

TRANSFORMATION FINANCIÈRE *totale*

REPRENEZ LE CONTRÔLE DE VOS FINANCES

UN MONDE DIFFÉRENT

À ma magnifique épouse, Sharon, qui m'a accompagné bras dessus, bras dessous tout au long de notre métamorphose financière – je t'aime, chérie.

Aux superstars de toute l'Amérique qui ont eu le courage d'affronter la personne dans le miroir, la culture, leur famille et même leurs collègues en « acceptant de vivre comme personne d'autre afin de pouvoir vivre comme personne d'autre plus tard ». Vous qui avez eu le courage d'accomplir une transformation financière totale du cœur et du portefeuille, vous êtes les vraies superstars.

Aux membres de l'équipe de Ramsey Solutions et de l'équipe de Thomas Nelson pour les heures interminables qu'ils ont consacrées à ce projet afin de mettre ce matériel à la disposition de tous les habitants de ce grand pays.

Table des matières

Introduction

Lisez les récits de vies qui ont été transformées par ce livre ! En fait, je vous recommande de parcourir le livre en lisant d'abord toutes ces histoires. Elles vous inciteront à consulter cet ouvrage jusqu'au bout et à mettre en œuvre le plan éprouvé pour une bonne santé financière.

Il y a de nombreuses années, je me suis découvert une vocation : révéler aux gens la vérité sur les dettes et l'argent et leur donner l'espoir et les outils nécessaires pour accéder à la liberté financière. J'ai commencé par quelques conférences et j'ai publié un petit livre intitulé *Financial Peace*. Plus tard, *Financial Peace* a été publié par un éditeur new-yorkais et est devenu notre premier best-seller du *New York Times*. Je me suis mis à animer une petite émission de radio locale qui est maintenant diffusée par des centaines de stations à travers le pays, ainsi que sur des plateformes comme YouTube et Spotify. Tout cela représente des millions d'auditeurs qui nous écoutent chaque semaine. Il y a 30 ans, nous avons commencé à donner un cours appelé Financial Peace University, que des millions de familles ont suivi. Puis est arrivé *Transformation financière totale*.

Je suis persuadé que les finances personnelles sont constituées à 80 % de comportements et à seulement 20 % de connaissances théoriques. Notre concentration sur le comportement – en réalisant que la plupart des gens ont une bonne idée de ce qu'il *faut* faire avec l'argent, mais pas de la *manière* de le faire – nous a conduits à une vision différente des finances personnelles. La plupart des professionnels de la finance commettent l'erreur de ne vous montrer que les chiffres, pensant que vous ne comprenez tout simplement rien aux mathématiques. Je crois vraiment que le problème avec mon argent vient du type que je vois dans le miroir. S'il veut bien se comporter, il peut bien s'en tirer avec l'argent. Le calcul de la création de richesses n'est pas sorcier ; il est simple, mais il faut LE FAIRE !

Le plan éprouvé de transformation financière totale que j'enseigne a donc connu un grand succès, et ce n'est pas parce que j'ai découvert les secrets des riches. Ce n'est pas parce que j'ai eu une révélation que personne d'autre n'a jamais eue sur les cartes de crédit. Ce n'est pas non plus parce que je suis le seul à avoir un plan « effet boule de neige ». Au contraire, ce plan éprouvé exerce un impact national parce que j'ai compris que pour changer votre façon de gérer l'argent, *vous* devez changer. Il faut changer de vie. Lorsque vous changerez votre vie, vous vous débarrasserez de vos dettes, vous donnerez et vous investirez à un rythme incroyable. Lorsque vous lirez les histoires contenues dans ce livre, vous ne découvrirez pas des mathématiques ou des systèmes magiques, mais des vies transformées. Vous lirez des récits de relations et de mariages transformés. Car lorsque vous changez votre vie, vous changez vraiment votre vie.

Aussi, lorsque Mike Hyatt, alors président et directeur général de Thomas Nelson Publishers, m'a présenté le concept d'un livre sur la *Transformation financière totale*, j'ai été très enthousiaste, car je savais que ce livre inciterait les lecteurs à passer immédiatement à l'action grâce à un processus simple, étape par étape, qui ne pouvait qu'aboutir à des résultats qui changeraient leur vie. L'espoir – la lumière au bout du tunnel qui n'est pas un train qui arrive – est une force très puissante.

Aussi enthousiaste que j'étais, je n'avais à cette époque aucune idée de ce que j'étais en train de commencer. Je pensais que c'était du bon sens, mais il s'avère que le sens commun n'est plus si commun que ça. Ce livre a frappé le marché comme un éclair – ce dernier a tout simplement explosé ! Et ce n'est pas parce que j'étais un génie ; c'est parce que le pays était prêt pour un réveil financier. C'est parce que les familles nord-américaines – des hommes et des femmes qui travaillent dur et qui en ont assez d'être malades et fatigués sur le plan financier – étaient prêtes à changer de vie. Aujourd'hui, plus d'une décennie plus tard, je suis époustouflé par ce que ces gens ont accompli, et je suis honoré d'avoir joué un petit rôle dans leur métamorphose.

Au cours de toutes ces années, *Transformation financière totale* a donné de l'ESPOIR à des millions de familles. Ce livre leur a donné l'espoir de gagner, et cet espoir les a poussées à agir et à revendiquer la victoire finale sur leurs soucis financiers – et à *gagner* réellement ! Le nombre de personnes que je rencontre dans tout le pays et qui me disent que c'est le premier livre, quel qu'il soit, qu'elles ont lu au cours des 10 dernières années est stupéfiant. *Transformation financière totale* est un ouvrage qui s'adresse à tout le monde, aussi bien aux personnes à revenu élevé, comme c'est mon cas, qu'aux personnes qui commencent au bas de l'échelle, comme je l'ai fait par le passé.

Vous êtes sur le point de découvrir un processus, un plan éprouvé, pour gagner. Vous trouverez ce plan très simple, mais aussi très inspirant. Les principes ne sont pas les miens. Je les ai tous volés à Dieu et à votre grand-mère. Ces principes sont le fruit du sens commun, qui, encore une fois, n'est plus si commun que ça. Le plan est le mien – et je ne suis pas un génie –, créé en observant simplement des millions de personnes avec lesquelles j'ai interagi par le biais de la radio, de la télévision, de livres, de séminaires, du réseau Internet, du courrier électronique, des balados et de nos événements en direct. J'ai réussi à transformer le sens commun en matière d'argent en un plan que tout le monde peut mettre en œuvre. Et des millions de personnes le font !

Lorsque j'ai commencé à parler de ces principes il y a plusieurs années, je savais qu'ils nous avaient aidés, mon épouse Sharon et moi, à survivre à une faillite et à commencer à prospérer. Les 100 premières fois où j'ai parlé d'argent, je n'étais pas aussi sûr des principes que je le suis aujourd'hui. Maintenant, je regarde dans les yeux des millions de personnes qui ont suivi ce plan et qui ont connu, comme nous, l'excitation, l'espoir et la gratitude. Je suis tellement reconnaissant de leur avoir confié non seulement un plan qui a fait ses preuves, mais aussi de les avoir incitées à changer leur arbre généalogique.

J'ai tellement confiance dans les principes exposés dans *Transformation financière totale* et dans ce processus que je ne supporte pas que quelqu'un ne comprenne pas. Parce que je suis tellement convaincu que mon plan fonctionnera pour tout le monde, mes réponses aux mêmes questions ne changeront jamais. En reconnaissant et en divulguant certaines vérités de base et le bon sens quotidien, j'ai convaincu des millions de gens de transformer leur vie – d'accomplir une transformation financière totale. Serez-vous le prochain ?

Ce que ce livre n'est PAS

Je sais que vous aurez peut-être du mal à le croire, mais je reçois beaucoup de courrier haineux et de critiques. Ce livre et ce que j'y ai dit ou n'y ai pas dit ont suscité beaucoup de négativité et d'insultes. C'est amusant. Pas parce que j'ai l'intention d'offenser qui que ce soit ou parce que j'aime lire les choses désagréables que les gens disent souvent. C'est amusant parce que la négativité signifie deux choses: premièrement, pour certaines personnes, nous touchons un nerf qui doit être touché pour qu'elles changent leur vie, et deuxièmement, je suis activement et passionnément à la poursuite de la vérité. Aristote a dit un jour: « Il n'y a qu'une seule façon d'éviter la critique: ne rien faire, ne rien dire et n'être rien. » Je ne peux pas aider des millions de personnes à changer leur vie en ne faisant rien, en ne disant rien et en n'étant rien. Je prends donc la colère, la critique et même le courrier haineux comme un encouragement.

Mon éditeur m'a suggéré de « répondre à mes critiques ». Je ne le ferai pas. Ma grand-mère disait: « Ceux qui sont convaincus contre leur gré demeurent toujours du même avis. » Cependant, je ne veux pas que vous, cher lecteur, soyez induit en erreur. Il convient donc que je vous dise ce que ce livre n'est PAS. Ainsi, vous pourrez décider de dépenser ou non votre argent durement gagné pour l'acheter.

CE LIVRE N'EST PAS SOPHISTIQUÉ OU COMPLIQUÉ

Si vous cherchez un guide détaillé et approfondi de l'investissement, vous ne l'avez pas trouvé. Si vous cherchez un discours académique ennuyeux qui vous endormira et dont les mots ne servent qu'à soutenir l'ego de l'auteur, vous ne l'avez pas déniché. Ce que j'ai découvert, c'est que certaines des vérités les plus profondes et les plus susceptibles de transformer votre vie sont très simples.

Dans notre culture, nous adorons ce qui est compliqué et sophistiqué. Si vous savez à quoi servent toutes les touches de votre télécommande, il se peut que vous n'en ayez pas une bonne. Dans le monde de la finance, on nous a appris à faire preuve d'un snobisme arrogant. Certains pensent que les idées simples ne sont pas profondes et qu'au contraire, les idées simples sont pour les « petites gens ». C'est une notion erronée et méprisante. J'ai rencontré des milliers de millionnaires et, dans presque tous les cas, leur philosophie de l'investissement et de l'argent est *très* simple. Pas plus tard que cette semaine, je discutais d'investissement et de structure d'entreprise avec un ami dont le patrimoine net est supérieur à 20 millions de dollars, et il m'a dit : « Je garde toujours les choses simples et limpides. » Seuls les gogos de la finance aiment compliquer les choses pour justifier leur existence ou le coût de leurs études. Ne cherchez pas ici un guide détaillé sur l'élaboration d'un plan successoral ou une théorie approfondie sur l'investissement. Ce n'est pas ce que je fais. Ce que je fais, c'est aider les gens à comprendre et à appliquer des vérités ancestrales sur l'argent qui changeront véritablement leur vie.

CE LIVRE NE TRAITE PAS DE QUELQUE CHOSE QUI N'A JAMAIS ÉTÉ DIT

Il existe aujourd'hui de nombreux grands auteurs qui traitent de l'argent, et il y en a encore plus dans notre passé. Il y a très peu de choses que vous lirez dans ce livre que quelqu'un d'autre n'a pas écrites ou dites. Je dis souvent dans mon émission de radio que je donne les mêmes conseils financiers que votre grand-mère, mais j'ai encore toutes mes dents. Je vous suggère de lire beaucoup d'auteurs différents, comme je le fais. Je n'ai pas inventé grand-chose dans le domaine de l'argent. Ce que j'ai fait, c'est regrouper les informations traditionnelles dans un processus réalisable qui a inspiré des millions de personnes à agir. La plupart d'entre nous savons ce qu'il faut faire, mais nous avons du mal à le faire. Comment perdre du poids? En faisant plus d'exercice et en mangeant moins. Je le sais, et pourtant j'ai acheté et lu quelques livres sur le sujet pendant que je passais à l'action, et j'ai perdu 13 kilos. Les auteurs de ces livres m'ont-ils fait part de grandes idées révolutionnaires? Non, ils m'ont simplement donné un plan d'action et quelques détails à l'appui de ce que je savais déjà qu'il fallait faire. Bienvenue dans mon monde.

CE LIVRE NE VOUS INDUIRA PAS EN ERREUR SUR LES RENDEMENTS DES INVESTISSEMENTS

Il y a aujourd'hui dans notre pays plusieurs personnes qui ignorent les rendements offerts par un bon investissement. L'ignorance n'est pas un manque d'intelligence; c'est simplement «ne pas savoir». Malheureusement, de nombreuses personnes intelligentes mais ignorantes semblent penser qu'il est impossible d'obtenir un taux de rendement de 12% sur leur argent dans le cadre d'un investissement à long terme. Et que si j'affirme qu'un taux de rendement de 12% est disponible, c'est que je leur ai menti ou que je les ai induits en erreur.

Dans ce livre, je recommande de bons fonds communs de placement composés d'actions de croissance comme investissement à long terme et j'ose affirmer que vous devriez gagner 12% sur votre argent au fil du temps. Pour étayer cette affirmation audacieuse, il suffit d'examiner les moyennes historiques de l'indice Standard & Poor's 500. Largement considéré comme la meilleure jauge du marché américain des actions, le S&P 500 est un indice regroupant 500 des plus grandes entreprises des principaux secteurs de l'économie américaine. L'indice S&P 500 a progressé en moyenne de 11,59 % par année au cours des 90 dernières années, à l'heure où j'écris ces lignes. Ce chiffre inclut des périodes de récession assez importantes.

Cela signifie-t-il que vous pouvez vous attendre à une croissance de 11 à 12 % chaque année ? Bien sûr que non. Ce n'est pas ainsi que les choses fonctionnent. Le marché connaît des hauts et des bas en permanence, et c'est parfois un véritable tour de force. Il suffit de jeter un coup d'œil sur les dernières années pour se rendre compte qu'il s'agit de montagnes russes. En 2020, le rendement annuel du marché était de 18,02 %. En 2021, il était de 28,47 %. En 2022, il a chuté à 18,01 %. Mais les vrais investisseurs à long terme ne s'inquiètent pas trop des variations des rendements d'une année à l'autre. Ils considèrent l'historique sur le long terme, sachant que certaines années, les résultats seront à la hausse, et que d'autres années, ils seront à la baisse.

La plupart des experts et tous ceux qui ont suivi ne serait-ce qu'un cours de finance s'accordent à dire que le S&P 500 est une excellente mesure statistique des rendements boursiers. Il s'agit d'une telle norme, d'un tel indicateur, que pratiquement tous les fonds d'actions vous présenteront leurs rendements par rapport au S&P 500. Là encore, la moyenne à vie du S&P 500 est légèrement inférieure à 12 %. C'est pourquoi je l'utilise dans mes exemples. Ce n'est pas un chiffre magique. Il s'agit simplement d'un élément de la conversation sur l'investissement.

Voilà plusieurs années, j'ai acheté un fonds commun de placement d'actions de croissance et d'actions à fort rendement dans lequel j'investis toujours et qui a rapporté en moyenne 12,03 % par année depuis 1934, à l'heure où j'écris ces lignes. La semaine dernière, j'en ai acheté un autre qui a rapporté en moyenne plus de 13,9 % par année depuis 1973. Et encore un autre avec un rendement annuel moyen de 12,01 % depuis 1984, un autre avec une moyenne de 12,39 % depuis 1973, et encore un autre avec une moyenne de 11,72 % depuis 1952. Tout courtier digne de ce nom et doté d'un cœur d'enseignant peut, dans son sommeil, vous conduire vers des fonds dont le rendement moyen dépasse 12 %. Ne laissez donc personne vous dire qu'il est impossible de prévoir un taux de 12 % lorsque vous envisagez des investissements sur 10 ans ou plus.

CE LIVRE N'EST PAS UNIQUEMENT CONSACRÉ AUX MATHÉMATIQUES, AUX STATISTIQUES, AUX FAITS ET AUX CHIFFRES

Ce livre traite de la vie. J'ai déjà dit que les finances personnelles ne représentent que 20 % de connaissances théoriques. Les 80 % restants – l'essentiel de la question – sont une question de comportements. Il n'y a pas de chiffre magique qui va transformer votre vie, pas de taux d'intérêt ou de rendement qui va soudainement tout changer. C'est pourquoi j'enseigne des concepts et non des formules mathématiques. Les chiffres économiques, les moyennes et les pourcentages peuvent changer avec le temps, mais les concepts et les principes présentés dans ce livre ne changeront pas.

CE LIVRE N'EST PAS ÉCRIT PAR QUELQU'UN QUI EST SANS DIPLÔMES UNIVERSITAIRES

J'énumère rarement mes diplômes officiels parce que, honnêtement, je ne pense pas qu'ils sont importants. J'ai rencontré tellement de gens fauchés avec des diplômes en finance que je pense presque que cela me discrédite d'avoir eu une formation formelle. Oui, j'ai un diplôme en finance. Oui, j'ai été ou je suis titulaire d'une licence dans l'immobilier, l'assurance et les investissements. Oui, j'ai de nombreuses lettres stupides à mettre après mon nom. Mais ce qui me qualifie le plus pour parler d'argent, c'est que j'ai fait des choses stupides avec des zéros à la fin. Je suis passé par là. J'ai un doctorat en STUPIDITÉ. Je sais donc ce que c'est que d'avoir peur et d'être marqué. Je sais ce que c'est que d'avoir un mariage qui ne tient qu'à un fil à cause du stress financier. Je sais ce que c'est que de voir ses espoirs et ses rêves anéantis par ses propres décisions stupides. *Cela* me qualifie tout particulièrement pour enseigner et pour aimer les personnes blessées. Une autre grande qualité est que j'ai utilisé les principes que j'enseigne pour m'enrichir personnellement. Mon épouse et moi avons vraiment vécu ce livre. Les choses que nous enseignons ne sont pas de la théorie – elles fonctionnent!

Mais les références pédagogiques dont je suis le plus sûr et qui me qualifient davantage sont les centaines de milliers d'histoires de personnes à travers l'Amérique qui ont été rendues publiques grâce à ce livre. Ce livre fonctionne, tout simplement. N'écoutez donc pas les conseils financiers de gens fauchés.

CE LIVRE N'EST PAS POLITIQUEMENT CORRECT

J'ai déclaré plus tôt que les finances personnelles sont constituées à 80 % de comportements appropriés. Pour considérer correctement le comportement et comprendre comment le modifier intelligemment, nous devons tenir compte de plusieurs éléments. Un comportement considéré intelligent prend en compte les aspects émotionnels, relationnels, familiaux, socio-économiques et spirituels. Ignorer l'un ou l'autre de ces éléments dans le cadre d'une discussion sur le changement de comportement en matière d'argent est une démarche incomplète et très naïve. C'est pourquoi j'aborde ouvertement l'aspect spirituel dans ce livre. En tant que chrétien, j'y inclus quelques versets bibliques.

Il ne s'agit pas d'un livre « chrétien », et certainement pas non plus d'une étude biblique sur le thème de l'argent. Mais il s'agit d'un livre sur un plan éprouvé pour trouver la paix financière que mon équipe et moi-même avons mis au point sur plusieurs décennies, et ce plan inclut la prise en compte des questions spirituelles liées à l'argent. J'ai donc contrarié les deux camps – ceux qui n'aiment pas cela parce que j'inclus des pensées spirituelles dans mes enseignements et ceux qui pensent que mes écrits ne sont pas assez spirituels. Quoi qu'il en soit, vous êtes prévenus.

CE LIVRE N'EST PAS FAUX

Ne confondez pas confiance extrême et arrogance. Je suis extrêmement confiant dans l'efficacité de ce matériel parce que des millions de personnes en ont bénéficié. Je ne suis pas arrogant parce que je sais que je ne suis pas personnellement responsable des changements de vie. Ce que j'enseigne est la vérité, et ces principes sont responsables des changements de vie. Mais je réponds toujours aux mêmes questions avec les mêmes réponses, même si les gens pensent parfois que leur situation est différente. Elle n'est pas différente. Les principes sont les mêmes et ils fonctionnent chaque fois.

CE LIVRE N'EST PAS IDENTIQUE À MES AUTRES LIVRES

Lorsque j'ai entrepris d'écrire *Transformation financière totale*, j'ai dû répondre à une question d'intégrité: pouvais-je honnêtement aller sur le marché et demander à mes lecteurs d'acheter un autre livre qui traitait du même sujet ? Je ne pouvais pas le faire en toute conscience. *Financial Peace* s'est vendu à des millions d'exemplaires au moment où j'écris ces lignes, alors avais-je vraiment besoin d'écrire un autre livre ? J'en suis venu à la conclusion qu'il y avait une nette différence entre les deux projets. *Financial Peace* traite de « ce qu'il faut faire avec l'argent ». C'est un excellent manuel de gestion intelligente de l'argent.

En quoi le livre *Transformation financière totale* est-il différent ? C'est plus qu'un livre qui enseigne « quoi faire », – c'est un plan qui montre « comment le faire ». Il s'agit d'un livre de processus. Nous visons à tisser soigneusement l'inspiration et l'information pour en faire un plan étape par étape. Oui, vous trouverez dans ce livre un grand nombre de sujets et de principes identiques à ceux que j'aborde dans mes autres ouvrages, mais ce livre est différent en ce sens qu'il s'agit d'un ouvrage axé sur le processus.

Si vous cherchez une tonne de nouvelles informations parce que vous êtes quelqu'un qui ne fait que rassembler des faits et des chiffres, vous serez déçu. Si vous voulez vous attaquer de front à la question de l'argent, vous adorerez ce livre. De nombreux lecteurs de *Financial Peace* m'ont dit que *Transformation financière totale* avait donné corps aux concepts auxquels ils avaient été initiés, et qu'ils étaient donc reconnaissants de l'avoir lu également. Mais encore une fois, ne vous attendez pas à de grandes révélations ou à des chapitres remplis de nouveaux principes.

CE LIVRE NE FAIT PAS L'OBJET DE PLAINTES OU DE CRITIQUES...

... de la part des personnes qui appliquent les principes qui y sont exposés. Jamais quelqu'un ne m'a écrit pour me dire: « J'ai établi un budget, je me suis libéré de mes dettes, je me suis mis d'accord avec mon conjoint, j'ai accumulé des richesses – et j'ai DÉTESTÉ ÇA. » La vie de tous ceux qui ont suivi ce plan et trouvé la liberté financière a été changée à jamais ! N'aimeriez-vous pas vivre la même transformation ? Vous pouvez être le prochain exemple de réussite dont les gens entendent parler. Vous pouvez bénéficier d'une transformation financière totale dès aujourd'hui !

Dindes volantes et baignade à poil

Lorsque j'étais enfant, ma grand-mère – une institutrice de deuxième année qui enseignait également le théâtre – avait l'habitude de m'asseoir sur ses genoux et de me faire la lecture. Elle lisait avec *beaucoup* d'enthousiasme et de théâtralité.

L'une des histoires pour enfants qu'elle me lisait était celle des trois petits cochons. L'un avait construit sa maison en paille, l'autre en bois et le dernier en briques. Vous connaissez l'histoire – les deux petits cochons qui ont construit leur maison « vite fait, mal fait » se sont amusés, ont fait la fête et se sont moqués du maçon parce qu'il prenait trop de temps et faisait trop d'efforts pour *bien* faire les choses. Bien sûr, lorsque le vent et la pluie sont arrivés, les deux adeptes du court terme ont fini par emménager chez leur frère. Pourquoi ? Parce que ce dernier s'était suffisamment bien préparé pour affronter les tempêtes. Les deux autres ont vu leur vie complètement bouleversée.

LES AVANTAGES ET LES INCONVÉNIENTS DES TEMPÊTES ÉCONOMIQUES

Si vous lisez ces lignes et que vous avez plus de 25 ans, vous avez déjà traversé plusieurs tempêtes économiques importantes. Vous avez assisté à l'effondrement des sociétés point-com et aux retombées économiques des attentats du 11 septembre 2001.

Vous avez été témoin de scandales d'entreprises très médiatisés et d'énormes pertes boursières. Vous avez survécu à la Grande Récession qui a entraîné un taux de chômage de 10 %, un nombre record de saisies immobilières et la destruction des comptes de retraite de millions d'Américains. Et, comme si nous pouvions oublier (si seulement nous pouvions oublier), il y a eu la récession liée à la COVID-19, une récession brutale, mais heureusement de courte durée, déclenchée par des fermetures d'entreprises et un déclin inévitable de l'activité des consommateurs.

Il s'agit là de véritables tempêtes économiques avec de réelles conséquences pour de vraies personnes. Et ce n'est que la partie émergée de l'iceberg. Depuis la Seconde Guerre mondiale, les États-Unis ont traversé plus d'une douzaine de récessions, de hausses (et de baisses) des taux d'intérêt, d'inflation, de fluctuations des marchés boursiers, de guerres et de conflits.

La bonne nouvelle, dans ce genre de tempête économique, c'est que l'on s'en remet. Certains d'entre nous tirent des leçons douloureuses à un niveau privé, individuel; d'autres tirent des leçons économiques à un niveau plus large, national. Nombreux sont ceux qui n'apprennent rien du tout.

La très bonne nouvelle, c'est que, pour certains, des événements comme ceux-là peuvent se transformer en Grande Dépression sur le plan émotionnel. La Grande Dépression a définitivement changé la façon dont de nombreuses personnes de cette génération géraient leur argent. Si vous avez la chance de connaître des gens qui étaient adultes à cette époque, ils ont probablement une façon complètement différente d'envisager l'endettement, l'épargne et le don que la plupart des personnes d'autres générations. C'est parce qu'ils ont vécu une expérience. Et comme le dit mon pasteur : « Un homme qui a de l'expérience n'est pas à la merci d'un homme qui a une opinion. »

J'ai fait faillite à la fin de la vingtaine et cette expérience a changé ma vie. Elle a même modifié la façon dont les bouleversements économiques extérieurs m'affectaient. Prenons la Grande Récession, par exemple. Lorsqu'elle a frappé en 2008, j'appliquais déjà les principes de ce livre dans ma vie depuis deux décennies et demie, et je n'étais donc qu'un spectateur. Cela ne m'a pas fait de mal. En fait, je m'en suis sorti en achetant des biens immobiliers à des prix intéressants et en investissant massivement en Bourse pendant que ces deux marchés étaient à la baisse.

J'ai passé les 30 dernières années à essayer d'amener les gens à vivre ces principes de transformation financière totale. Ceux qui ont écouté sont tout aussi prêts que moi pour la prochaine fois que les vents souffleront et que les tempêtes s'abattront sur nous. Ils ont des fondations solides.

DINDES VOLANTES

Qu'est-ce que tout cela signifie pour votre métamorphose financière ? La première leçon à tirer de cette tempête économique, c'est que votre processus et vos principes financiers doivent fonctionner en période de prospérité *et* en période de crise – sans quoi ils ne valent rien. Un fait intéressant concernant les cycles économiques modernes est que la période moyenne de récession dure environ 10 mois, alors que la période moyenne de croissance économique est presque 6 fois plus longue – soit 57 mois. Lorsque l'économie est en plein essor pendant une période aussi longue, les idées vraiment stupides commencent à donner l'impression de fonctionner à court terme. Les gens sont ainsi amenés à croire que les idées stupides sont intelligentes. Mais lorsque les idées stupides sont finalement soumises à des tests de résistance, elles se révèlent, en fin de compte, stupides.

En période de prospérité, on peut faire des bêtises avec son argent, se laisser aller et prendre des risques énormes sans s'en rendre compte. J'ai entendu dire que « même une dinde peut voler dans une tornade ». Les gens achètent des choses qu'ils ne peuvent pas se permettre avec de l'argent qu'ils n'ont pas pour impressionner d'autres personnes qu'ils n'aiment même pas, et ils le font en nombre record. Pire encore, ils semblent s'en tirer à bon compte !

Ils sont comme les deux petits cochons aux maisons de paille et de bois : tant que le soleil brille, la vie est une fête, et le petit cochon à la maison de briques semble un peu ringard, ou trop conservateur, voire fanatique. Mais lorsque leurs théories stupides sont mises à l'épreuve, leurs maisons s'écroulent.

Jim Collins, l'un des plus grands écrivains américains spécialisés dans les affaires, a écrit un livre intitulé *Ces géants qui s'effondrent*. Dans cet ouvrage, il aborde les cinq étapes du déclin lorsqu'une entreprise échoue ou tombe. Il y a là une grande application pour l'économie de notre pays et pour *votre* vie et la mienne.

Selon Collins, la première étape du déclin est marquée par un orgueil démesuré. L'orgueil et l'arrogance, associés à une fausse notion d'invincibilité, conduisent les puissants à prendre des risques énormes et ridicules. Dans notre cas, il s'agirait d'emprunter beaucoup d'argent et de ne pas épargner parce que « mon emploi est "stable" et que je peux me permettre des "paiements faciles" grâce à mon "emploi". »

Cette arrogance est à l'origine d'un manque de rigueur et d'un refus de prendre des risques. Voilà qui me ressemblait, à la fin de la vingtaine – juste avant que je ne sois ruiné. On m'avait enseigné un ensemble de mythes – de *mensonges* – que j'acceptais comme étant la vérité sur l'argent. Je pensais que les règles du risque et de la modération ne s'appliquaient pas à moi parce que j'étais très intelligent. Cela m'a conduit à construire un château de cartes qui s'est écroulé à la moindre brise, sans parler d'une véritable tempête.

Voici la leçon à retenir : ce n'est pas parce que vous voyez une dinde voler dans une tornade que les dindes peuvent voler. Ce n'est pas parce qu'une théorie farfelue d'investissement, d'emprunt et d'absence de réserves de liquidités fonctionne en période de prospérité que vous pouvez survivre à une tempête. N'oubliez pas que vos méthodes de gestion de l'argent doivent fonctionner en période de prospérité *et* en période de crise.

BAIGNADE À POIL

Warren Buffett a un grand dicton: « C'est lorsque la mer se retire que l'on voit ceux qui nageaient nus. » J'enseigne depuis des années que si vous avez une mauvaise carte routière, vous arriverez en retard à la fête – ou vous la manquerez complètement. Les principes sur lesquels vous construisez votre vie détermineront votre niveau de réussite. Si vous planifiez votre mariage à partir d'une mauvaise carte ou de mauvaises hypothèses, il est probable qu'il échouera. Si vous avez toutes les bonnes intentions du monde, mais que vous construisez votre maison financière sur de mauvaises idées, elle s'écroulera. J'en ai fait personnellement l'expérience il y a longtemps. À chaque récession ou bulle, de plus en plus d'Américains découvrent que leurs théories sur l'argent et leurs hypothèses sur le fonctionnement de l'argent sont erronées. Et ils découvrent qu'ils se trompent à la dure – dans la douleur.

Les dépenses excessives qui ne sont pas *ressenties* comme telles parce que les choses vont bien *restent* des dépenses excessives. Le recours à l'endettement pour investir dans l'immobilier ou à la Bourse dans l'espoir d'un rendement rapide vous conduira à la faillite dès que le marché se retournera. Courir après la prochaine arnaque pour s'enrichir rapidement, comme la loterie ou l'investissement dans les cryptomonnaies ou, que le ciel nous vienne en aide, les NFT (les jetons non fongibles), vous apportera toujours de la souffrance. Engager quelqu'un d'autre – comme une société de règlement de dettes – pour remettre votre vie sur les rails ne fonctionne pratiquement jamais.

Les mythes – les *mensonges* répandus par notre culture – qui ont été abordés dans les trois premières éditions de ce livre ont *tous* été prouvés par les tempêtes économiques que nous avons rencontrées. Si vous vivez comme nous l'enseignons dans ce livre, vous prospérerez dans les bons *et* les mauvais moments.

J'ai un ami que nous appellerons Chris. Au milieu de la Grande Récession, Chris m'a raconté une histoire intéressante qui illustre bien ce que je suis en train de vous dire. Pendant 13 ans, Chris a travaillé pour une grande entreprise dont le nom vous est familier. Il a commencé son programme de transformation financière totale quelques années avant le début de la récession. Lorsque je l'ai revu cinq ans plus tard, il s'est précipité vers moi avec un grand sourire pour proclamer fièrement, dans une grande accolade, qu'il était « LIBÉRÉ DE TOUTES SES DETTES ! », y compris de son hypothèque. Il n'avait absolument aucune dette et avait économisé 38 000 $ dans son fonds d'urgence.

Lorsque je l'ai revu un an plus tard, il avait une autre histoire amusante à me raconter. Il semble que son patron et lui soient devenus les meilleurs amis du monde au fil des années où ils ont travaillé ensemble. Cette semaine-là, son ami – son patron – est entré dans son bureau, le visage très pâle et les lèvres tremblantes en disant : « Je ne sais pas comment te le dire, mais l'entreprise me demande de te licencier. » Chris s'est levé d'un bond, a fait le tour du bureau, a serré son ami dans ses bras et lui a dit : « Génial ! À combien s'élèvent les indemnités de départ ? »

L'entreprise lui a versé plus de 70 000 $ d'indemnités de départ, qu'il a utilisés pour démarrer sa propre entreprise – ce qu'il voulait faire depuis des années. Il n'a pas été stressé, mais a plutôt vu des occasions, parce qu'il était prêt. Il n'a pas tardé à gagner presque le double de son ancien salaire avec sa nouvelle entreprise. Ouah !

Cependant, la plupart des gens vivent de l'autre côté de la médaille. Lorsqu'ils apprennent qu'ils ont été licenciés, leur visage devient livide et leurs lèvres tremblent. Si vous avez perdu votre emploi et que vous êtes en difficulté, je ne m'en prends pas à vous. J'ai connu des moments difficiles. Mais je veux que vous fassiez ce que j'ai fait lorsque j'ai été confronté à la douleur causée par mes propres décisions stupides et mon manque de préparation. J'ai dit très fort: « PLUS JAMAIS ! » La prochaine fois... eh bien, il n'y aura pas de prochaine fois.

Cela ne veut pas dire qu'il n'y aura pas d'autres tempêtes économiques à traverser. Ma foi en notre gouvernement pour tout gâcher est suffisamment forte pour que je vous garantisse que vous verrez encore beaucoup de récessions, de marchés baissiers et de spirales inflationnistes au cours de votre vie. En fait, il y aura toujours un chaos économique à grande échelle. Et il n'y a rien que vous ou moi puissions faire pour contrôler cela. L'objectif de votre métamorphose financière est de vous permettre d'apprendre à contrôler les choses que vous pouvez contrôler. Que pouvez-vous contrôler ? Vos habitudes, vos choix et vos actions. Lorsque vous prenez de bonnes habitudes financières, comme établir un budget et vivre avec moins que ce que vous gagnez, lorsque vous choisissez d'arrêter de faire ce que font les gens fauchés et de commencer à faire ce que font les gens riches, vous pouvez gagner, peu importe ce qui se passe dans l'économie. Qu'attendez-vous ? Il est temps de transformer complètement votre vie financière. Êtes-vous prêt ?

PREMIÈRE PARTIE

LE DÉFI ET LE DÉNI

CHAPITRE 1

Le défi de la transformation financière totale de l'argent

« Aussi perdu qu'une balle dans les hautes herbes ! » C'est exactement ce que j'ai éprouvé. Bien que cela remonte à des décennies, je peux encore ressentir cette émotion comme si c'était hier. Inconscient, perdu, sans pouvoir, je sentais l'effroi envahir la pièce comme les ombres de l'après-midi par une froide journée d'hiver. Assis de nouveau à la table de la cuisine, incapable de boucler la fin du mois, je ne m'amusais pas. Ce truc d'« adulte » où une femme attend de vous que vous lui fournissiez de l'argent et où les enfants s'attendent à être nourris et gardés au chaud ne fonctionnait pas vraiment. Je ne me sentais pas comme un adulte puissant ; au contraire, il y avait en moi un petit garçon qui avait très peur – peur des factures, peur de l'hypothèque – et j'étais absolument terrifié lorsque j'envisageais l'avenir. Comment parvenir à envoyer mes enfants à l'université, prendre ma retraite, profiter de la vie et ne pas vivre au bord du gouffre ?

LA FAMILLE AMÉRICAINE « NORMALE »

Il me semblait que chaque mois, je m'asseyais à la même table avec les mêmes inquiétudes, les mêmes peurs et les mêmes problèmes. J'avais trop de dettes, trop peu d'économies et aucun contrôle sur ma vie. J'avais beau travailler dur, il semblait que je ne pouvais pas gagner. Je devrais rester à jamais l'esclave d'un banquier, du gouvernement et des « besoins » de ma famille. Lorsque Sharon et moi « parlions » d'argent, nous finissions par nous disputer, ce qui lui faisait peur et me donnait l'impression de ne pas être à la hauteur. Le prochain achat de voiture, la prochaine maison, l'université des enfants – tout notre avenir semblait hors de portée.

Je n'avais pas besoin d'un type qui me fasse gagner de l'argent rapidement pour me remonter le moral ou me dire d'être positif. Je n'avais pas besoin d'une formule secrète pour devenir riche. Je n'avais pas peur de travailler dur ou de faire des sacrifices. Je ne voulais pas « me forcer » à être « positif ». Je n'étais sûr que d'une chose : j'en avais ras le bol d'être malade et fatigué. J'en avais assez de m'asseoir pour « faire les comptes » et de sentir une lourdeur m'envahir. Le désespoir était écrasant. Je me sentais comme un petit rongeur dans une roue – courir, courir, courir, pas de traction, pas de terrain couvert ; peut-être que la vie n'était qu'une illusion financière. L'argent entrait, l'argent sortait, et seuls les noms étaient changés pour protéger les innocents. Je dois payer mes factures, alors je vais au boulot. Vous connaissez la routine et tous les clichés qui l'accompagnent.

Oh, certains mois, tout semblait fonctionner et je pensais que nous allions peut-être nous en sortir. Je pouvais alors me dire : *Eh bien, c'est comme ça que tout le monde vit.* Ces périodes offraient suffisamment de marge de manœuvre pour que je puisse continuer à me mentir en pensant que nous avancions, que nous faisions des progrès, mais au fond de moi, je savais que ce n'était pas le cas.

JE L'AI FAIT À MA FAÇON, ET MA FAÇON N'A PAS FONCTIONNÉ

ÇA SUFFIT ! C'EST MINABLE ! J'ai finalement décidé que ce non-plan ne fonctionnait pas. Si vous avez déjà éprouvé l'un de ces sentiments, vous allez adorer ce livre et, plus important encore, vous allez adorer votre transformation financière totale de l'argent.

Vers la fin de la vingtaine, mon épouse Sharon et moi avons fait faillite. Nous avons tout perdu à cause de ma façon stupide de gérer l'argent, ou à ne pas le gérer, selon le cas. Toucher le fond et le toucher durement a été terrible, mais cela a également été la meilleure chose qui me soit arrivée.

Nous avons commencé avec rien, mais lorsque j'ai eu 26 ans, nous détenions des biens immobiliers d'une valeur de plus de 4 millions de dollars. J'étais bon dans l'immobilier, mais j'étais meilleur pour emprunter de l'argent. Même si j'étais devenu millionnaire, j'avais construit un château de cartes. La version courte de l'histoire est que nous avons traversé un enfer financier et que nous avons tout perdu en l'espace de trois ans. Nous avons été poursuivis en justice, saisis et, finalement, avec un bébé tout neuf et un enfant en bas âge, nous avons de nouveau fait faillite. La *peur* n'est pas ici le mot qui convient. Nous étions surtout *accablés*. Nous nous sommes accrochés l'un à l'autre et nous avons décidé qu'un changement s'imposait.

Après avoir tout perdu, je me suis mis en quête de découvrir comment l'argent fonctionne vraiment, comment je pouvais en prendre le contrôle et le gérer en toute confiance. J'ai lu tout ce qui me tombait sous la main. J'ai rencontré des personnes riches plus âgées, des gens qui avaient gagné de l'argent et qui l'avaient conservé. Cette quête m'a conduit à un endroit vraiment, vraiment inconfortable – devant mon miroir. Je me suis rendu compte que mes problèmes d'argent commençaient et finissaient en grande partie avec le visage que me renvoyait le miroir. J'ai également réalisé que si je pouvais apprendre à gérer le personnage avec lequel je me rasais tous les matins, je pourrais gagner au jeu de l'argent.

Cette quête, celle qui s'est terminée en me regardant dans le miroir, m'a poussé à entreprendre une nouvelle mission: aider les autres, littéralement des millions d'autres, à faire cette même quête. Des événements en direct, Financial Peace University, *The Ramsey Show* et les best-sellers nationaux *Financial Peace, More Than Enough*, ce livre*Transformation financière totale, EntreLeadership* et *Baby Steps Millionaires* m'ont permis de dire à des millions d'Américains ce que j'ai appris – à la dure – sur l'argent.

LE GRAND DÉFI : TROUVER UN MIROIR

J'ai un défi à vous lancer. Êtes-vous prêt à affronter le visage que vous renvoie votre miroir? Si c'est le cas, vous êtes prêt à gagner. J'ai redécouvert la façon simple dont Dieu et grand-mère gèrent l'argent. La création de la richesse n'est pas une science exacte, ce qui est une bonne chose pour moi (et probablement pour vous). Gagner de l'argent, c'est 80 % de comportements et 20 % de connaissances théoriques. Le problème n'est pas de savoir ce qu'il faut faire, mais de le faire. La plupart d'entre nous savons ce qu'il faut faire, mais nous ne le faisons pas. Si je peux contrôler le type que je voie dans le miroir, je peux être mince et riche. Nous laisserons d'autres livres travailler sur la partie minceur, et je vous aiderai pour la partie riche. Non, il n'y a pas de secrets, et ce sera très difficile. Mais si c'était facile, tous les crétins seraient riches.

Donc, la transformation financière totale de l'argent commence par un défi. Ce défi, c'est vous. Vous êtes le problème avec votre argent. Ce n'est pas la chaîne de télé financière ou un quelconque publireportage de fin de soirée qui vous apportera la solution ; c'est vous. Vous êtes le roi de votre avenir, et j'ai un plan. Le plan de transformation financière totale de l'argent n'est pas une théorie. Il fonctionne à chaque fois. Il fonctionne parce qu'il est simple. Il fonctionne parce qu'il s'attaque au cœur de vos problèmes financiers : vous. Il est basé sur une série de prix à payer pour gagner. Tous les gagnants paient un prix. Certains perdants paient un prix et ne gagnent jamais, et c'est généralement parce qu'ils n'avaient pas l'avantage d'un plan éprouvé de remise en forme financière.

LES GENS ORDINAIRES

Des dizaines de milliers de personnes ordinaires ont utilisé le système présenté dans ce livre pour se désendetter, reprendre le contrôle et s'enrichir. J'ai réparti leurs histoires tout au long du livre. Si, à un moment ou à un autre de votre transformation, vous êtes tenté d'abandonner ou si vous avez simplement besoin d'un peu d'encouragement, lisez l'une de ces histoires. Ces personnes ont fait des sacrifices pendant une courte période afin de ne plus jamais avoir à en faire.

Si vous cherchez une carte routière pour rentrer chez vous, vous l'avez trouvée. Si vous cherchez quelque chose de facile ou de rapide, vous n'avez pas le bon livre. Si vous cherchez un livre qui vous aidera à réussir votre examen pour devenir CPA dans le domaine des connaissances financières, vous vous êtes trompé de livre. Si vous cherchez un auteur qui a des théories complexes (qui ne fonctionnent pas dans le monde réel), vous n'êtes pas à la bonne adresse. J'ai beaucoup de connaissances académiques, mais j'ai fini par être fauché. En fait, je suis devenu millionnaire à deux reprises en partant de rien. La première fois, j'avais une vingtaine d'années, mon argent était dans l'immobilier, et je l'ai perdu à cause de ma stupidité ; la deuxième fois, je n'avais pas encore 40 ans, mais j'ai fait ce qu'il fallait correctement en matière d'argent cette fois-là, et je n'ai pas de dettes.

J'entends souvent parler de professeurs de finance fauchés qui déplorent que je sois trop simple ou, comme l'a dit un jour un internaute dans l'émission *The Ramsey Show* : « Vous êtes quelqu'un qui n'a qu'un seul tour dans son sac. » À ceux d'entre vous qui disent avoir de grands projets, mais qui ne les réalisent pas, je réponds : « Prouvez-le. Je l'ai fait. » J'aime mieux la façon dont j'ai construit la richesse que la façon dont vous ne l'avez pas fait. Tout au long de ce livre, vous rencontrerez des personnes, instruites ou non, qui ont gagné ou commencé à gagner de l'argent pour la première fois de leur vie. La transformation financière totale de l'argent, ça marche !

LA DEVISE DE LA TRANSFORMATION FINANCIÈRE TOTALE

Ce plan fonctionne, mais il vous coûtera cher. Il vous apprendra à dire de nouveaux mots, comme *non*. En bref, votre transformation financière totale de l'argent sera une transformation personnelle au cours de laquelle vous apprendrez cette devise : SI VOUS ÊTES PRÊT À VIVRE COMME PERSONNE D'AUTRE, PLUS TARD VOUS POURREZ VIVRE COMME PERSONNE D'AUTRE. Il s'agit de la devise de votre transformation financière totale. C'est ma façon de vous rappeler que si vous faites maintenant les sacrifices que la plupart des gens ne sont pas prêts à faire, vous pourrez plus tard vivre comme ces gens ne pourront jamais vivre. Vous remarquerez cette devise tout au long du livre. Je regrette qu'il n'y ait pas un chemin plus facile à emprunter, mais ce qui est bien avec cette devise, c'est qu'elle fonctionne. Vous pouvez vous la répéter lorsque vous renoncez à un achat afin d'atteindre vos objectifs. Lorsque vous travaillez tard et que vous êtes fatigué, vous pouvez vous répéter cette devise. Bien sûr, il ne s'agit pas d'une formule magique ; ce n'est pas mon genre. Mais elle vous rappelle que vous *gagnerez* et que le résultat en *vaudra* la peine.

Certains d'entre vous sont si immatures qu'ils ne veulent pas différer le plaisir pour un meilleur résultat. Je vous montrerai exactement comment obtenir le résultat que vous souhaitez, afin que le prix que vous payez ne soit pas vain. Je ne veux pas marcher sur des charbons ardents parce que c'est amusant, mais si l'on peut me montrer comment une brève et douloureuse promenade peut me débarrasser de toute une vie d'inquiétude, de frustration, de stress et de peur que m'apporte le fait d'être constamment fauché, alors je vous invite à marcher sur des charbons ardents.

Dès le début de notre mariage, nous avons décidé que Kari resterait à la maison avec nos enfants plutôt que de travailler à l'extérieur. Cette décision nous a peut-être parfois désavantagés financièrement, mais elle a été le meilleur choix pour notre famille à bien d'autres égards.

Sur le plan financier, nous avons commis quelques erreurs, notamment en conservant nos prêts étudiants en raison des « intérêts peu élevés » et même en louant une voiture à un moment donné. Pour nous, les cartes de crédit étaient un symbole de statut, et nous en avions plusieurs. Notre endettement a culminé à environ 375 000 $ (incluant notre prêt hypothécaire).

Ce n'est pas la situation la plus intelligente dans laquelle on puisse se mettre quand on a quatre enfants et un seul salaire. Lorsque nous avons commencé à suivre le plan de Dave, nous étions prêts à travailler avec l'intensité d'une gazelle pour nous débarrasser de nos dettes ! Au cours d'une période de 6 mois, nous avons remboursé 57 000 $ et donné 7000 $ à notre église. Cela nous a vraiment encouragés, nous a permis d'avancer et nous a poussés à continuer ! C'était aussi génial d'aller à Atlantis avec Dave et Sharon en tant que finalistes du concours de défi pour la transformation financière totale de l'argent !

Aujourd'hui, nous n'avons plus de dettes et nous aidons notre fille à financer sa première année à l'université. Nous épargnons également pour notre retraite à un taux intéressant et nous construisons une nouvelle maison. Nous apprécions le fait de toucher des intérêts plutôt que d'en payer. Nous n'y serions pas parvenus sans Dave. Nous payons tout rubis sur l'ongle et nous indiquons à notre argent où il doit aller. Nous ne pouvons même pas vous décrire la paix et la liberté que cela a apportées à toute notre famille !

Les premiers mois ont été les plus pénibles, car nous sommes passés du crédit à l'argent liquide. Mais c'est tellement agréable de ne plus avoir à payer en même temps pour aujourd'hui et hier ! En suivant le plan de transformation financière totale de Dave, vous gagnerez en tranquillité d'esprit en prenant le contrôle de votre argent. N'oubliez pas de rester concentré.

La clé de notre succès a été de nous mettre tous les deux sur la même longueur d'onde en même temps. Aujourd'hui, nous travaillons ensemble pour planifier nos dépenses plutôt que de nous lancer dans une course à la surenchère. Nous sommes l'un pour l'autre une source de force dans les moments de faiblesse où dépenser redevient un plaisir. Nous avons appris à éprouver du PLAISIR à parler d'argent et d'objectifs financiers. Ce n'est plus un sujet de discorde.

Notre conseil : évaluez honnêtement votre capacité de gain et vivez en dessous de vos moyens. Soyez maître de votre destin et de votre bonheur !

Mark et
Kari Stolworthy
(tous deux âgés de 43 ans)
CPA/Consultant en systèmes;
mère au foyer

MA PROMESSE

Ma promesse envers vous est la suivante : si vous suivez les lignes directrices de ce système éprouvé de sacrifice et de discipline, vous pourrez vous libérer de vos dettes, commencer à épargner et donner comme vous ne l'avez jamais fait auparavant. Vous construirez la richesse. Je vous promets également que cela dépend entièrement de vous. Ce plan de transformation financière totale n'est pas une formule magique pour s'enrichir. Ce système ne fonctionnera que si vous l'appliquez, et seulement dans la mesure de l'intensité avec laquelle vous le mettez en œuvre.

Dans les pages suivantes, vous ferez la connaissance de nombreuses personnes et familles qui ont remporté de nombreuses victoires en matière d'argent, mais aucune d'entre elles n'a gagné avant d'avoir vaincu la personne dont elles voient le reflet dans le miroir. Votre situation n'est pas la faute de votre conjoint (enfin, peut-être, mais nous en parlerons plus tard), elle n'est pas la faute de vos parents, de vos enfants, ou de vos amis. C'EST VOTRE FAUTE !

Mais devinez quoi ? Cela signifie que si c'est vous qui vous êtes mis dans ce pétrin, c'est vous qui pouvez vous en sortir. Aucune loi, aucun règlement ou mandat ne vous réparera. Aucune promesse d'un politicien ni aucune subvention gouvernementale ne vous aideront à vous en sortir. Aucun emploi de rêve ou salaire mirobolant ne vous aidera. Certaines de ces choses peuvent vous aider, mais aucune n'y pourra rien si vous ne prenez pas votre vie en main. Il s'agit de votre vie, de votre mission, de votre avenir. C'est une décision qui vous appartient à 100 %. Si vous êtes prêt à passer à l'action, allons-y. Tout de suite. Je vous montrerai le chemin. Mais je ne vous pousserai pas à franchir la ligne de départ et je ne vous traînerai pas jusqu'à la ligne d'arrivée. C'est à vous de faire ce parcours du début à la fin.

LE CONSEIL DE DAVE...

Les économies sans mission sont sans valeur. Votre argent doit travailler pour vous, et non pas dormir à la banque.

Ma vie financière a commencé à s'améliorer lorsque j'en ai pris la responsabilité. Dans toute l'Amérique, des personnes ont suivi ces étapes pour se libérer, retrouver un sentiment de confiance et de contrôle, et construire un avenir pour leur famille. Rejoignez-moi pour un voyage loin du jeune homme que j'étais, celui que j'ai décrit plus tôt et qui était rongé par l'inquiétude, la peur et la culpabilité à cause de l'argent. Accompagnez-moi dans ce voyage vers votre propre transformation financière totale de l'argent, mais n'oubliez pas que la première partie de la quête consiste à affronter la personne que vous voyez dans le miroir. Elle représente votre défi de transformation financière totale.

CHAPITRE 2

Le déni : je ne suis pas si mal en point que ça

Il y a plusieurs années, j'ai réalisé que j'avais laissé mon corps se dissoudre dans la graisse. J'avais travaillé si dur pendant tant d'années que j'avais renoncé à prendre soin de ma condition physique. La première étape de la remise en forme a été de réaliser que je devais changer mes habitudes, mais la deuxième étape, tout aussi importante, a été de déterminer les obstacles qui m'empêchaient d'y parvenir. Qu'est-ce qui m'empêcherait d'être en forme ? Une fois que j'ai compris quels étaient ces obstacles, j'ai entamé un processus pour perdre du poids, développer mes muscles et devenir plus en forme. Il en va de même pour votre transformation financière totale de l'argent. Vous devez vous rendre compte qu'il y a un problème, mais vous devez aussi voir ce qui pourrait entraver votre progression vers la santé financière. Les prochains chapitres traiteront des principaux obstacles à VOTRE transformation financière totale.

Regardez dans le miroir. Regardez longuement. Que voyez-vous ? Rentrez votre ventre, redressez le torse et regardez-vous vraiment. Peu importe le nombre d'angles ou de poses que vous prenez, le miroir est cruel. « Je ne suis pas si gros que ça, je suis peut-être juste un peu flasque. » Mon père avait l'habitude de dire que 90 % de la résolution d'un problème consiste à se rendre compte qu'il y en a un. Une intensité ciblée, une intensité de vie ou de mort, est nécessaire pour que vous puissiez réinitialiser vos habitudes de dépenses, et l'un de vos plus grands obstacles est le DÉNI. Ce qui est triste, c'est que l'on peut être financièrement médiocre dans ce pays, financièrement flasque, et rester dans la moyenne. Et à vrai dire, être dans la moyenne, normal et financièrement médiocre, c'est plutôt bien selon les critères de la plupart des gens. Toutefois, ce livre n'est pas destiné aux plus craintifs d'entre nous. Il s'agit d'un livre sur la victoire, sur le fait d'avoir vraiment quelque chose.

Au début de notre mariage, nous n'avions absolument aucune dette. Nous vivions avec un seul revenu, nos voitures étaient payées et nous avions même quelques économies. Cependant, nous avons pris la décision malencontreuse d'emménager dans une maison beaucoup plus grande, ce qui nous a durement ébranlés sur le plan financier. Quelques années plus tard, j'ai changé d'emploi et nous avons augmenté nos revenus annuels – ce qui nous a donné l'illusion de pouvoir augmenter notre niveau de vie. C'est alors que les dettes ont commencé à s'accumuler. Nous avons emprunté pour acheter deux NOUVELLES voitures pour remplacer les anciennes. Nous avons commencé à tout acheter à crédit. Nous avons même obtenu un prêt immobilier. Avant même de nous en rendre compte, nous avons croulé sous les dettes !

Kelley a vu *Transformation financière totale* dans notre librairie locale et l'a acheté pour me l'offrir à l'occasion de la fête des Pères. Avant même le Jour de l'Indépendance, nous avions déclaré la guerre à nos dettes ! Nous avions 6000 $ d'économies, mais 16 000 $ de dettes, sans compter notre hypothèque. Le plan nous a obligés à retirer 5000 $ de nos économies pour les affecter au remboursement de nos dettes – ce qui nous a laissé un fonds d'urgence de 1000 $. Il a été difficile de voir disparaître nos économies durement gagnées, mais cela a vraiment aidé à appliquer la méthode boule de neige pour nous débarrasser de nos dettes. Nous avons fait des sacrifices dans d'autres domaines et, en l'espace de 10 mois seulement, nous avons remboursé toutes nos dettes de consommation !

Dave nous a aidés à comprendre que nous devions arrêter de vivre au-dessus de nos moyens. Au lieu de devoir payer nos créanciers chaque mois, nous pouvons enfin commencer à nous payer nous-mêmes et à investir dans notre avenir !

Mark (40 ans) et
Kelley (39 ans) Reep
Ingénieur civil;
étudiante en soins infirmiers

N'ATTENDEZ PAS D'ÊTRE CONFRONTÉ AU DÉNI DE LA RÉALITÉ

Je m'adresse régulièrement à des auditoires de 2000 à 12 000 personnes pour leur enseigner les concepts contenus dans ce livre. Après un événement en direct au cours duquel j'ai parlé à 4000 personnes, Sara m'a dit que sa métamorphose financière n'a eu lieu qu'après que la vie l'ait appelée. Elle m'a dit qu'elle m'avait entendu citer le *Wall Street Journal* selon lequel 70 % des Américains vivent au jour le jour, mais qu'elle pensait sincèrement qu'elle faisait partie des 30 % qui s'en sortaient. Elle s'était composé une attitude par rapport à l'argent, et cette attitude était le déni.

Sara, qui a deux fils de son précédent mariage, vient de se remarier. Elle est heureuse et a un emploi sûr, tout comme son mari, John. Leur nouvelle vie ensemble semblait formidable. Le revenu combiné de leur ménage s'élevait à environ 75 000 $ par année, avec des dettes « normales » telles qu'un petit prêt étudiant, un prêt automobile et « seulement » 5000 $ sur une carte de crédit. La vie étant sous contrôle et allant même bien, Sara et John ont décidé que leur nouvelle famille avait besoin d'une nouvelle maison ; le constructeur a donc été choisi et la construction a commencé. Quelque part au fond d'eux-mêmes, il y avait peut-être un malaise, mais il était profondément enfoui. Enfin, le jour est venu où la nouvelle maison a été achevée. Tout allait bien se passer, la nouvelle famille dans la nouvelle maison, comme c'était « censé » être. En mai, ils ont emménagé dans la nouvelle maison, avec de nouveaux paiements importants.

En septembre, le patron de Sara a demandé à la voir dans son bureau. Elle excellait dans son travail et s'attendait à un grand « bravo ! » suivi d'une belle prime ou d'une augmentation. Au lieu de cela, le patron lui a expliqué que son poste était supprimé. « Il s'agit d'une réduction d'effectifs, vous savez. » Les mots glaçants du patron lui ont enlevé le travail de toute une vie, ainsi que 45 000 $ de leur revenu de 75 000 $. Non seulement sa fierté a été blessée et sa carrière interrompue, mais une terreur rampante s'est installée au plus profond d'elle-même alors qu'elle rentrait chez elle pour l'annoncer à John. Ce soir-là, il y a eu des larmes, des peurs et la prise de conscience brutale que John et elle n'avaient plus de moyens financiers. Soudain, Sara et sa famille risquaient la saisie de la maison et la reprise de la voiture. Les choses essentielles de la vie étaient devenues précieuses.

Sara et John avaient écouté *The Ramsey Show* à la radio, mais ils avaient toujours pensé que quelqu'un d'autre avait besoin d'une transformation financière totale. Après tout, ils rentraient toujours le ventre devant le miroir. La nuit qui a suivi le licenciement de Sara a été la première nuit où ils se sont regardés dans le miroir financier et ont vu des personnes grosses. Le spectacle n'était pas beau à voir – gros paiements pour la maison, gros paiements pour la voiture, gros prêts étudiants, cartes de crédit gonflées, épargne anorexique et aucun budget. Ils se sont vus gros.

LE CONSEIL DE DAVE...

Pour votre propre bien, pour le bien de votre famille et de votre avenir, faites-vous une colonne vertébrale. Quand quelque chose ne va pas, levez-vous, admettez-le et ne baissez pas les bras.

Lorsque l'on est physiquement gros, il est difficile d'être dans le déni, surtout quand il faut régulièrement ajouter un trou à sa ceinture. En revanche, lorsque vous êtes financièrement mal en point, vous pouvez faire semblant et faire bonne figure pendant un certain temps. Vos amis et votre famille participeront à votre fantasme/déni, ce qui vous fera croire que vous vous en sortez très bien. L'un des quatre principaux facteurs qui empêchent les gens de gagner de l'argent grâce à une transformation totale de leur situation financière est le fait qu'ils ne se rendent pas compte qu'ils en ont besoin.

Malheureusement, certains des changements les plus spectaculaires que j'ai vus ont été effectués par des personnes qui ont été frappées si durement par la vie qu'elles en ont perdu le sens de la réalité, comme Sara. Si la vie ne vous frappe pas en ce moment, vous êtes en fait en plus grand danger que Sara et John le soir du licenciement. Vous êtes un vrai candidat à la médiocrité financière ou même à une crise majeure provoquée par le déni, et vous devez voir la nécessité de faire des changements radicaux. Si vous êtes apathique parce que tout semble « juste bien », vous ne serez pas disposé à effectuer les changements importants nécessaires pour obtenir des résultats considérables.

MIAM... DES CUISSES DE GRENOUILLE

Il y a des années, lors d'un séminaire de motivation animé par le maître Zig Ziglar, j'ai entendu une histoire sur la façon dont la médiocrité vous surprend. L'histoire dit que si vous plongez une grenouille dans de l'eau bouillante, elle sentira la douleur et sautera immédiatement hors de la casserole. En revanche, si vous mettez une grenouille dans de l'eau à température ambiante, elle nagera joyeusement, et lorsque vous augmentez progressivement la température de l'eau jusqu'à ce qu'elle soit bouillante, la grenouille ne sentira pas le changement. La grenouille est attirée vers la mort par le changement progressif. Nous pouvons perdre notre santé, notre forme physique et notre richesse progressivement, un jour après l'autre. C'est peut-être un cliché, mais c'est parce que c'est vrai : l'ennemi du « meilleur » n'est pas le « pire ». L'ennemi du « meilleur », c'est le « juste bien ».

J'ai été dans le déni à propos de ma vie et de mes habitudes de consommation. Au milieu de la vingtaine, j'avais 23 000 $ de dettes et j'avais peu de motivation pour m'en sortir. Mon plus gros problème n'était pas de réaliser à quel point il serait agréable de ne plus avoir de soucis financiers – c'était le jeu. Je n'arrivais pas à m'arrêter. Même lorsque j'ai commencé à écouter *The Ramsey Show* et que j'ai essayé de m'attaquer à mes dettes, j'ai souvent échoué. Je continuais à perdre mon argent à cause de ma dépendance – ce qui ne me laissait jamais le temps de remettre les pieds sur Terre.

Cela a pris du temps, mais finalement les pressions financières sont devenues trop lourdes à supporter. Je savais que j'avais besoin d'un changement. J'ai commencé à participer à un programme extraordinaire appelé Celebrate Recovery, qui se consacre à aider les personnes souffrant de dépendances, de blessures et de phobies.

J'ai également entamé ma transformation financière totale en faisant un petit pas à la fois. La création de mon fonds d'urgence a été la partie la plus difficile, car j'essayais encore de me défaire de ma dépendance, et je finissais toujours par perdre cet argent au jeu. Mais au fur et à mesure que ma dépendance s'est affaiblie et que j'ai établi un budget, les dettes que j'avais contractées ont diminué de plus en plus. J'ai emménagé chez mes parents pour consacrer l'argent du loyer au remboursement de ma dernière dette.

Aujourd'hui, j'économise pour l'achat d'une maison. J'espère atteindre mon objectif d'ici l'année prochaine. C'est un sentiment merveilleux que de vivre sans le poids des dettes !

Tony E. Newman (26 ans)
Analyste financier

UN CHANGEMENT DOULOUREUX

Le changement est douloureux. Peu de gens ont le courage de chercher à changer. La plupart des gens ne changent pas tant que la douleur qu'engendre leur situation actuelle ne dépasse pas la douleur du changement. Lorsqu'il s'agit d'argent, nous pouvons être comme un enfant en bas âge dont la couche est souillée. « Je sais que ça sent mauvais, mais c'est chaud et c'est à moi. » Ce n'est que lorsque l'éruption cutanée survient que nous crions. J'espère que l'histoire de Sara et les autres récits contenus dans ce livre vous inciteront à ne pas rester là où vous êtes. Si vous continuez à faire les mêmes choses, vous obtiendrez toujours les mêmes résultats. Votre situation financière actuelle est le résultat de l'ensemble des décisions que vous avez prises jusqu'à présent.

Si vous aimez votre situation, ne faites rien. Gardez toutefois à l'esprit la raison pour laquelle vous lisez un livre intitulé *Transformation financière totale*. Est-ce parce qu'au fond de vous, vous éprouvez le même sentiment de malaise que Sara, mais que vous ne l'avez abordé que lorsqu'il était presque trop tard ? Cherchez-vous vraiment quelque chose de plus ? Si c'est le cas, j'ai de bonnes nouvelles. Ce plan fonctionne ! Résistez à la tentation de rester dans la même situation et optez pour la douleur du changement avant que la douleur du *statu quo* ne vous terrasse. N'attendez pas qu'une crise cardiaque vous montre que vous êtes en surpoids. Supprimez les glucides, les graisses et les sucres, et lacez vos chaussures de course dès maintenant.

La bonne nouvelle pour Sara et John, c'est que l'infarctus financier qu'ils ont subi les a poussés à revoir leurs habitudes alimentaires et physiques en matière de finances. Le licenciement a été un signal d'alarme et a mis fin au déni. Après une année très difficile, Sara a pu trouver une toute nouvelle carrière. Mais cette fois, lorsque les chèques ont commencé à arriver, Sara et John ont utilisé ce système. Chaque chèque de paie est devenu un événement excitant parce qu'ils avaient un plan. Financièrement, ils perdaient du poids et se raffermissaient. Le processus n'a pas été rapide, mais après avoir suivi les étapes au fil du temps, ils sont aujourd'hui vraiment gagnants.

Le soir où j'ai rencontré Sara et John, ils avaient entamé leur plan depuis deux ans – et ils souriaient. Ils m'ont dit qu'ils n'avaient plus de dettes, à l'exception de leur hypothèque, et qu'ils avaient 12 000 $ à la banque pour les cas d'urgence. Ils étaient sortis de leur déni, mais ils mettaient leur famille mal à l'aise parce qu'ils refusaient de vivre comme tout le monde. Albert Einstein a dit : « Les grands esprits ont toujours rencontré une opposition farouches des esprits médiocres. » Le père de John s'était moqué de leur plan et des emplois supplémentaires qu'ils prenaient pour gagner au jeu de l'argent. Il leur a demandé s'ils avaient rejoint une secte ou quelque chose du genre. Une fois que Sara et John ont réalisé qu'ils étaient comme l'empereur et ses habits neufs, le déni n'était plus une option. Ils ont également réalisé que tout ce qu'ils avaient fait avec leur argent, c'était pour impressionner les autres – mais plus maintenant.

Sara m'a raconté en riant comment elle avait l'habitude de penser : *Nous devons bien nous débrouiller ; toutes ces sociétés de cartes de crédit pensent que je suis solvable. Si je reçois des approbations de toutes ces banques, je dois aller bien, parce que, sinon, elles ne voudraient pas me prêter de l'argent. De plus, je paie mes cartes de crédit tous les mois. Comment pourrais-je avoir des problèmes ? Je peux me permettre d'acheter cette voiture ou ce meuble si j'ai les moyens de payer.* John souriait à présent lui aussi, tandis qu'ils riaient tous les deux des propos des personnes financièrement mal en point qui pensent qu'elles vont bien, qui parlent le langage du déni.

À la fin de notre conversation ce soir-là, Sara m'a dit qu'elle espérait que ni John ni elle ne perdrait jamais un autre emploi de manière inattendue, mais qu'ils étaient prêts si cela se produisait. « Nous ne vivons plus dans le mensonge. Nous savons où nous sommes, nous savons où nous allons et nous savons comment nous y arriverons », a-t-elle déclaré. Sara et John voulaient m'offrir un cadeau pour leur avoir inspiré cette transformation financière totale, mais je les ai assurés qu'ils l'avaient déjà fait.

EveryDollar est une application qui vous aide à planifier vos flux de trésorerie mensuels afin que vous sachiez toujours où vous en êtes avec votre argent. Scannez le code QR pour commencer.

DEUXIÈME PARTIE

LES MYTHES SUR L'ENDETTEMENT ET SUR L'ARGENT

CHAPITRE 3

Les mythes sur l'endettement : les dettes sont (ne sont pas) un outil

Le visage écarlate et les poings serrés, le bambin hurle de rage : « Je le veux ! Je le veux ! Je le veux ! » Nous avons tous assisté à cette scène au supermarché. Nous avons peut-être même vu nos propres enfants faire cela (une fois). Maintenant que je suis plus âgé et plus calme, il m'arrive de sourire un peu lorsqu'une jeune maman essaie sans succès d'étouffer les cris incontrôlables d'un enfant à qui l'on refuse quelque chose.

Il est dans la nature humaine de vouloir tout et tout de suite ; mais c'est également un signe d'immaturité. Être prêt à différer le plaisir pour un résultat plus important est un signe de maturité. Cependant, notre culture nous apprend à vivre dans l'immédiateté. Nous crions : « Je le veux ! » et nous pouvons l'obtenir si nous sommes prêts à nous endetter. L'endettement est un moyen d'obtenir les « je le veux » avant d'en avoir les moyens.

S'ASSOCIER AU MENSONGE

J'ai entendu dire que si l'on dit un mensonge assez souvent, assez fort et assez longtemps, le mythe sera accepté comme un fait. La répétition, le volume et la longévité transforment un mythe ou un mensonge en une façon de faire communément acceptée. Des populations entières ont été amenées à approuver des actes horribles, voire à y participer, en passant progressivement de la vérité au mensonge. Tout au long de l'histoire, la logique tordue, la rationalisation et les changements progressifs ont permis à des personnes normalement intelligentes de participer à des choses ridicules. La propagande, en particulier, a joué un rôle important dans la réalisation de ces choses.

Notre culture actuelle est marquée par la propagande. Je ne parle pas d'un point de vue politique, mais je reconnais qu'il existe des personnes qui veulent que nous pensions comme elles le souhaitent et qui se donnent beaucoup de mal pour y parvenir. Les secteurs financier et bancaire, en particulier, sont très doués pour nous enseigner leur façon de gérer l'argent, ce qui, bien sûr, nous incite à acheter leurs produits. Si je vois encore et encore une publicité qui me dit que je serai cool et élégant si je conduis une certaine voiture, je peux tomber dans l'illusion qu'avec l'achat de cette voiture, ces bonnes choses m'arriveront.

Nous ne croyons peut-être pas vraiment que nous deviendrons un mannequin simplement en achetant une voiture, mais remarquez que les personnes laides ne sont pas utilisées dans les messages publicitaires pour vendre des voitures. Nous ne tombons pas vraiment dans le piège de ce mensonge – ou bien est-ce le cas ? Je pose simplement la question. Après tout, nous achetons la voiture et nous justifions notre achat par un critère que nous voulons logique, comme la consommation d'essence.

Lorsque nous participons à ce que la foule considère comme normal, même si c'est stupide, nous sommes acceptés dans le club. Parfois, nous ne nous rendons même pas compte que ce que nous faisons est stupide parce qu'on nous a appris que c'est « la façon dont cela se fait », et nous ne nous demandons donc jamais pourquoi. Au fur et à mesure que nous participons au mythe, nous apprenons à en énoncer les principes. Au fil des années et après avoir investi plus d'argent et de temps dans le mythe, nous en devenons de grands disciples et nous pouvons le défende avec beaucoup de ferveur. Nous devenons de tels experts du mythe que nous pouvons convaincre d'autres personnes d'adhérer au mensonge. J'ai déjà adhéré au mensonge, mais ce n'est plus le cas.

NE LAISSEZ PAS LES CHIMPANZÉS VOUS TIRER VERS LE BAS !

La dette nous a été vendue de manière si agressive, si bruyante et si fréquente qu'imaginer vivre sans dettes exige de briser les mythes. Nous devons systématiquement détruire les rouages de ces mythes. La dette est tellement ancrée dans notre culture que la plupart des Américains ne peuvent même pas imaginer une voiture sans paiement, une maison sans hypothèque, un étudiant sans prêt et une carte sans crédit. On nous a vendu la dette avec une telle répétition et une telle ferveur que la plupart des gens ne peuvent pas concevoir ce que ce serait de ne pas avoir de paiements.

Tout comme les êtres humains nés dans l'esclavage ne peuvent imaginer la liberté, nous, les Américains, ne savons pas ce que ce serait de se réveiller sans dettes. Chaque année, des milliards d'offres de cartes de crédit arrivent dans nos boîtes aux lettres et notre messagerie électronique, et nous en profitons. Les Américains ont actuellement plus de 1000 milliards de dollars de dettes de cartes de crédit. Nous ne pouvons pas nous passer des dettes – ou bien le pouvons-nous ?

En travaillant avec des dizaines de milliers de personnes sur leur transformation financière totale au fil des ans, j'ai découvert que l'un des principaux obstacles à la réussite est notre vision de l'endettement. La plupart des personnes qui ont pris la décision d'arrêter d'emprunter de l'argent ont vécu quelque chose d'étrange : le ridicule. Les amis et la famille qui sont les disciples du mythe selon lequel l'endettement est une bonne chose ont ridiculisé ceux qui s'engageaient sur la voie de la liberté.

John Maxwell raconte une étude réalisée avec des chimpanzés. Un groupe de chimpanzés a été enfermé dans une pièce avec un poteau au centre. Des bananes succulentes et mûres étaient placées au sommet de la perche. Lorsqu'un chimpanzé commençait à grimper sur le poteau, les expérimentateurs le faisaient tomber avec un jet d'eau provenant d'une lance à incendie. Chaque fois qu'un chimpanzé grimpait, il repartait, jusqu'à ce que tous aient été renversés à plusieurs reprises, apprenant ainsi que l'escalade était sans espoir. Les expérimentateurs ont alors observé que les autres primates faisaient tomber les chimpanzés qui tentaient de grimper. Ils ont remplacé un chimpanzé par un autre qui ne connaissait pas le système.

Dès que le nouveau chimpanzé essayait de grimper, les autres le tiraient vers le bas et le punissaient pour avoir essayé. Un par un, chaque chimpanzé était remplacé, et la scène se répétait jusqu'à ce qu'il n'y ait plus aucun primate dans la pièce qui ait fait l'expérience de la lance à incendie. Pourtant, aucun des nouveaux n'avait le droit de grimper. Les autres chimpanzés les tiraient vers le bas. Aucun chimpanzé dans la pièce ne savait pourquoi, mais aucun n'était autorisé à prendre les bananes.

Nous ne sommes pas des chimpanzés, mais nous avons parfois un comportement qui ressemble au leur. Nous ne nous souvenons même pas pourquoi ; nous savons simplement qu'il faut s'endetter pour gagner. Ainsi, lorsqu'un être cher décide de procéder à une métamorphose financière, nous rions, nous nous mettons en colère et nous le tirons vers le bas. Nous, les Américains, sommes comme le dernier groupe de chimpanzés. En roulant des yeux, nous débitons les répliques associées au mythe, comme si toute personne ne souhaitant pas avoir de dettes n'était pas intelligente. Cet individu doit être un simple d'esprit, un fanatique ou, pire encore, n'avoir « aucune éducation financière ». Alors pourquoi tant de professeurs de finance sont-ils fauchés ? Je pense qu'un professeur de finance fauché est comme un professeur d'ébénisterie à qui il manque des doigts.

MYTHE *VERSUS* RÉALITÉ

Je souhaite dévoiler les rouages du mythe de la dette en examinant plusieurs de ses sous-mythes. Cependant, je dois vous mettre en garde contre votre instinct de défense du mode d'emprunt américain. Calmez-vous. Détendez-vous et faites un tour avec moi pendant quelques pages. Je suis peut-être sur une piste. Si, à la fin de cette section consacrée à la destruction des mythes, vous concluez que je ne suis qu'un cinglé, vous ne serez pas obligé de changer. Mais au cas où les dizaines de milliers de familles qui ont fait l'expérience d'une métamorphose financière auraient quelque chose à vous dire, lisez la suite calmement. Baissez votre garde. Vous pourrez toujours remettre les boucliers en place plus tard.

MYTHE: La dette est un outil et doit être utilisée pour créer de la prospérité.

RÉALITÉ: L'endettement ajoute un risque considérable, n'apporte généralement pas la prospérité et n'est pas utilisé par les personnes fortunées autant qu'on veut nous le faire croire.

Lorsque j'étais en formation pour ma première carrière dans l'immobilier, je me souviens qu'on m'avait dit que l'endettement était un outil. « La dette est comme un point d'appui et un levier », nous permettant de soulever ce que nous ne pourrions pas soulever autrement. Nous pouvons acheter une maison, une voiture, créer une entreprise ou aller au restaurant sans avoir à attendre. Je me souviens d'un professeur de finance qui nous disait que la dette était une épée à deux tranchants, qui pouvait couper pour vous comme un outil, mais qui pouvait aussi vous transpercer et vous faire du mal. On nous a vendu le mythe selon lequel nous devons utiliser l'argent des autres pour prospérer. La littérature conventionnelle est très répandue sur cette question. On nous dit, avec suffisamment de snobisme et le nez en l'air, que les financiers sophistiqués et disciplinés utilisent la dette à leur avantage. Attention là, vous allez attraper un coup de soleil sur la lèvre supérieure.

Je suis d'avis que l'endettement comporte suffisamment de risques pour compenser tout avantage qui pourrait être obtenu grâce à l'effet de levier de la dette. Au bout d'un certain temps, d'une vie, le risque détruira les rendements perçus par les mythomanes.

J'ai moi-même été un mythomane et je pouvais parler des mythes de manière très convaincante. J'étais particulièrement doué avec le mythe voulant que « l'endettement est un outil ». J'ai même vendu des biens locatifs qui perdaient de l'argent à des investisseurs en leur montrant, à l'aide de taux de rendement internes très sophistiqués, comment ils allaient en fait gagner de l'argent. Quel exploit ! J'aurais pu continuer à pérorer avec enthousiasme, mais la vie et Dieu avaient des leçons à m'apprendre. Ce n'est qu'après avoir perdu tout ce que je possédais et avoir déclaré faillite que j'ai pensé que le risque devait être pris en compte, même mathématiquement. Il a fallu que je me réveille aux « soins intensifs » pour comprendre à quel point ce mythe est stupide et dangereux. La vie m'a frappé assez fort pour attirer mon attention et me donner une leçon.

Selon les Proverbes 22:7 : « Le riche domine les pauvres, du créancier l'emprunteur est esclave. » J'ai été confronté à ce texte et j'ai dû prendre une décision consciente pour savoir qui avait raison – mon professeur de finance fauché, qui enseignait que l'endettement est un outil, ou Dieu, qui manifestait un dédain évident pour l'endettement. Beverly Sills avait raison lorsqu'elle disait : « Il n'y a pas de raccourci pour les endroits qui en valent la peine. »

Nous avons gobé le mensonge ! Nous avons vécu notre vie selon les normes établies par le « mimétisme social ». Il s'avère que nos voisins étaient tout aussi fauchés et endettés que nous. Mon mari et moi devions 72 000 $ sur un bien locatif et 35 000 $ sur des cartes de crédit, des prêts étudiants et un prêt automobile. En outre, nous avons acheté une maison de quatre chambres avec piscine qui nécessitait d'importantes réparations, le tout avec un salaire d'enseignant de 40 000 $. Mais nous avons décidé que tout cela était un bon investissement pour notre avenir. Nous nous sommes lourdement trompés !

Nous en avions assez de ne jamais joindre les deux bouts. Nous avions besoin d'une métamorphose financière. Nous avons vendu notre bien locatif et notre maison BEAUCOUP trop grande pour nous installer dans un logement beaucoup plus petit. Nous avons passé deux ans et demi à nous concentrer sur notre but avant de devenir LIBRES DE DETTES !

Si vous vivez dans l'esclavage de la dette, vous ne vivez pas. Notre mariage s'est tellement amélioré et nous jouissons d'un sentiment de paix qui n'existait pas avant que nous ayons un plan financier. Nous nous sentons privilégiés d'avoir découvert ces informations dès le début de notre mariage et nous sommes reconnaissants d'avoir la possibilité d'enseigner à nos enfants à être financièrement responsables.

Alison (29 ans) et
Mike (33 ans) Wessner
Femme au foyer;
professeur d'éducation physique

J'ai découvert que si vous examinez la vie des personnes auxquelles vous voulez ressembler, vous trouverez des thèmes communs. Si vous voulez être maigre, étudiez les personnes maigres, et si vous voulez être riche, faites ce que font beaucoup de personnes riches, et non ce qu'un mythomane vous dit de faire. Le Forbes 400 dresse la liste des 400 personnes les plus riches d'Amérique, classées par le magazine *Forbes*. Lorsqu'elles ont été interrogées, 75 % de ces 400 personnes (des gens riches, pas votre beau-frère fauché qui a une opinion) ont déclaré que la meilleure façon de s'enrichir était de ne pas s'endetter et de demeurer libre de dettes. Chick-Fil-A, Hobby Lobby et Intuitive Surgical, Inc. n'ont pas de dettes. J'ai rencontré des milliers de millionnaires au cours de mes années d'expérience en tant que conseiller financier, et pas un seul ne m'a dit qu'il avait tout gagné avec les points bonis de Discover Card. Ils vivaient tous avec moins que ce qu'ils gagnaient et ne dépensaient que lorsqu'ils avaient de l'argent liquide. Aucun paiement.

L'histoire nous apprend également que l'endettement n'a pas toujours été un mode de vie; en fait, trois des plus grands établissements prêteurs du siècle dernier ont été fondés par des personnes qui détestaient l'endettement. Avant de déposer son bilan, Sears était une force puissante dans le commerce de détail et gagnait plus d'argent avec le crédit qu'avec la vente de marchandises. Il ne s'agissait pas vraiment d'un magasin, mais d'un prêteur avec quelques articles en façade (on se demande pourquoi il a fait faillite, n'est-ce pas ?). Cependant, en 1910, le catalogue Sears indiquait : « Acheter à crédit est une folie. » Tout comme Sears, les grands magasins JCPenney gagnaient des millions de dollars par année grâce au crédit avant de faire faillite. Mais leur fondateur, James Cash Penney, dirigeait son empire de vente au détail avec des magasins où l'on ne pouvait payer qu'au comptant, d'importantes réserves de liquidités et aucune dette – ce qui a permis à l'entreprise de survivre à la Grande Dépression.

Henry Ford pensait que l'endettement était une méthode de paresseux pour acheter des articles, et sa philosophie était tellement ancrée dans la Ford Motor Company qu'il n'a pas proposé de financement avant 1959, 10 ans après que General Motors l'ait fait. Aujourd'hui, bien sûr, Ford Motor Credit est l'une des activités les plus rentables de Ford. L'ancienne école a vu la folie de l'endettement ; la nouvelle école a vu l'occasion de profiter du consommateur endetté.

Vous avez probablement entendu un grand nombre de sous-mythes qui s'inscrivent dans la lignée du grand mythe selon lequel « la dette est un outil ». Afin de ne négliger aucune piste, nous allons passer en revue et démystifier chacun des mythes répandus par une culture qui a officiellement gobé le mensonge.

MYTHE : Si je prête de l'argent à des amis ou à des parents, je les aide.

RÉALITÉ : Si je prête de l'argent à un ami ou à un parent, la relation sera tendue ou détruite. La seule relation qui sera renforcée est celle qui résulte du fait que l'une des parties sera le maître et l'autre le serviteur.

Si vous prêtez 100 $ à votre beau-frère et qu'il ne vous adresse plus jamais la parole, l'investissement en valait-il la peine ? Nous avons tous fait cette expérience en prêtant de l'argent à quelqu'un pour ensuite constater une distanciation immédiate dans la relation. Un jour, Joan a appelé pendant mon émission de radio pour se plaindre du fait qu'un prêt avait ruiné sa relation avec l'une de ses meilleures amies au travail. Elle avait prêté à cette femme, une mère célibataire fauchée, 50 $ jusqu'au jour de paie. Ce jour est arrivé et son amie – quelqu'un avec qui elle avait l'habitude de parler tous les jours au déjeuner, quelqu'un qui était sa confidente et sa conseillère – l'évitait désormais. La honte et la culpabilité sont alors entrées en scène.

Nous ne contrôlons pas la manière dont la dette affecte les relations ; la dette le fait indépendamment de ce que nous voulons. L'emprunteur est l'esclave du prêteur, et vous changez la dynamique spirituelle des relations lorsque vous prêtez de l'argent à vos proches. Ils ne sont plus des amis, des oncles ou des enfants ; ils sont maintenant vos serviteurs. Je sais que certains d'entre vous pensent que c'est exagéré, mais dites-moi pourquoi le repas de l'Action de grâce n'a pas le même goût lorsqu'un prêt a été consenti. Manger avec son maître n'est pas la même chose que manger avec sa famille.

Joan était vraiment déchirée à l'idée de perdre cette amitié. Je lui ai demandé si cette amitié valait 50 $. Spontanément, elle m'a répondu qu'elle valait bien plus. Je lui ai donc dit d'appeler son amie et de lui dire que la dette était effacée, que c'était un cadeau. La remise de la dette l'a aidée à éliminer la dynamique maître-serviteur de la relation. Bien sûr, il aurait été préférable que cette dynamique n'ait jamais existé. J'ai également suggéré deux conditions à la remise de la dette : premièrement, que l'amie accepte d'aider un jour quelqu'un dans le besoin ; deuxièmement, qu'elle ne prête jamais d'argent à ses amis. Brisons la chaîne du mythe. Dans le cas de Joan, la chaîne du mythe du prêt d'argent à un ami ne sera brisée que si les deux parties apprennent leur leçon. La leçon est que s'il est bien de *donner* de l'argent à des amis dans le besoin si vous en avez les moyens, mais le fait de leur prêter de l'argent gâchera vos relations.

J'ai eu affaire à des centaines de familles éprouvées et détruites au sein desquelles des personnes bien intentionnées avaient prêté de l'argent pour « aider ». Des parents prêtent au couple de jeunes mariés de 25 ans l'acompte nécessaire à l'achat de leur première maison. Tout cela semble si noble et si gentil jusqu'à ce que la belle-fille capte les regards désapprobateurs à la mention des prochaines vacances du couple. Elle sait ce que signifient ces regards – on lui fait comprendre qu'elle devrait obtenir l'approbation de ces nobles et bien intentionnés beaux-parents avant d'acheter du papier hygiénique, et ce jusqu'à ce que le prêt soit remboursé. C'est là que peut naître toute une vie de ressentiment.

Un grand-père prête 25 000 $ à son petit-fils de 20 ans pour lui permettre d'acheter le nouveau camion à quatre roues motrices dont il a « besoin ». Bien entendu, le taux du prêt est de 6 %, ce qui est bien mieux que ce que Junior aurait obtenu à la banque et bien mieux que ce que Grand-père obtient de son certificat de placement à la banque. Tout le monde y gagne – ou pas ?

Que se passe-t-il lorsque Junior perd son emploi et ne peut plus rembourser Grand-père, qui est de la vieille école où l'on creuse des fossés jusqu'à minuit s'il le faut pour honorer sa parole ? Junior et Grand-père ne s'entendent plus. Junior vend le camion et paie à Grand-père les 19 000 $ qu'il en a reçus. Grand-père n'avait pas pris de privilège sur le titre de propriété, il s'attend donc à ce que Junior, fauché, en colère et au chômage, rembourse le solde de 6000 $. Grand-père ne reverra jamais ses 6000 $ ni son petit-fils. Dans une version pervertie du mythe, mêlée de honte et de culpabilité, l'esprit de Junior s'imagine que tout cela est la faute de Grand-père, et il abandonne la relation.

J'ai vu des centaines de fois des relations tendues et parfois détruites. Nous en avons tous été témoins, mais nous continuons à croire au mythe selon lequel un prêt à un être cher est une bénédiction. Ce n'est pas le cas, c'est une malédiction. N'imposez pas ce fardeau à une relation qui vous tient à cœur.

MYTHE : En me portant garant d'un prêt, j'aide un ami ou un parent.

RÉALITÉ : Soyez prêt à rembourser le prêt; la banque demande un cosignataire pour une raison précise, à savoir qu'elle ne s'attend pas à ce que l'ami ou le parent paie.

Réfléchissez avec moi un instant. Si la dette est le produit le plus agressivement commercialisé dans notre culture aujourd'hui, si les prêteurs doivent atteindre des quotas de vente pour la « production de prêts », si les prêteurs peuvent projeter la probabilité d'un prêt en défaut de paiement avec une précision incroyable – toutes ces choses sont vraies – et que le secteur des prêts a refusé un prêt à votre ami ou parent, il n'y a guère de doute que l'emprunteur éventuel connaît des difficultés aux conséquences évidentes. Pourtant, chaque jour, des Américains prennent la décision très imprudente (oui, stupide) de se porter garant d'un prêt consenti à un ami ou un parent.

Le prêteur exige un cosignataire parce qu'il y a une très forte probabilité statistique que l'emprunteur ne paie pas. Alors, pourquoi nous désignons-nous comme l'aide généreuse, bienveillante et qui sait tout, capable de passer outre le jugement d'un secteur qui ne demande qu'à prêter de l'argent et qui a pourtant considéré notre ami ou notre parent comme un mauvais payeur à la recherche d'un endroit où échouer, ou au moins comme un mauvais payeur à la recherche d'une nouvelle maison ? Pourquoi signons-nous en connaissant parfaitement les problèmes inhérents ?

Nous nous mettons dans cette situation ridicule uniquement sous le coup de l'émotion. L'intellect ne pourrait pas nous emmener dans cette aventure. Nous « savons » qu'ils paieront parce que nous les « connaissons ». C'est faux. Des parents se portent responsables pour qu'un jeune couple achète une maison. Pourquoi ce couple a-t-il besoin d'un cosignataire ? Parce qu'il n'avait pas les moyens d'acheter une maison ! Les parents se portent garants pour l'achat d'une voiture par un adolescent. Pourquoi les parents font-ils cela ? « Pour qu'il apprenne à être responsable. » Non, ce que l'adolescent a appris, c'est que quand il ne peut pas payer quelque chose, il peut l'acheter quand même.

Ce qui est triste, c'est que ceux d'entre nous qui se sont portés garants d'un prêt savent comment cela se termine. Nous finissons par le rembourser, mais seulement après que notre crédit a été compromis ou ruiné. Si vous cosignez pour une voiture, le prêteur ne vous contactera pas lorsque le prêt est payé en retard tous les mois, mais votre crédit en sera affecté tous les mois. Le prêteur ne vous contactera pas avant de reprendre possession de la voiture, mais vous avez maintenant une saisie sur votre dossier de crédit. Il communiquera avec vous pour vous demander de payer la différence entre la dette et le prix de reprise inférieur au prix de gros qu'il a obtenu pour la voiture, ce que l'on appelle un déficit. Si le prêteur vous a contacté, vous ne pouvez rien faire légalement pour forcer la vente de la voiture, car elle ne vous appartient pas ; vous êtes simplement redevable de la dette. Si vous cosignez pour une maison, vous obtiendrez les mêmes résultats.

Selon les Proverbes 17:18 : « Seul un homme dépourvu de sens s'engage et se porte garant des dettes d'autrui. » Voilà qui résume assez bien la situation. Tout comme elles essaient de gâter un proche en lui accordant un prêt, de nombreuses personnes essaient de l'aider en cosignant, ce qui a pour conséquence d'entamer leur crédit et de nuire à leur relation, voire de la détruire. Je me suis porté garant de prêts et j'ai fini par les payer ; un pauvre type a cosigné pour moi et c'est lui qui a fini par payer lorsque j'ai fait faillite. Si vous voulez vraiment aider quelqu'un, donnez de l'argent. Si vous n'en avez pas, ne vous engagez pas à payer, car vous le ferez probablement.

Je vois tous les jours des cas de personnes prises au piège de la cosignature sur les ondes du *Ramsey Show*, mon émission de radio. Kevin m'a appelé pour se plaindre qu'une société de crédit hypothécaire comptait comme une dette le fait qu'il ait cosigné pour la voiture de sa mère, alors qu'elle avait souscrit une assurance qui rembourserait le prêt en cas de décès. Bien sûr que la société de crédit hypothécaire y voit une dette, Kevin ; vous en êtes responsable ! La société de crédit hypothécaire ne craint pas que la mère de Kevin meure ; elle craint qu'elle ne paie pas, ce qui obligerait Kevin à payer la voiture et à ne pas pouvoir rembourser son prêt hypothécaire.

Joe, un autre auditeur, a été surpris d'apprendre qu'il était redevable de 16 000 $ pour une maison mobile pour laquelle il avait cosigné il y a 15 ans. Il y a 10 ans, la maison mobile de son frère a été saisie et la banque l'a vendue pour 16 000 $ de moins que ce qui était dû ; aujourd'hui, 10 ans plus tard, la banque rattrape Joe et réclame son argent. Joe était furieux que cela puisse arriver ! La plupart des cosignataires n'ont aucune idée de l'aventure dans laquelle ils s'embarquent.

Brian m'a envoyé un mail à propos de la voiture de sa petite amie. Il semblerait que le bon vieux Brian ait cosigné pour une voiture de 5000 $ pour sa chérie. Celle-ci s'est enfuie avec la voiture, il ne l'a pas retrouvée et, surprise, elle ne paie pas les mensualités. Maintenant, soit son crédit le montre comme un mauvais payeur, soit il paie une voiture qu'il ne peut pas trouver pour une fille qu'il ne veut pas trouver. Voilà comment se résume la cosignature : des cœurs brisés et des portefeuilles à sec. C'est ainsi que cela se passe généralement, alors à moins que vous ne vouliez avoir le cœur brisé et le portefeuille à sec, ne le faites pas.

MYTHE : Les avances en espèces, les prêts sur salaire, les locations avec option d'achat, les prêts sur titres et le financement auto sans enquête de crédit.

RÉALITÉ : Ces exemples de prêts abusifs sont conçus pour profiter des personnes à faible revenu et ne bénéficient qu'aux propriétaires des sociétés qui accordent les prêts.

Les personnes à faible revenu resteront au bas de l'échelle socioéconomique si elles tombent dans le piège de ces escroqueries. Ces « prêteurs » (ou, comme j'aime à les appeler, « la racaille de la racaille ») sont des profiteurs et s'enrichissent légalement sur le dos des pauvres ou de ceux qui le deviendront bientôt. Les taux d'intérêt moyens de ce type d'opérations sont de près de 400 % et peuvent dépasser 600 %. Si vous voulez rester au bas de l'échelle, continuez à faire affaire avec ces gens. Vous savez pourquoi ce type d'opérations ne se trouve que dans les quartiers pauvres de la ville ? Parce que les riches ne veulent pas jouer à ce jeu. C'est ainsi qu'ils sont devenus riches.

Le prêt sur salaire est l'une des formes de prêt les plus répandues. Voici comment il fonctionne : vous demandez 200 $ au prêteur et lui donnez l'autorisation de retirer l'argent de votre compte par voie électronique après votre prochain jour de paie (ou vous pouvez lui faire un bon vieux chèque en papier, postdaté à votre prochain jour de paie). Il vous remettra les 200 $ en espèces sur place (ou les déposera directement sur votre compte) et retirera l'argent lorsque vous serez payé. Le tout pour seulement 25 $ de frais de service, ce qui équivaut à plus de 650 % d'intérêts par année !

Un certain Mike a appelé pendant mon émission de radio et il était pris dans un engrenage de prêts sur salaire. Il n'avait pas encore procédé à une transformation financière totale et continuait à dépenser comme si de rien n'était. Il a continué à ajouter prêt après prêt jusqu'à ce qu'il ne puisse plus sortir du piège qu'il s'était créé. En fait, Mike faisait partie des 80 % d'emprunteurs qui ne pouvaient pas rembourser leur prêt dans les deux semaines. Il empruntait donc à un prêteur véreux pour en payer un autre, et en faisant cela encore et encore, il avait créé une spirale de mort financière. Il était paniqué parce qu'il était menacé de poursuites pénales pour avoir émis des chèques sans provision par les établissements dont le modèle commercial repose sur les « mauvais » chèques postdatés. Ce qui est triste, c'est que la seule façon pour Mike de s'en sortir, c'est de faire éclater le ballon. Il doit cesser de payer, fermer ses comptes, puis rencontrer chaque prêteur pour convenir de modalités de paiement. Cela signifie qu'il devra trouver des emplois supplémentaires et vendre certains biens.

Ce type de commerce est un prêt usuraire légalisé. Six États : l'Arizona, l'Arkansas, la Géorgie, Hawaï, le Nouveau-Mexique et la Caroline du Nord, ont légalisé les entreprises de prêts sur salaire en dehors de leur territoire. De nombreux autres États ont plafonné le montant maximum des prêts (la plupart se situent autour de 500 $), les frais financiers et le montant des intérêts qu'ils peuvent facturer. Même le gouvernement fédéral a reconnu le problème et plafonné à 36 % les prêts sur salaire accordés au personnel militaire. Espérons que d'autres États suivront cet exemple.

La situation n'est guère plus reluisante dans le cas du financement auto sans enquête de crédit. La plupart de ces transactions concernent des voitures plus anciennes et moins chères. Le concessionnaire achète ces voitures et les vend pour un acompte égal à ce qu'il a payé pour la voiture, de sorte que les paiements hebdomadaires de 18 à 38 % d'intérêts ne sont que du vent. Les dépanneuses de toute la ville reconnaissent ces voitures parce qu'elles ont été vendues plusieurs fois et envoyées à la fourrière à maintes reprises par le concessionnaire. Chaque fois que le concessionnaire vend la voiture, son rendement sur le capital investi grimpe en flèche. Les paiements demandés auraient pu permettre d'acheter la voiture au comptant en quelques semaines; en fait, l'acompte aurait pu permettre d'acheter la voiture si l'acheteur avait été un peu plus avisé.

La location avec option d'achat est l'un des pires exemples de l'enfant au visage écarlate en mode « Je le veux tout de suite ». Les gens louent des biens qu'ils n'ont pas les moyens d'acheter parce qu'ils se contentent de regarder « combien ça coûte par semaine » et se disent qu'*ils peuvent se le permettre*. Selon le *U.S. News & World Report*, vous paierez probablement ces biens deux à trois fois plus cher que si vous les achetiez directement !

En fait, si l'on regarde les chiffres, personne ne peut se le permettre. Un lave-linge et un sèche-linge moyens et bon marché ne vous coûteront que 20 $ par semaine pendant 104 semaines. Cela représente un total de plus de 2100 $ (hors taxes) pour des appareils que vous auriez pu acheter neufs pour environ 1100 $, ou d'occasion pour 500 $. Comme le disait mon ancien professeur à propos de la partie « achat » de la location avec option d'achat : « Vous devriez *vivre* tellement longtemps ! »

Si vous aviez économisé 20 $ par semaine pendant seulement 25 semaines, vous auriez pu acheter des appareils légèrement endommagés dans le même magasin pour 500 dollars ! Ou vous auriez pu acheter des appareils d'occasion sur Facebook Marketplace. Cela vaut la peine de regarder au-delà du week-end et de souffrir un peu en allant à la laverie locale avec vos pièces de monnaie. Lorsque vous pensez à court terme, vous vous exposez toujours à vous faire arnaquer par un prêteur prédateur. Si l'enfant au visage écarlate (« Je le veux, et je le veux tout de suite ! ») domine votre vie, vous resterez fauché !

Si vous avez recours aux prêts sur salaire, au financement auto sans enquête de crédit et à la location avec option d'achat, sachez que vous êtes en train de vous détruire financièrement. Ces entreprises se nourrissent des travailleurs pauvres et vous devez les éviter à tout prix si vous voulez gagner au jeu de l'argent.

MYTHE: «Quatre-vingt-dix jours, c'est comme de l'argent liquide», ça équivaut à utiliser gratuitement l'argent d'autrui.

RÉALITÉ: Quatre-vingt-dix jours, ce n'est pas la même chose que de l'argent liquide.

Le marketing stupide dont l'Amérique est victime a abouti au résultat suivant: nous achetons des choses dont nous n'avons pas besoin avec de l'argent que nous n'avons pas, afin d'impressionner des gens que nous n'aimons pas. Les ventes de meubles, d'appareils électroniques et d'électroménagers se sont multipliées grâce à la formule «90 jours, c'est comme de l'argent liquide». J'ai récemment rencontré une dame qui avait acheté son chien à crédit dans une animalerie. «Mais je l'ai remboursé plus tôt que prévu», a-t-elle déclaré fièrement. Heureusement pour Rover, il a pu éviter la saisie.

Quatre-vingt-dix jours, ce n'est PAS la même chose que de l'argent liquide, et ce, pour trois raisons essentielles: premièrement, si vous présentez de l'argent liquide (des billets de 100 $) à un directeur qui a un quota de vente à atteindre, vous obtiendrez probablement une remise. Si vous ne pouvez pas obtenir de remise, allez chez le concurrent. Vous n'obtenez pas de remise lorsque vous souscrivez à un plan de financement.

Deuxièmement, les entreprises qui proposent du financement au comptant gagnent beaucoup d'argent sur le dos des personnes qui ne les remboursent pas à temps. En 2021, ces entreprises ont gagné 2,5 milliards de dollars grâce aux taux d'intérêt abusifs de 24 à 38 % qui sont calculés à partir de la date d'achat lorsque le solde n'est pas intégralement payé à la fin de la «période promotionnelle». Ne me dites pas que c'est vous qui allez payer et éviter d'être victime de cette escroquerie d'un milliard de dollars. Une chaîne audio à 1000 $ (n'oubliez pas que vous n'avez pas bénéficié d'une remise) ne vous rendra pas riche en 90 jours. Mais 1000 $ placés sur un compte d'épargne à 3 % d'intérêt par année vous rapporteront 7,50 $ en 90 jours. Quel génie financier vous êtes !

Troisièmement, vous jouez avec des serpents et vous vous ferez mordre. Marge a appelé pendant mon émission de radio pour raconter cette petite histoire. Son mari et elle ont acheté un téléviseur à grand écran dans un magasin d'électronique de renommée nationale. Ce couple a remboursé le téléviseur un peu plus tôt que prévu pour être sûr de ne pas se faire piéger par le prélèvement d'intérêts rétroactifs. Mais pas de chance. Ils avaient refusé l'assurance invalidité et l'assurance vie (frais de 174 $), mais le vendeur avait apparemment apposé des initiales frauduleuses sur le contrat à cet endroit, ce qui arrive plus souvent qu'on ne le pense. Ainsi, alors que notre brillant couple pensait avoir payé le téléviseur, il lui restait un solde et on lui a facturé des intérêts tout au long de l'opération. Ils s'y opposaient, mais il aurait fallu engager un expert en écriture et aller au tribunal avec un avocat pour éviter de payer une facture de moins de 1000 $, même s'ils ne devaient pas cet argent. Ce n'est pas très encourageant. Le petit jeu du « nous allons utiliser votre argent gratuitement » se retourne contre nous. J'ai récemment acheté un téléviseur dans ce même magasin et je l'ai payé en espèces ; j'ai bénéficié d'une remise et je suis reparti avec l'appareil. Pas de tracas, pas de frais de justice, pas d'intérêts, pas de mensonges.

Non, Virginia, 90 jours, ce n'est PAS la même chose que de l'argent liquide.

Et avant que vous ne posiez la question non – les options « acheter maintenant, payez plus tard » (paiement fractionné) telles que Klarna et Afterpay ne sont pas meilleures. Le paiement fractionné est un prêt à court terme qui divise votre achat en quatre versements égaux. Ce n'est qu'une autre façon d'acheter maintenant des choses que l'on ne peut pas se permettre. Mais nombreux sont les gens qui tombent dans le panneau. La valeur totale de ces prêts est sur le point d'atteindre 180 milliards de dollars d'ici à 2026 ! Pire encore, les gens ne comptent pas uniquement sur le paiement fractionné pour acheter des ordinateurs portables et des consoles de jeu coûteux. Ils l'utilisent de plus en plus pour acheter des produits de première nécessité. C'est vrai, vous pouvez utiliser le paiement fractionné pour payer votre caisse de soda en seulement quatre paiements faciles de 2,99 $.

Certaines options de paiement fractionné ne facturent que des frais de retard lorsque vous n'effectuez pas vos paiements à temps. D'autres facturent des intérêts. Nos recherches montrent que près de la moitié des gens ne font pas leurs paiements à temps. Curieusement, c'est à peu près le même nombre de personnes qui regrettent d'avoir choisi cette option de paiement.

Et le véritable secret derrière le paiement fractionné, c'est que ces entreprises utilisent le fait qu'elles peuvent vous faire dépenser plus comme argument de vente auprès des détaillants. Afterpay se vante que les acheteurs qui utilisent ses services dépensent 40 % de plus que ceux qui ne le font pas. Klarna indique aux entreprises qu'elles peuvent augmenter le prix moyen des commandes de 41 %. Et pour ne pas se laisser distancer par ses copains du secteur, Affirm se targue d'une augmentation de 60 % des mises à niveau, des offres groupées et des modules complémentaires ! Vous avez l'estomac qui se retourne ?

MYTHE : Le prêt automobile est un mode de vie ; vous en aurez toujours un.

RÉALITÉ : Le millionnaire moyen évite le prêt automobile en conduisant des véhicules d'occasion fiables ; c'est ainsi qu'il est devenu millionnaire.

Contracter un prêt automobile est l'une des choses les plus stupides que l'on puisse faire pour réduire à néant ses chances de s'enrichir. Le paiement de la voiture est le paiement le plus important pour la plupart des gens, à l'exception de l'hypothèque, et il soutire donc plus d'argent du revenu que pratiquement n'importe quoi d'autre. Experian note que le paiement moyen d'une nouvelle voiture s'élève à 725 $ pour une durée moyenne d'environ 69 mois. La plupart des gens remboursent un prêt automobile tout au long de leur vie. Dès qu'une voiture est remboursée, ils contractent un nouveau prêt parce qu'ils ont « besoin » d'une nouvelle voiture. Si vous faites un paiement de 725 $ par mois tout au long de votre vie, ce qui est « normal », vous ratez l'occasion d'épargner cet argent. Si vous investissiez 725 $ par mois de l'âge de 25 ans à l'âge de 65 ans, soit une vie professionnelle normale, dans un fonds commun de placement moyen rapportant 12 % (la moyenne du marché boursier sur 90 ans), vous disposeriez de 8 500 000 $ à l'âge de 65 ans. J'espère que la voiture vous plaît !

Certains d'entre vous ont levé le nez au ciel tels de snobs intellectuels lorsque j'ai montré à quel point la location avec option d'achat est mauvaise, parce que vous n'entreriez jamais dans un tel établissement, et pourtant vous faites pire pour votre achat de voiture. Si vous mettez 725 $ par mois dans une boîte à biscuits pendant seulement 10 mois, vous disposez de plus de 7000 $ pour acheter une voiture au comptant. Je ne suggère pas que vous conduisiez une voiture de 7000 $ pendant toute votre vie, mais c'est ainsi que vous commencerez sans dettes. Vous pouvez ensuite épargner le même montant et passer à une voiture de 14 000 $ 10 mois plus tard, puis à une voiture de 21 000 $ 10 mois plus tard. En seulement 30 mois, ou deux ans et demi, vous pouvez conduire une voiture payée 21 000 $, sans jamais avoir effectué de paiements mensuels, et sans jamais avoir à en effectuer d'autres. Ce n'est pas parce que tout le monde contracte un prêt automobile que c'est une décision intelligente.

Vos parents et amis fauchés se moqueront-ils de votre modeste voiture ? Bien sûr, mais c'est un très bon signe que vous êtes sur la bonne voie.

Ayant été millionnaire et ensuite ruiné, j'ai décidé de cesser de vouloir être beau plutôt que d'être bon. Être beau, c'est quand vos amis fauchés sont impressionnés par ce que vous conduisez, et être bon, c'est avoir plus d'argent qu'eux.

Commencez-vous à réaliser que la transformation financière totale se fait également dans votre cœur ? Vous devez arriver au point où ce que les gens pensent n'est pas votre principale motivation. C'est l'atteinte de l'objectif qui vous motive. Vous souvenez-vous du jeu de cirque dans lequel vous balancez le gros marteau au-dessus de votre tête pour frapper sur un levier afin d'envoyer un poids le long d'un poteau pour faire sonner la cloche ? Vous atteignez le point où vous voulez faire sonner la cloche ! Qui se soucie de savoir si vous êtes un gringalet de 45 kilos d'allure fragile ? Les filles sont toujours impressionnées lorsque la cloche sonne. Lorsque l'objectif, et non l'apparence, commence à avoir de l'importance, vous êtes sur la voie de la métamorphose financière.

Aujourd'hui, je conduis de très belles voitures, mais il n'en a pas toujours été ainsi. Après avoir été ruiné, j'ai conduit une Cadillac empruntée ayant parcouru 645 000 kilomètres et dont le toit en vinyle s'était détaché et se gonflait d'air comme un parachute. La couleur prédominante de cette voiture était celle d'un produit utilisé pour masquer la rouille. J'ai conduit cette voiture pendant ce qui m'a semblé être 10 ans au cours d'une période de 3 mois. J'étais passé d'une Jaguar à un tacot emprunté ! Ce n'était pas drôle, mais je savais que si j'étais prêt à vivre comme personne d'autre, plus tard je pourrais vivre comme personne d'autre.

Aujourd'hui, je suis convaincu que mon épouse et moi sommes en mesure de faire tout ce que nous voulons sur le plan financier, en partie grâce aux sacrifices en matière d'automobile que nous avons faits au début. Je crois, de tout mon être, que nous gagnons grâce au changement intérieur qui nous a permis de conduire de vieilles voitures déglinguées pour gagner. Si vous insistez pour conduire des voitures neuves et faire des paiements pendant toute votre vie, vous gaspillerez littéralement la fortune d'une vie pour elles. Si vous êtes prêt à faire des sacrifices pendant un certain temps, vous pouvez avoir la fortune de votre vie *et* conduire des voitures de qualité. J'opterais pour la stratégie du millionnaire.

MYTHE : La location d'une voiture est la particularité des gens sophistiqués. Il faut louer des choses qui perdent de la valeur et profiter de l'avantage fiscal.

RÉALITÉ : Les défenseurs des consommateurs, les experts reconnus et une bonne calculatrice confirmeront que la location d'une voiture est le moyen le plus coûteux d'utiliser un véhicule.

Consumer Reports, le magazine *Smart Money* et ma calculatrice me disent que la location est la pire façon d'acquérir un véhicule. En effet, vous louez pour posséder. Le coût du capital, c'est-à-dire le taux d'intérêt, est extrêmement élevé, et pourtant, la plupart des offres de voitures neuves cette année seront des contrats de crédit-bail. Ils sont mauvaaais ! Je m'excuse. C'est l'impression que j'ai d'un mouton qui se fait tondre. Les lobbyistes de l'industrie automobile sont si puissants que la loi n'exige pas une information complète de la part du prêteur. Ils soutiennent que vous n'êtes que locataire, ce qui est le cas, et qu'ils ne devraient donc pas être obligés de vous indiquer le taux d'intérêt effectif réel.

Toutefois, la Commission fédérale du commerce exige la transparence en matière de prêts lorsque vous achetez une voiture ou obtenez un prêt hypothécaire, mais pas pour un contrat de location, de sorte que vous ne savez pas ce que vous payez, à moins d'être très doué avec une calculatrice. Ayant vu plusieurs centaines de contrats de location conclus par des personnes que j'ai conseillées, ma calculatrice financière confirme que le taux d'intérêt moyen est de 14 %.

Ne devrait-on pas louer des choses qui perdent de la valeur ? Pas nécessairement, et le calcul ne fonctionne pas pour une voiture, c'est certain. Suivez-moi dans cet exemple : si vous louez une voiture d'une valeur de 45 000 $ pendant 3 ans et que, lorsque vous la rendez à la fin de cette période, elle ne vaut plus que 22 500 $, quelqu'un doit couvrir la perte de 22 500 $. Vous n'êtes pas stupide, vous savez donc que General Motors, Ford ou n'importe quel autre géant de l'automobile ne va pas mettre en place un plan pour perdre de l'argent. Le paiement de votre crédit-bail est conçu pour couvrir la perte de valeur (22 500 $ répartis sur 36 mois, soit 625 $ par mois), plus le bénéfice (les intérêts que vous payez).

Où avez-vous trouvé une affaire dans cette location ? Vous n'en avez pas trouvé ! À cela s'ajoutent les frais de 15 à 30 cents par kilomètre pour le dépassement du kilométrage alloué et les pénalités que tout le monde a connues lors de la remise d'un contrat de location pour « usure excessive », qui tiennent compte de chaque petite entaille, bosse, déchirure de moquette, tache ou odeur. Vous finissez par faire un gros chèque juste pour repartir. Ces pénalités ont un double but : vous inciter à louer une autre voiture afin que vous puissiez intégrer sans problème les pénalités dans le nouveau contrat de location, et faire en sorte que le constructeur automobile gagne de l'argent.

Selon J.D. Power, citant la National Automobile Dealers Association (NADA), la voiture neuve moyenne achetée au comptant rapporte au concessionnaire environ 3,9 % du prix de vente. Ainsi, si vous achetez une voiture neuve à 50 000 $ (ce qui est aujourd'hui le prix moyen), le concessionnaire touchera près de 2000 $. Lorsque le concessionnaire peut vous proposer un financement, il ajoute ce que l'on appelle une « réserve de financement » ou, dans le cas d'un crédit-bail, il peut majorer le « facteur argent », qui ajoute alors 1 à 3 points de pourcentage supplémentaires à votre taux d'intérêt. Cela représente entre 1600 et 5000 $ de plus pour le concessionnaire. Mais le concessionnaire n'est pas tenu de vous informer de cette majoration. Pire encore, dans le cas d'un crédit-bail, les documents administratifs n'indiquent même pas le prix de vente de la voiture. Tout ce que vous voyez, c'est le « coût brut capitalisé », qui inclut la marge bénéficiaire du concessionnaire et tout ce qu'il peut ajouter sans que vous vous en rendiez compte.

Et comme vous bénéficiez d'une si bonne « affaire » sur le paiement mensuel, vous ne le remarquez pas et ne posez pas de questions. À partir de là, il peut vous faire signer pour toutes sortes de suppléments, tels que des assurances complémentaires et des plans d'entretien, qui lui permettront de gagner encore plus d'argent sur votre dos. Le fait est que le concessionnaire automobile typique gagne de l'argent dans le bureau des finances et dans l'atelier d'entretien, et non dans la vente de voitures neuves.

Le crédit-bail explose parce que les concessionnaires savent qu'il s'agit de leur principal centre de profit. Nous vivons dans une culture qui a cessé de demander « combien ? » et qui demande plutôt « combien d'acompte et combien par mois ? » Si vous ne tenez compte que des dépenses mensuelles, vous vous ferez toujours avoir, car l'acompte et les mensualités sont presque toujours moins élevés, mais à long terme, ils sont beaucoup plus coûteux. Une fois de plus, le gamin au visage écarlate a acheté quelque chose qu'il ne pouvait pas se permettre en utilisant une méthode peu judicieuse et a ensuite tenté de justifier sa stupidité. Ce genre d'attitude ne donnera aucun résultat si vous voulez connaître une transformation financière totale.

Craig a appelé pendant mon émission de radio pour discuter du crédit-bail parce que son expert-comptable lui avait conseillé de louer une voiture (preuve que certains experts-comptables ne savent pas additionner, ou du moins ne prennent pas le temps de le faire). Craig possédait sa propre entreprise et pensait que, si son entreprise était propriétaire de la voiture, le crédit d'impôt rendrait la location intelligente. Craig avait les 20 000 $ nécessaires pour acheter une voiture âgée d'un an comme celle qu'il voulait, mais il a préféré acheter une voiture neuve à 30 000 $. Il a oublié deux points importants. Tout d'abord, 98 % des escroqueries sont réalisées sur des voitures neuves, qui perdent rapidement de leur valeur – ce qui n'est pas une décision commerciale judicieuse. Deuxièmement, créer une dépense professionnelle inutile dans le but d'obtenir une déduction fiscale est un mauvais calcul.

Supposons que Craig ait loué une voiture pour 416 $ par mois, soit 5000 $ par année, et qu'il l'ait utilisée à 100 % pour son travail (ce qui est très improbable et ce qui, la plupart du temps, ne survivrait pas à une vérification des comptes). Si vous pouvez déduire 5000 $ de votre revenu imposable, vous ne payez pas d'impôts sur cet argent. Si Craig n'avait pas bénéficié de l'amortissement de 5000 $, il aurait payé des impôts sur ces 5000 $, soit environ 1100 $ d'impôts. La suggestion de l'expert-comptable de Craig de donner 5000 $ à l'entreprise automobile pour éviter d'envoyer 1100 $ à l'État donne l'impression qu'il ne peut pas faire d'additions. De plus, Craig est maintenant responsable d'une voiture de 30 000 $ qui perd de la valeur au lieu d'une voiture de 20 000 $ qui a subi la plus forte baisse de valeur au cours de sa première année d'utilisation.

Mon entreprise est propriétaire de mes voitures. Nous pouvons amortir ces voitures selon la méthode linéaire ou déduire les kilomètres parcourus. Si vous conduisez une voiture bon marché dans le cadre de vos activités professionnelles et que vous parcourez un grand nombre de kilomètres, vous pouvez déduire les kilomètres parcourus. Si, comme moi, vous conduisez des voitures coûteuses, mais que vous ne parcourez pas beaucoup de kilomètres, optez pour l'amortissement linéaire. Vous pouvez bénéficier de ces deux déductions fiscales sans avoir à rembourser un prêt automobile stupide. Si vous n'êtes pas propriétaire d'une entreprise et que vous n'avez pas compris tout ce que je viens de dire sur les déductions fiscales, etc., ne vous inquiétez pas. Sachez simplement qu'en tant que chef d'entreprise avisé, vous ne voulez pas vous retrouver dans l'engrenage d'un crédit-bail.

MYTHE : Vous pouvez faire une bonne affaire en achetant une nouvelle voiture à un taux d'intérêt de 0 %.

RÉALITÉ : Une voiture neuve perd 60 % de sa valeur au cours des cinq premières années d'utilisation ; ce n'est pas 0 %.

Nous avons discuté de l'achat d'une nouvelle voiture sous ses différentes formes au cours des dernières pages. Non, vous ne pouvez pas vous permettre d'acheter une voiture neuve à moins d'être millionnaire et de pouvoir, par conséquent, consentir à perdre des milliers de dollars, tout cela au nom de la bonne odeur de la voiture neuve. Une bonne voiture d'occasion de moins de trois ans est aussi fiable, sinon plus, qu'une voiture neuve. Une voiture neuve de 50 000 $ perd environ 30 000 $ de sa valeur au cours des cinq premières années d'utilisation. Cela représente une perte de valeur d'environ 115 $ par semaine. Pour comprendre ce que je veux dire, ouvrez la fenêtre de votre voiture une fois par semaine en vous rendant au travail et jetez-y un billet de 100 $.

Le millionnaire moyen conduit une voiture vieille de deux ans sans aucun paiement. Il l'a simplement achetée. Le millionnaire moyen n'est pas disposé à assumer les pertes qu'entraîne une voiture neuve ; c'est ainsi qu'il est devenu millionnaire. Je ne dis pas que vous ne conduirez jamais une voiture neuve, mais tant que vous n'avez pas tellement d'argent que vous pouvez perdre de grosses sommes sans vous en rendre compte, vous ne pouvez pas vous permettre ce luxe. Le concessionnaire automobile vous dira que vous « achetez les problèmes de quelqu'un d'autre ». Alors pourquoi vend-il des voitures d'occasion ? N'est-ce pas moralement répréhensible ? La vérité, c'est que la plupart des voitures légèrement usagées ont été débarrassées de tous leurs défauts et n'ont pas été échangées parce qu'elles étaient mauvaises. En fait, il y a de fortes chances que vous achetiez une voiture issue d'un contrat de location. Certaines des meilleures voitures que j'ai achetées étaient des voitures d'un ou de deux ans qui sortaient d'un contrat de location et qui avaient peu de kilomètres au compteur.

Si vous comprenez ce que je dis à propos de cette énorme perte de valeur, vous réalisez maintenant qu'un taux d'intérêt de 0 % n'est pas vraiment « sans frais ». Bien que l'argent emprunté ne vous coûte rien techniquement, votre voiture perd tellement de valeur que vous vous êtes quand même fait avoir. Le taux d'intérêt de 0 % est toutefois souvent utilisé par les hommes (rarement par les femmes) pour justifier leur « besoin » de nouvelles roues. Ainsi, même si le taux d'intérêt est attrayant, ne tombez pas dans le panneau, car l'ensemble de la transaction revient à jeter des billets de 100 $ par la fenêtre chaque semaine.

Certaines personnes achètent une nouvelle voiture pour la garantie. Si votre voiture perd 30 000 $ de valeur en 5 ans, vous avez en moyenne payé trop cher pour une garantie. Vous auriez pu reconstruire complètement la voiture plusieurs fois pour 30 000 $! N'oubliez pas non plus que la plupart des garanties des constructeurs vous couvrent encore lorsque vous achetez une voiture légèrement usagée. Bien sûr, lorsque vous commencerez votre transformation financière totale, vous aurez peut-être une vieille voiture, mais l'objectif est d'éviter la tentation du mythe du taux d'intérêt de 0 % et d'acheter des voitures d'occasion de qualité. (Vous voulez toujours acheter une voiture neuve ? Certes, elles sont belles, elles sentent bon et elles roulent bien, mais les paiements mois après mois et année après année n'ont rien de réjouissant).

MYTHE : Vous devez obtenir une carte de crédit pour consolider votre crédit.

RÉALITÉ : Votre transformation financière totale ne nécessitera pas le recours au crédit, sauf peut-être pour une hypothèque, et vous n'avez pas besoin d'une carte de crédit pour cela.

Le meilleur mythe est celui de la « consolidation du crédit ». Depuis des années, les banquiers, les concessionnaires automobiles et les prêteurs hypothécaires peu scrupuleux disent aux Américains de « consolider leur crédit ». Ce mythe signifie qu'il faut s'endetter pour pouvoir s'endetter davantage, car c'est en s'endettant que l'on obtient des choses. Ceux d'entre nous qui ont procédé à une transformation financière totale ont découvert que l'argent liquide permet d'acheter des choses plus facilement que les dettes. Mais si je vendais des dettes, comme le fait le banquier, je vous dirais également de vous endetter pour obtenir davantage de dettes. Il s'agit toutefois d'un mythe.

Oui, vous devrez « consolider votre crédit » en empruntant et en remboursant vos dettes en temps voulu, si vous voulez vivre une vie faite de cartes de crédit, de prêts étudiants et de paiements de voiture. Pas moi. La seule question à laquelle vous devez répondre est la suivante : « Comment puis-je obtenir un prêt hypothécaire ? » Plus tard, je vous présenterai le plan d'amortissement à 100 % ou, si vous devez le faire, comment vous contenter d'un prêt hypothécaire à taux fixe sur 15 ans. Mais si vous voulez un taux fixe sur 15 ans avec un paiement qui ne dépasse pas 25 % de votre salaire net, n'avez-vous pas besoin de crédit ? Non.

Vous devrez trouver un prêteur hypothécaire qui effectue des souscriptions réelles. Certaines sociétés de crédit hypothécaire appellent cela un processus « sans cote de crédit » ou « crédit non traditionnel ». Cela signifie qu'elles sont suffisamment professionnelles pour traiter les détails de votre vie au lieu d'utiliser uniquement un score FICO (prêts pour les nuls). Il est de plus en plus difficile de trouver un prêteur qui prenne la peine de vous connaître, mais il y en a. Si un banquier vous dit qu'il ne peut pas vous aider, continuez à chercher. Vous pouvez obtenir un prêt hypothécaire si vous avez vécu correctement. Permettez-moi de définir « avoir vécu correctement ».

Vous pouvez bénéficier d'un prêt conventionnel à taux fixe sur 15 ans si :

- Vous avez payé votre propriétaire à l'avance ou à temps pendant deux ans.
- Vous avez des antécédents de paiements ininterrompus et ponctuels de factures de services publics, de primes d'assurance, de frais de scolarité, de frais de garde d'enfants ou de factures médicales, par exemple.
- Vous travaillez dans le même domaine professionnel depuis deux ans.
- Vous disposez d'un bon acompte, ce qui est plus que « rien ».
- Vous n'avez pas d'autre crédit, bon ou mauvais.
- Vous n'essayez pas d'obtenir un prêt trop important. Un paiement représentant au total 25 % du salaire mensuel net est prudent et vous aidera à remplir les conditions requises.

Le score FICO est un score « j'aime les dettes ». Selon le site Internet de FICO, votre score est déterminé par :

35 % – l'historique de remboursement de la dette ;

30 % – le niveau d'endettement ;

15 % – la durée de la dette ;

10 % – la nouvelle dette ;

10 % – le type de dette.

Si vous cessez d'emprunter de l'argent, vous perdrez votre score FICO. Ce n'est pas un score qui dit que vous gagnez au jeu de l'argent ou que vous avez un million de dollars ; il dit mathématiquement que vous AIMEZ LES DETTES. Ne vous vantez pas de votre score FICO ; cela donne l'impression que vous aimez faire des bisous à une banque. C'est stupide, stupide, stupide.

Peut-on obtenir un prêt hypothécaire sans avoir un score FICO ? De nombreuses sociétés de crédit hypothécaire sont devenues tellement paresseuses qu'elles n'utilisent plus que le score FICO pour accorder des prêts. D'autres ne savent tout simplement pas comment accorder un prêt sans ce score. Au moment où j'écris ces lignes, il est toujours possible d'obtenir un prêt hypothécaire avec un score nul, mais il vous faudra peut-être un peu plus de temps pour trouver un prêteur de qualité. Il n'est pas souhaitable d'avoir un score faible ; il est préférable d'avoir un score élevé ou de ne pas en avoir du tout. Mon score personnel est d'ailleurs nul, car je n'ai pas emprunté d'argent depuis des décennies.

MYTHE : Vous avez besoin d'une carte de crédit pour louer une voiture, réserver une chambre d'hôtel ou effectuer des achats en ligne.

RÉALITÉ : Une carte de débit fait tout cela.

La carte de débit Visa ou d'autres cartes de débit liées à votre compte courant vous permettent de faire pratiquement tout ce qu'une carte de crédit peut faire. J'ai une carte de débit sur mon compte personnel et une autre sur mon compte professionnel et je n'ai pas de carte de crédit. Bien sûr, vous devez avoir de l'argent avant de pouvoir acheter quelque chose avec une carte de débit, mais payer des choses avec l'argent que vous avez maintenant fait partie de votre transformation financière totale. La plupart des agences de location de voitures n'acceptent pas les cartes de débit, mais certaines le font, et vous devez vérifier à l'avance auprès de la société de location concernée.

Certaines sociétés peuvent vous obliger à faire des pieds et des mains pour louer une voiture avec une carte de débit, alors renseignez-vous sur leurs conditions. Tout ce que je dis, c'est que c'est possible. J'achète des choses en ligne et je séjourne dans des hôtels en utilisant tout le temps ma carte de débit. En fait, je voyage dans tout le pays plusieurs fois par année pour participer à des événements, et ma carte de débit me permet d'accéder aux meilleures choses que la vie a à offrir sans aucune dette.

Rappelez-vous qu'il y a une chose que la carte de débit ne fera *pas* : vous endetter.

MYTHE : La carte de débit présente plus de risques que la carte de crédit.

RÉALITÉ : Non.

Certains d'entre vous se sont inquiétés lorsque j'ai mentionné les achats en ligne et les réservations d'hôtel avec une carte de débit. Les gens croient en général qu'il est plus risqué d'effectuer ce genre d'opérations avec une carte de débit. De prétendus experts financiers ont propagé ce mythe au point d'en faire une véritable légende urbaine. En réalité, la réglementation de Visa impose à la banque émettrice de la carte d'accorder à la carte de débit exactement les mêmes protections en cas de vol ou de fraude. Si vous en doutez, lisez les informations relatives à la responsabilité sur le site Web de Visa. J'ai contacté Visa directement et ils m'ont envoyé cette déclaration :

> La politique Responsabilité zéro de Visa couvre toutes les transactions par carte de crédit – et par carte de débit traitées par le réseau Visa. Visa accorde à ses cartes de débit les mêmes protections et avantages qu'aux cartes de crédit – y compris la possibilité pour les émetteurs de cartes de crédit de résoudre les litiges avec un commerçant au nom du titulaire de la carte si les marchandises étaient défectueuses ou n'ont pas été reçues, si vous avez été surfacturé, ou pour d'autres raisons.

Mais n'oubliez pas que pour bénéficier d'une protection totale, vous devez utiliser votre carte comme lors d'une transaction de crédit, sans utiliser votre NIP. C'est ce que je fais.

MYTHE : Si vous remboursez votre carte de crédit chaque mois, vous pouvez utiliser gratuitement l'argent de quelqu'un d'autre.

RÉALITÉ : Selon Ramsey Solutions Research, 61 % des gens ne remboursent pas leurs cartes de crédit tous les mois.

Comme je l'ai dit, quand on joue avec les serpents, on se fait mordre. J'ai entendu parler de tous les appâts mis en place pour attirer dans la fosse les imprudents et les personnes sans méfiance. Une casquette gratuite, des miles aériens, des points de fidélité, l'utilisation gratuite de l'argent de quelqu'un d'autre, une réduction à la caisse – la liste est longue pour vous inciter à souscrire une carte de crédit. Vous êtes-vous déjà demandé pourquoi les sociétés émettrices de cartes de crédit font tant d'efforts pour vous attirer ? La réponse est que vous perdez et qu'elles gagnent.

Vous ne porterez pas la casquette et, selon CBSNews.com, 92 % des miles aériens ne sont jamais échangés. La prochaine fois que vous vous rendrez dans le magasin qui vous a offert une réduction pour avoir souscrit une carte, vous aurez oublié votre argent, vous utiliserez la carte et le cycle commencera. Vous vous dites peut-être : *Je rembourse ma carte, donc j'utilise leur argent. Je gagne.* Encore une fois, c'est faux. Des décennies de recherche sur les cartes de crédit montrent que les gens dépensent entre 50 et 100 % plus lorsqu'ils utilisent le crédit plutôt que de l'argent liquide. L'utilisation du crédit active en effet le circuit cérébral du plaisir, les centres de récompense dans votre cerveau, ce qui vous incite à dépenser davantage. En revanche, cela fait mal lorsque l'on dépense de l'argent liquide, ce qui fait que l'on dépense moins.

La grande question est de savoir ce que font les millionnaires. Ils ne deviennent pas riches avec des casquettes gratuites, des points de fidélité, des miles aériens et l'utilisation de l'argent de quelqu'un d'autre. Que font les gens fauchés ? Ils utilisent des cartes de crédit. Selon une étude portant sur la loi et l'éthique réalisée par l'*American Journal of Public Health*, 44 % des personnes ayant déposé leur bilan déclarent que des dépenses excessives, généralement effectuées à l'aide de cartes de crédit, ont contribué à leur faillite. Les pauvres utilisent des cartes de crédit, les riches non. Je n'en dirai pas plus.

Avant d'adhérer au plan de Dave, j'étais tellement stressé par mon travail et notre situation financière que j'ai fini par être hospitalisé pour des douleurs thoraciques. Mon épouse et moi gagnions très bien notre vie dans la région de la baie de San Francisco, mais nous n'avions rien à montrer et nous vivions sous une pression constante. Depuis des années, nous souhaitions nous rapprocher de nos enfants et petits-enfants, de nos parents et de nos frères et sœurs. Mais les dettes que nous avions contractées ne nous permettaient pas de déménager, et d'occuper éventuellement des emplois moins rémunérateurs.

Lorsque nous avons découvert *The Ramsey Show* lors de nos longs trajets quotidiens pour nous rendre au travail, nous avions 95 000 $ de dettes. Il ne nous a pas fallu longtemps pour nous rendre compte que Dave disait des vérités teintées d'une forte dose de bon sens. Nous avons détruit nos cartes de crédit et mis en place un plan d'attaque en suivant les petits pas décrits dans *Transformation financière totale*. Nous avons remboursé toutes nos dettes de consommation et les voitures en 18 mois, constitué notre fonds d'urgence de 6 mois et prévu de rembourser notre hypothèque en 7 ans.

Une chose amusante s'est produite une fois que nous nous sommes débarrassés de toutes nos dettes de consommation : les emplois stressants n'étaient plus une nécessité financière. Nous ne ressentions pas non plus autant de pression au quotidien et, pour la première fois, nous pouvions voir une lumière très brillante au bout du tunnel. Grâce à Dave, Dieu a répondu à nos prières et nous a permis de voir clairement comment nous pouvions nous rapprocher de notre famille !

Nous n'avons plus aucune dette, y compris pour notre maison. Nous voyons notre famille chaque semaine et nous pouvons participer à tous les événements merveilleux que nous avons manqués au fil des ans. Nous continuons à épargner 15 % de nos revenus et nous donnons avec joie à notre église et à des organisations caritatives dans l'espoir de pouvoir rembourser les bénédictions que nous avons reçues et que nous continuons à recevoir.

Nous parlons à tous ceux qui veulent bien nous écouter de Dave et de ce grand cadeau qu'est la paix financière. En nous débarrassant de nos cartes de crédit et en éliminant nos dettes sur ces cartes, nous avons atteint un niveau financier qui nous a permis de réduire notre salaire et de nous concentrer davantage sur les choses qui comptent vraiment. Mon épouse et moi étions heureux avant, mais maintenant nous ressentons une vraie joie dans notre vie.

Alan (48 ans) et
Lonnie (47 ans) Cluff
Tous deux dans le domaine de la gestion
des technologies de l'information

MYTHE : Veiller à ce que votre adolescent obtienne une carte de crédit pour qu'il apprenne à gérer son argent de manière responsable.

RÉALITÉ : Obtenir une carte de crédit pour votre adolescent est un excellent moyen de lui apprendre à être financièrement irresponsable. C'est pourquoi les adolescents sont aujourd'hui la cible numéro un des sociétés émettrices de cartes de crédit.

Les pages précédentes ont été consacrées aux méfaits des cartes de crédit, et je ne vais donc pas me répéter dans le cas des adolescents. J'ajouterai seulement que jeter votre adolescent dans une piscine de requins est un moyen sûr de lui garantir, ainsi qu'à vous, une vie de chagrin. Je vous dirai également que la grande majorité des étudiants en fin d'études ont des dettes de carte de crédit avant même d'avoir un emploi ! Les spécialistes du marketing des cartes de crédit ont fait un tel travail qu'une carte de crédit est considérée comme un rite de passage à l'âge adulte. Les adolescents américains se considèrent comme des adultes s'ils possèdent une carte de crédit, un téléphone portable et un permis de conduire. Malheureusement, aucun de ces « accomplissements » n'est associé de quelque manière que ce soit à l'âge adulte.

Vous n'apprenez pas à votre adolescent de 16 ans à dépenser de manière responsable lorsque vous lui donnez une carte de crédit, pas plus que vous ne lui apprendriez la responsabilité des armes à feu en le laissant dormir avec une arme automatique chargée et dont le mécanisme de sécurité est désactivé. Dans les deux cas, les parents sont stupides. Les personnes dotées de bon sens ne donnent pas de bière à des jeunes de 16 ans pour leur apprendre à supporter l'alcool. En donnant une carte de crédit à un adolescent, le parent, celui qui est censé être digne de confiance, introduit une substance financièrement nuisible, voire dangereuse, et en approuve l'utilisation, ce qui est absurde, mais malheureusement très normal dans les familles d'aujourd'hui. Les parents doivent au contraire apprendre à leur adolescent à dire non, tout simplement.

Quiconque a visité un campus ces dernières années a été choqué par la commercialisation agressive et le marketing insensé des cartes de crédit auprès des personnes sans emploi. Les résultats peuvent être dévastateurs. Deux étudiants de l'Oklahoma ont abandonné la partie devant leur dette de carte de crédit et se sont suicidés, les factures gisant sur le lit à côté d'eux.

J'ai obtenu ma première carte de crédit à l'âge de 18 ans. J'y ai vu comme un rite de passage à l'âge adulte, même si je ne savais pas vraiment comment elle fonctionnait. Je ne suis même pas sûr d'avoir compris que l'argent devait être remboursé !

J'ai fini par perdre mon emploi. Les factures ont commencé à s'accumuler, j'ai donc quitté mon appartement pour m'installer dans mon camion afin d'économiser de l'argent. Puis mon camion a été saisi ! Pendant beaucoup trop longtemps, j'ai utilisé mes cartes de crédit pour acheter tout et n'importe quoi. Je n'établissais pas de budget et je continuais à considérer l'argent de mes cartes de crédit comme un revenu.

Je me suis marié et les dettes ont continué à nous causer beaucoup de stress et d'inquiétude, à mon épouse et à moi. Nous vivions dans un logement à prix modique – et mon épouse avait peur d'y rester seule ! Nous espérions que le désastre ne frapperait pas pendant que nous vivions d'un chèque de paie à l'autre. Sans un tampon entre nous et la vie, nous ne savions jamais quand la prochaine urgence nous frapperait.

J'ai entendu Dave à la radio, j'ai commencé son programme et j'ai lu *Transformation financière totale*. Nous avons détruit nos cartes de crédit avant d'avoir mis en place un fonds d'urgence, ce qui a rendu mon épouse nerveuse. Nous avons remboursé 10 000 $ de dettes avec un revenu annuel combiné de 30 000 $, et nous n'avons plus de dettes aujourd'hui !

Nous sommes rarement en désaccord lorsque nous établissons un budget. À chaque chèque de paie, nous payons la dîme, nous nous payons en premier (nous épargnons !), nous payons les factures et nous utilisons le système d'enveloppes pour nos autres dépenses. J'ai commandé 20 exemplaires de ce livre intitulé *Transformation financière totale* et j'ai pris plaisir à les offrir à mes collègues afin qu'ils puissent eux aussi découvrir ce que c'est que de ne pas avoir de dettes et d'avoir de l'argent liquide pour faire des achats. Je suis passé d'une ignorance totale de l'argent à une situation sans dettes et j'essaie d'aider les autres à trouver la paix financière !

David (30 ans) et
Tayelor (25 ans) Jarrett
Représentant en support technique/
propriétaire d'une petite entreprise;
assistante clinique

Vince a appelé pendant mon émission de radio pour me faire part d'un problème qui est devenu une tendance. Vince s'est procuré plusieurs cartes de crédit au cours de sa deuxième année d'études. Il n'avait pas l'intention d'utiliser ces cartes sauf en cas d'urgence, mais il y avait une « urgence » chaque semaine et il s'est rapidement retrouvé endetté de 15 000 $. Ne pouvant plus faire face aux paiements, il a quitté l'école pour trouver un emploi. Le problème, c'est que sans diplôme, ses revenus étaient minimes. Pire encore, il avait également 27 000 $ de prêts étudiants. Les prêts étudiants ne sont pas remboursables pendant que vous êtes aux études, mais lorsque vous quittez l'école en obtenant votre diplôme ou en abandonnant vos études, les paiements commencent. Vince était un jeune homme de 21 ans effrayé, avec 42 000 $ de dettes, alors qu'il ne gagnait que 31 000 $ par année. Ce qui est abominable, c'est que Vince est « normal ».

La raison pour laquelle les prêteurs s'adressent de façon aussi entreprenante et insistante aux adolescents, c'est la fidélité à la marque. Les études des prêteurs ont révélé que nous, consommateurs, sommes très fidèles à la première banque qui certifie notre âge adulte en nous délivrant une carte de crédit. Lorsque je participe à un événement et que je coupe en deux des cartes de crédit, l'attachement émotionnel de nombreuses personnes à la première carte qu'elles ont reçue alors qu'elles étaient à l'université est incroyable. Elles s'y accrochent comme à un vieil ami. La fidélité à la marque est réelle.

Plusieurs milliers d'écoles secondaires à travers l'Amérique utilisent notre programme intitulé « Foundations in Personal Finance ». Les résultats sont stupéfiants. Les adolescents s'intéressent au programme exposé dans *Transformation financière totale* avant même d'en avoir besoin. Une récente diplômée du programme, Chelsea, 15 ans, a déclaré : « Je pense que ce cours a totalement changé ma vie. Chaque fois que je vois des gens utiliser une carte de crédit, je me dis : *Ouah ! Comment peuvent-ils faire ça dans leur vie ?* J'ai toujours pensé qu'il fallait faire des paiements par carte de crédit, des paiements de maison et de voiture. Maintenant, je me rends compte que ce n'est pas nécessaire. » Très cool, Chelsea.

QUAND LE MARKETING S'INTÉRESSE AUX ENFANTS

Il faut commencer à éduquer les enfants très tôt, car le « marketing destiné aux enfants » est aujourd'hui monnaie courante. Lorsque mon fils avait 11 ans, j'ai lu au dos d'une boîte de Raisin Bran : « Visa… la carte officielle de Whoville… ce lieu fictif décrit dans *Comment le Grinch a volé Noël.* Ce n'est pas moi qui étais visé par cette publicité, mais mon enfant. Les prêteurs transmettent de plus en plus tôt aux enfants leur message de dépendance à l'égard du plastique. Il y a quelques années, Mattel a sorti « Cool Shopping Barbie », une publicité commanditée par Mastercard.

Bien entendu, cette jeune fille « cool » avait sa propre carte Mastercard. Lorsqu'elle a scanné sa carte, la caisse enregistreuse a indiqué : « Crédit approuvé ». La réaction des consommateurs a été telle que Mattel a retiré le produit. Il y a encore quelques années, Mattel a sorti la « caisse enregistreuse Barbie », et apparemment, cette demoiselle fait beaucoup de courses. La caisse enregistreuse est livrée avec une carte American Express. Pourquoi ces entreprises vendent-elles des marchandises à nos jeunes enfants ? Le marketing destiné aux enfants a pour but d'influencer leurs choix de cartes de crédit plus tard dans la vie. C'est immoral.

Une fois de plus, nous avons décidé de combattre judicieusement le marketing destiné aux enfants avec notre propre antidote. Financial Peace J^{r} est une collection d'outils destinés à aider les parents à enseigner l'argent à leurs enfants (âgés de 3 à 12 ans). Bien sûr, vous pouvez enseigner les principes sans ces outils, mais quoi qu'il en soit, ils doivent les apprendre. Chez moi, nous avons utilisé les mêmes techniques pour apprendre à nos enfants quatre choses à faire avec l'argent. Nous voulions créer des moments propices à l'apprentissage afin que le bon sens vienne contrecarrer le marketing destiné aux enfants.

Nous avons appris à nos enfants à travailler – non pas comme dans un camp d'entraînement, mais en leur faisant comprendre que les tâches ménagères rapportent de l'argent. Nos enfants recevaient une commission, pas de l'argent de poche. Travailler et être payé ; ne pas travailler et ne pas être payé. C'est comme dans le monde réel. Nos enfants ont mis l'argent qu'ils venaient de gagner dans des enveloppes intitulées « Épargner », « Dépenser » et « Donner ». Lorsqu'un enfant apprend à travailler, à épargner, à dépenser et à donner sous la direction d'un parent mature, il peut éviter les messages selon lesquels une carte de crédit est synonyme de prospérité.

MYTHE : La consolidation de dettes permet d'économiser des intérêts et de réduire le montant des paiements.

RÉALITÉ : La consolidation de dettes est dangereuse, car elle ne traite que le symptôme.

La CONsolidation de dettes – ce n'est rien d'autre qu'une escroquerie parce que vous pensez avoir fait quelque chose pour résoudre le problème de la dette. La dette est toujours là, tout comme les habitudes qui l'ont causée; vous l'avez simplement déplacée ! Vous ne pouvez pas emprunter pour sortir de l'endettement. On ne sort pas d'un trou en creusant le fond. Larry Burkett a déclaré que la dette n'était pas le problème, mais le symptôme. Je pense que la dette est le symptôme de dépenses excessives et d'une épargne insuffisante.

Un de mes amis travaille pour une société de consolidation de dettes dont les statistiques internes estiment que, dans 78 % des cas, une fois qu'une personne a consolidé ses dettes de cartes de crédit, celles-ci repartent à la hausse. Pourquoi ? Parce qu'elle n'a toujours pas de plan d'action pour payer comptant ou ne pas acheter du tout, et qu'elle n'a pas épargné pour les « imprévus », qui deviendront eux aussi des dettes.

La consolidation des dettes semble attrayante parce qu'elle permet d'obtenir un taux d'intérêt plus bas sur une partie de la dette et un paiement moins élevé. Cependant, dans presque tous les cas que nous examinons, nous constatons que la réduction du paiement n'est pas attribuable à la baisse du taux d'intérêt, mais parce que la durée de la dette est prolongée. Si vous restez endetté plus longtemps, vous obtenez un paiement moins élevé. Si vous restez endetté plus longtemps, vous payez davantage au prêteur, ce qui est la raison d'être de la consolidation de dettes. La solution n'est pas le taux d'intérêt; la solution est une transformation financière totale.

MYTHE : Emprunter plus que la valeur de ma maison est judicieux, car je vais restructurer ma dette.

RÉALITÉ : Vous êtes coincé dans la maison, ce qui est vraiment stupide.

Lors de mon émission de radio, j'ai reçu un appel d'un homme désespéré, menacé de faillite. Il avait emprunté 42 000 $

sur une deuxième hypothèque, un prêt sur la valeur nette de sa propriété. Le solde existant de la première hypothèque de Dan était de 110 000 $, ce qui fait que sa nouvelle dette hypothécaire s'élevait désormais à 152 000 $. La maison de Dan valant 125 000 $, il doit donc 27 000 $ de plus qu'elle ne vaut. Il a perdu son emploi deux mois plus tôt et vient heureusement d'en dénicher un dans un autre État, mais il ne peut pas vendre sa maison. Il a occupé le même emploi pendant 16 ans et pensait jouir de la sécurité, mais voilà que quelques mois plus tard, il se retrouve « dans le pétrin ».

J'ai suggéré à Dan d'appeler le prêteur escroc de la deuxième hypothèque et de lui faire reconnaître la vérité, à savoir qu'il n'y a vraiment aucune garantie pour le prêt. Il ne ferait pas de saisie en 100 ans, mais il le poursuivra lorsque la première société de crédit hypothécaire fera une saisie. Ainsi, après avoir demandé au second prêteur de lever le privilège pour tout produit de la vente supérieur à celui de la première hypothèque, Dan signera une note et effectuera des paiements sur le reste. Dan devra payer pendant des années une deuxième hypothèque pour une maison qu'il ne possède plus, mais comme la plupart des gens, sa deuxième hypothèque servait à rembourser (déplacer) des dettes qu'il avait déjà sur des cartes de crédit, des factures médicales et d'autres problèmes de la vie. Aujourd'hui, avec un emploi dans un autre État, Dan préférerait récupérer toutes ses anciennes dettes et sa maison qu'il pourrait vendre facilement.

MYTHE : Si personne ne recourait à l'endettement, notre économie s'effondrerait.

RÉALITÉ : Non, elle prospérerait.

De temps en temps, un professeur d'économie ressent le besoin de présenter ce scénario ridicule. Mon rêve est d'aider le plus grand nombre de gens à se désendetter grâce à une transformation financière totale. Malheureusement, je pourrais vendre 10 millions de livres, et il y aurait toujours 7 milliards d'offres de cartes de crédit chaque année, et je ne risque donc pas de me retrouver au chômage. Le meilleur programme d'amaigrissement au monde ne pourra jamais garantir qu'il n'y aura plus d'Américains obèses ; après tout, il y a trop de McDonald's.

Cependant, faisons semblant simplement pour le plaisir. Que se passerait-il si chaque Américain cessait d'avoir recours à la dette, quelle qu'elle soit, en l'espace d'un an ? L'économie s'effondrerait. Que se passerait-il si chaque Américain cessait graduellement d'avoir recours à l'endettement, quel qu'il soit, au cours des 50 prochaines années, dans le cadre d'une transformation financière TOTALE ? L'économie prospérerait, mais les banques et les autres prêteurs en souffriraient. Est-ce que je vois des larmes quelque part ? Que feraient les gens s'ils n'avaient pas de paiements à effectuer ? Ils épargneraient et dépenseraient, sans soutenir les banques. Les dépenses des personnes non endettées soutiendraient et feraient prospérer l'économie.

L'économie serait beaucoup plus stable sans les raz-de-marée provoqués par la « confiance des consommateurs » ou leur manque de confiance. (La confiance des consommateurs est ce que les économistes utilisent pour mesurer combien vous allez dépenser de manière excessive parce que vous êtes excité par le dynamisme de l'économie, sans jamais prendre en compte le fait que vous vous endettez lourdement. Si le consommateur n'était pas endetté et vivait selon ses moyens, sa confiance serait fondée).

L'épargne et l'investissement permettraient d'accroître la richesse à un niveau sans précédent, ce qui créerait plus de stabilité et de dépenses. Les dons augmenteraient et de nombreux problèmes sociaux seraient privatisés, ce qui permettrait au gouvernement de se retirer du secteur de l'aide sociale. Les impôts pourraient alors baisser et nous aurions encore plus de richesses.

Ahhhh, le capitalisme n'est-il pas cool ? Ceux qui s'inquiètent de la polarisation, du fossé qui se creuse entre les nantis et les démunis, ne doivent pas se tourner vers le gouvernement pour résoudre le problème ; il suffit de procéder à une transformation financière totale sur le plan national.

LA DETTE N'EST *PAS* UN OUTIL

Commencez-vous à comprendre que la dette n'est PAS un outil ? Ce mythe et tous ses petits sous-mythes ont été largement répandus. Gardez toujours à l'esprit l'idée que si vous dites un mensonge assez souvent, assez fort et assez longtemps, le mythe finit par être accepté comme un fait. Cette répétition transformera un mythe, un mensonge, en une façon de faire communément acceptée. Plus maintenant. La dette n'est pas un outil ; c'est une méthode pour enrichir les banques, pas vous. L'emprunteur est véritablement l'esclave du prêteur.

Votre plus grand atout pour construire votre patrimoine est votre revenu. Lorsque vous immobilisez votre revenu, vous perdez. Lorsque vous investissez votre revenu, vous devenez riche et pouvez faire tout ce que vous voulez.

Combien pourriez-vous donner chaque mois, épargner chaque mois et dépenser chaque mois si vous n'aviez pas de paiements ? C'est votre revenu, et non vos dettes, qui est votre plus grand outil de création de richesse. Votre transformation financière totale commence par un changement permanent de votre vision des mythes de l'endettement.

CHAPITRE 4

Les mythes sur l'argent : les (non-) secrets des riches

La plupart des mythes sur l'argent sont liés à un mensonge sur un raccourci ou un mensonge sur la sécurité. Nous rêvons d'être en bonne santé, riches et sages sans effort et sans risque, mais cela n'arrivera jamais. Sinon, pourquoi la loterie réussit-elle à nous soutirer des millions de dollars ? Pourquoi les gens conservent-ils des emplois qu'ils détestent, à la recherche d'une fausse sécurité ? La mentalité de la métamorphose financière consiste à être prêt à vivre comme personne pour plus tard pouvoir vivre comme personne d'autre. Il faut payer un prix pour cela et il n'y a pas de raccourcis.

Personne ne recherche la douleur, le risque ou le sacrifice inutile, mais lorsque quelque chose semble trop beau pour être vrai, c'est que c'est le cas. Les mythes évoqués dans ce chapitre sont enracinés dans deux problèmes fondamentaux. Le premier est le déni du risque, qui consiste à penser qu'une sécurité totale est possible et probable. Le second est la richesse facile, ou la recherche de la clé magique pour ouvrir le coffre au trésor.

LE DÉNI DU RISQUE

Le déni du risque prend plusieurs formes dans le monde de l'argent. Parfois, il se présente sous forme d'une sorte de paresse, lorsque nous ne voulons pas dépenser d'énergie pour réaliser que l'énergie est justement nécessaire pour gagner. D'autres fois, le déni du risque prend la forme d'une sorte de reddition dans laquelle nous nous contentons d'une mauvaise solution parce que nous sommes tellement abattus que nous brandissons le drapeau blanc et faisons quelque chose de stupide. D'autres fois encore, le déni du risque peut avoir une composante active lorsque nous recherchons une fausse sécurité qui n'existe tout simplement pas. C'est le cas d'une personne qui garde un emploi qu'elle déteste pendant 14 ans parce que l'entreprise est « sûre », avant de voir sa vie bouleversée par un licenciement lorsque l'entreprise « sûre » déclare faillite. Le déni implique toujours une illusion, suivie d'une désillusion.

DE L'ARGENT FACILE, RAPIDEMENT

Le deuxième problème sous-jacent est la quête de la richesse facile. L'argent facile, obtenu rapidement, est l'un des plus vieux mensonges, ou mythes, de l'histoire de l'humanité. Un raccourci, un dîner au four à micro-ondes, du café instantané et des millionnaires à la loterie sont des choses que nous souhaiterions voir nous apporter une grande qualité de vie, mais elles ne le font jamais. Les secrets des riches n'existent pas, parce que les principes de la richesse ne sont pas un secret. Il n'y a pas de clé magique, et si vous en cherchez une, vous vous préparez à souffrir et à perdre de l'argent. L'un de mes guides spirituels dit que vivre correctement n'est pas compliqué ; c'est peut-être difficile, mais ce n'est pas compliqué. Vivre correctement sur le plan financier, c'est la même chose – ce n'est pas compliqué ; cela peut être difficile, mais ce n'est pas compliqué.

MYTHE *VS* RÉALITÉ

Outre les mythes liés à l'endettement, nous devons dissiper plusieurs autres mythes liés à l'argent dans le cadre de votre transformation financière totale. La plupart de ces mythes sont enracinés dans les problèmes que nous avons déjà évoqués : le déni ou une mentalité axée sur le raccourci.

MYTHE : Tout ira bien lorsque je prendrai ma retraite. Je sais que je n'ai pas encore épargné, mais tout ira bien.

RÉALITÉ : La cavalerie n'arrivera pas.

Comment puis-je le dire avec délicatesse ? Il n'y a pas de chevalier vêtu d'une armure rutilante qui se dirige vers vous sur un cheval blanc pour sauver la situation. Réveillez-vous ! Nous sommes dans le monde réel, là où des personnes âgées et tristes mangent de la nourriture pour chien ! Ne vous faites pas d'illusions et ne croyez pas que notre gouvernement, qui est si incompétent et si peu doué avec l'argent, va s'occuper de vous quand vous ne travaillerez plus. C'est à vous d'agir ! C'est une urgence ! La maison est en feu ! Vous devez économiser. Vous devez investir dans votre avenir. Vous n'irez pas BIEN ! Vous voyez ce que je veux dire ?

Nous vivons dans le pays de l'abondance, ce qui, jusqu'à récemment, a endormi un grand nombre de gens qui pensaient que tout irait « bien ». Les choses n'iront pas bien tant que vous ne ferez pas en sorte qu'elles aillent bien. Votre destin et votre dignité dépendent de vous. C'est vous qui êtes responsable de votre retraite. Nous verrons plus loin dans ce livre comment la prendre en charge, mais pour l'instant, vous avez tout intérêt à être convaincu à 100 % que ce domaine mérite toute votre attention *dès maintenant* – et non pas demain ou bientôt. Personnellement, je ne veux pas travailler chez McDonald's quand je prendrai ma retraite – sauf si c'est celui que je possède à Saint-Thomas, dans les îles Vierges américaines.

MYTHE : L'or est un bon investissement et me protégera en cas d'effondrement de l'économie.

RÉALITÉ : L'or a de mauvais antécédents et n'est pas utilisé lorsqu'une économie s'effondre.

L'or a été vendu comme un investissement stable que tout le monde devrait posséder. La sagesse populaire affirme que « depuis la nuit des temps, l'or est l'étalon que l'homme utilise pour échanger des biens et des services ». Après ce discours, le mythomane poursuit en affirmant que, dans une économie en faillite, l'or est la seule chose qui conservera sa valeur. « Vous aurez ce que tout le monde veut », poursuit-il. Après avoir entendu ces discours, les gens achètent de l'or en tant qu'investissement, dans l'illusion d'une fausse sécurité ou d'un déni du risque.

La vérité, c'est que l'or est un investissement médiocre, avec un long historique de médiocrité. Les taux de rendement moyens enregistrés depuis Napoléon sont de l'ordre de 2 % par année. Dans l'histoire récente, le taux de rendement de l'or sur 50 ans est d'environ 7,8 %. Au cours de la même période, un bon fonds commun de placement d'actions de croissance aurait rapporté environ 12 %. Cependant, au cours de ces 50 années, la volatilité a été incroyable et les risques nombreux.

Si l'or s'est très bien comporté depuis 2001, c'est la seule période de l'histoire où il a enregistré des taux de rendement élevés. Et la plupart de ces rendements sont basés sur les émotions des prophètes de malheur provoquées par le 11 septembre, la Grande Récession et la pandémie de COVID.

Il est également important de rappeler que l'or n'est pas utilisé en cas d'effondrement de l'économie. L'histoire montre que lorsqu'une économie s'effondre complètement, la première chose qui apparaît est un système de troc au marché noir dans lequel les gens échangent des objets contre d'autres objets ou services. Dans une culture primitive, les objets utilitaires deviennent souvent le moyen d'échange, et il en va temporairement de même dans une économie en faillite. Une compétence, un jean ou un réservoir d'essence acquièrent une grande valeur, mais pas des pièces d'or ou des pépites. En général, un nouveau gouvernement renaît de ses cendres, et une nouvelle monnaie est mise en circulation. L'or jouera, au mieux, un rôle mineur, et l'investisseur en or aura le sentiment désagréable que l'immobilier, la soupe en conserve ou le savoir auraient constitué une meilleure protection contre une économie en faillite.

MYTHE : Je peux devenir riche rapidement et facilement si j'adhère à ces groupes, si je participe à ce séminaire, si je m'abonne à ce service et si je travaille trois heures par semaine.

RÉALITÉ : Personne ne se développe ni ne gagne un revenu à six chiffres en ne travaillant que trois heures par semaine.

J'ai reçu récemment un mail d'un homme qui me proposait un rendement de 500 pour 1 sur mon argent. Il m'a dit qu'il était tellement enthousiasmé par les perspectives de cet « investissement » qu'il avait entraîné plusieurs de ses amis dans l'affaire. (Oh non.) Son emploi du temps était très chargé, mais il prendrait le temps de me rencontrer. Non, merci. Je ne sais pas de quoi il est question, mais je sais qu'il s'agit d'une arnaque. Je ne suis pas cynique, mais je connais les investissements. Des rendements de 500 pour 1 n'existent pas, et je ne perdrai pas mon temps à en discuter ou à essayer de trouver la faille dans la logique. C'est une escroquerie, un point c'est tout. Courez aussi vite que vous le pouvez pour vous éloigner de ces gens !

Lorsque j'étais plus jeune, j'ai souvent été la proie de ce genre d'ordures. Plus tard, j'avais l'habitude de rencontrer ces personnes pour essayer de trouver la faille. Aujourd'hui, je me contente de secouer la tête – car je sais qu'elles vont au-devant de la douleur et de leur perte, tout comme leurs amis.

Avez-vous vu les publireportages de minuit portant sur un séminaire dans un lieu exotique où un homme vous dévoile ses « secrets » pour que « vous aussi » puissiez devenir extrêmement riche en achetant des biens immobiliers sans versement initial ou en apprenant la formule cachée de la réussite sur le marché boursier ? Les idées de petites entreprises abondent, comme celle de s'enrichir à domicile en remplissant des enveloppes et en faisant de la facturation médicale. Soyez réaliste. Les enveloppes sont mises sous pli par des machines à un rythme de milliers par minute et à un coût ridiculement bas ; elles ne sont pas mises sous pli par une mère au foyer qui cherche à augmenter le revenu familial ! Seulement un individu sur mille qui s'essaie au concept de facturation médicale, qui est survendu et exagéré, le fait avec profit. Celui qui en tire une revenu est généralement quelqu'un qui vient de l'industrie médicale, et non quelqu'un qui s'est fait berner en suivant un cours d'un week-end. Ne tombez pas dans le panneau !

Il est possible d'acheter un bien immobilier sans acompte, mais la dette est telle qu'il n'y a pas de flux de trésorerie. Vous devez le « nourrir » chaque mois. J'ai acheté des biens immobiliers saisis et en faillite pendant des années et je sais que c'est possible, mais les joueurs qui ont de l'argent sont ceux qui gagnent. Les bonnes affaires sont de l'ordre d'une sur 200 *si* vous avez de l'expérience et du talent ; je travaillais 60 heures par semaine et il m'a fallu des années pour atteindre un revenu à 6 chiffres dans l'immobilier.

Le marché boursier attire les esprits les plus brillants de la planète. Ces grands intellos étudient, suivent, tracent, mangent et respirent la Bourse, et ce, depuis des générations. Pourtant, tous les deux ans, un livre ou un escroc émerge en prétendant avoir « découvert » des secrets, des modèles ou des tendances qui « vous rendront riche ». Les Beardstown Ladies ont publié un best-seller du *New York Times* sur leur charmant petit groupe spécialisé dans l'art de la courtepointe qui avait commencé à investir et découvert comment obtenir des rendements incroyables. Il s'est avéré que toute l'affaire était un canular ; elles n'ont jamais obtenu les rendements annoncés et l'éditeur a été poursuivi en justice.

Un autre livre a été publié sur les valeurs les plus rentables de l'indice Dow Jones, révélant une stratégie peu connue consistant à acheter les pires actions de l'indice pour s'enrichir. Finalement, l'auteur a écrit un autre livre sur la manière d'investir dans les obligations après avoir constaté que sa formule ne fonctionnait pas.

Il est vraiment difficile de vendre des livres et des cours en ligne qui enseignent la nécessité de travailler dur, de vivre avec moins que ce que l'on gagne, de se débarrasser de ses dettes et de suivre un plan, mais j'essaie – parce que c'est la seule façon de fonctionner. En attendant, plus tôt vous comprendrez que personne ne s'enrichit rapidement en utilisant des informations secrètes, mieux ce sera.

MYTHE : L'assurance vie à valeur de rachat, comme l'assurance vie entière, m'aidera à prendre une retraite aisée.

RÉALITÉ : L'assurance vie avec valeur de rachat est l'un des pires produits financiers disponibles.

Malheureusement, plus de 60 % des polices d'assurance vie vendues aujourd'hui sont des polices à valeur de rachat. Une police à valeur de rachat est un produit d'assurance qui combine l'assurance et l'épargne. N'investissez pas d'argent dans une assurance vie ; les rendements sont horribles. Votre agent d'assurance vous présentera de belles projections, mais aucune de ces polices ne donne les résultats escomptés.

Prenons un exemple. Si un homme de 30 ans dispose de 100 $ par mois à consacrer à l'assurance vie et qu'il compare les cinq principales compagnies d'assurance avec valeur de rachat, il constatera qu'il peut acheter en moyenne 125 000 $ d'assurance pour sa famille. L'idée est d'obtenir une police qui permette de constituer une épargne en vue de la retraite, ce que fait une police à valeur de rachat. Cependant, si ce même homme souscrit une assurance temporaire de 20 ans avec une couverture de 125 000 $, le coût ne sera que de 10 $ par mois, et non de 100 $. C'est formidable !

S'il choisit l'option avec valeur de rachat, les 90 $ restants devraient être consacrés à l'épargne, n'est-ce pas ? Eh bien, pas vraiment, car il y a des dépenses. Des dépenses ? Combien de dépenses ? La totalité des 90 $ par mois disparaît dans les commissions et les frais pendant les 2 à 5 premières années ; après cela, le rendement moyen sera d'environ 2 % par année pour une assurance vie entière, entre 3 et 4,5 % pour une assurance vie universelle, et peut-être un peu plus pour une assurance vie à capital variable qui inclut des fonds communs de placement. Quoi qu'il en soit, ce produit est une très mauvaise idée !

Pire encore, avec l'assurance vie entière et l'assurance vie universelle, les économies que vous avez finalement accumulées après vous être fait arnaquer pendant des années ne vont pas à votre famille à votre décès ; la seule prestation versée à votre famille est la valeur nominale de la police, soit 125 000 $ dans notre exemple. En réalité, vous feriez mieux de souscrire une police temporaire à 10 $ par mois et de mettre les 90 $ supplémentaires dans une boîte à biscuits ! Au moins, au bout de 3 ans, vous auriez 3000 $ et, à votre décès, votre famille recevrait vos économies.

En poursuivant votre lecture et en apprenant comment changer totalement votre façon de vivre, vous commencerez à bien investir. Puis, lorsque vous aurez 57 ans, que les enfants seront grands et partis, que la maison sera payée et que vous disposerez de 700 000 $ en fonds communs de placement, vous deviendrez auto-assuré. Cela signifie qu'à l'expiration de votre contrat de 20 ans, vous n'aurez plus besoin d'assurance vie – car sans enfants à nourrir, sans paiement hypothécaire et avec 700 000 $, votre conjoint n'aura qu'à souffrir de tristesse si vous mourez sans assurance.

MYTHE : Jouer à la loterie et à d'autres jeux d'argent me rendra riche.

RÉALITÉ : La loterie est une taxe sur les pauvres et sur les personnes qui ne savent pas calculer.

Un jour, je me trouvais dans un État où la loterie est très populaire, afin d'y prononcer un discours. Je suis entré dans une station-service pour payer mon plein d'essence et j'ai vu une file d'attente. Pendant un instant, j'ai pensé que j'allais devoir faire la queue pour payer mon essence, avant de me rendre compte qu'il s'agissait d'une file d'attente pour acheter des billets de loterie. Avez-vous déjà vu de telles files d'attente ? La prochaine fois, regardez les gens qui font la queue. Ils se ressemblent tous. Ce ne sont pas des gens riches ni des gens intelligents. La loterie est une taxe sur les pauvres et sur les personnes qui ne savent pas calculer. Les riches et les personnes intelligentes feraient la queue si la loterie était un véritable outil de création de richesse, mais la vérité est que la loterie est une escroquerie instituée par notre gouvernement.

Il ne s'agit pas ici d'une position morale, mais d'un fait mathématique et statistique. Des études montrent que les codes postaux où l'on dépense quatre fois plus en billets de loterie que n'importe où ailleurs sont ceux des quartiers à faibles revenus. La loterie, ou les jeux d'argent quels qu'ils soient, offrent de faux espoirs, et non un ticket de sortie. La transformation financière totale offre de l'espoir parce qu'elle fonctionne. N'oubliez pas que j'ai été fauché deux fois dans ma vie, mais jamais pauvre; la pauvreté est un état d'esprit.

Les jeux d'argent sont synonymes de faux espoirs et de déni. C'est par l'énergie, l'épargne et la diligence que l'on construit la richesse, et non par la chance.

MYTHE : Les maisons mobiles ou les caravanes me permettront d'être propriétaire au lieu d'être locataire, ce qui m'aidera à devenir riche.

RÉALITÉ : Les caravanes perdent rapidement de la valeur, ce qui réduit vos chances de vous enrichir par rapport à la location.

Les caravanes perdent rapidement de la valeur. Les personnes qui achètent une caravane de 150 000 $ devront encore 132 000 $ dans 5 ans pour un bien d'une valeur de 100 000 $. Financièrement, c'est comme si vous viviez dans votre nouvelle voiture. Si je vous suggérais d'investir 150 000 $ dans un fonds commun de placement qui a fait ses preuves et dont la valeur est tombée à 100 000 $ en 5 ans seulement, vous me regarderiez comme si j'avais perdu la tête. Je ne suis pas opposé à l'idée de vivre dans une maison mobile. J'ai connu pire. Je sais simplement que les maisons mobiles sont de mauvais endroits où placer de l'argent.

Vous verrez ces jours-ci des rapports affirmant que les maisons mobiles prennent de la valeur à un rythme similaire à celui des maisons unifamiliales ordinaires. Ne vous y trompez pas. Ces rapports se fondent sur des maisons mobiles considérées comme des biens immobiliers, ce qui signifie qu'elles sont attachées de manière permanente au terrain. C'est la valeur du terrain qui augmente, pas celle de la caravane. S'il marche comme un canard et fait le bruit d'un canard, c'est un canard. Appelez-la « maison préfabriquée », mettez-la sur des fondations permanentes, ajoutez de nombreuses améliorations dans la cour, et ce sera toujours une caravane lorsque vous serez prêt à la vendre.

Je veux que vous soyez propriétaire d'une maison parce que les maisons sont un bon investissement. Le moyen le plus rapide de devenir propriétaire est de procéder à une transformation financière totale en louant le logement le moins cher possible. L'achat d'une caravane n'est pas un raccourci, mais un revers sur le chemin de la propriété d'un bien immobilier qui prend de la valeur. Si le consommateur type qui envisage d'acheter votre maison peut s'apercevoir qu'il s'agit d'une caravane sous quelque forme que ce soit, la valeur de votre maison diminuera au lieu d'augmenter.

La seule exception à cette règle est le plan de Ron. Ron est diplômé de la Financial Peace University et est sur la voie d'une métamorphose financière. Ron et son épouse ont décidé, dans la prière, de vendre leur belle maison de 120 000 $ sur laquelle ils ne devaient que 50 000 $. Ils ont acheté une petite ferme et une caravane très usagée de 3000 $. Sans aucun paiement et avec un revenu de 85 000 $, ils ont économisé et construit une très belle maison de 250 000 $ qu'ils ont payée en seulement 2 ans.

L'évaluation était de 250 000 $, mais comme ils ont payé le terrain comptant, ils ont fait une bonne affaire. De plus, en tant qu'entrepreneur, Ron a construit la maison à très bon prix, si bien qu'il ne leur a pas fallu longtemps pour finir de la payer. Ils ont vendu la caravane de 3000 $ pour 3200 $; après tout, les caravanes de 3000 $ ont perdu à peu près toute leur valeur, de sorte que la vente se résume à une négociation.

MYTHE : Payer à l'avance mes obsèques ou les frais de scolarité de mes enfants est un bon moyen d'investir et de me protéger contre l'inflation.

RÉALITÉ : Les plans de prépaiement des obsèques et des frais de scolarité offrent de faibles taux de rendement et mettent de l'argent dans la poche d'autrui.

Lorsque vous payez quelque chose à l'avance, votre rendement du capital investi (intérêt) est le montant de l'augmentation de la valeur de l'article avant que vous ne l'utilisiez. En d'autres termes, en payant à l'avance, vous évitez les augmentations de prix, et c'est là votre rendement sur le capital investi. Payer des articles à l'avance revient à investir au taux d'inflation de l'article. Par exemple, le paiement anticipé des frais de scolarité vous permettra d'économiser le montant de l'augmentation de ces frais entre le moment où vous vous engagez et le moment où votre enfant commence ses études universitaires.

Le taux d'inflation moyen pour les frais de scolarité au niveau national est d'environ 8 %, de sorte que le paiement anticipé de ces frais revient à investir de l'argent à 8 %. Ce n'est pas mal, mais les fonds communs de placement atteignent en moyenne 12 % sur une longue période, et vous pouvez épargner pour l'enseignement supérieur en FRANCHISE d'impôt. (Vous en saurez plus sur l'épargne universitaire plus tard dans votre programme de transformation financière totale).

Il en va de même pour les plans d'inhumation prépayés. Si vous êtes passé par l'exercice éprouvant du choix d'un cercueil, d'une concession funéraire, etc., vous ne voulez pas que vos proches vivent la même chose en plein deuil. Il est sage de planifier les détails de vos funérailles, mais il n'est pas judicieux de les payer à l'avance. La mère de Sara est décédée subitement et le chagrin a été immense. Au milieu de cette douleur, Sara a eu l'impression qu'ils avaient fait des achats peu judicieux dans le cadre de l'organisation des funérailles, et elle s'est jurée de ne pas laisser sa famille dans la même situation. Sara, âgée de 39 ans, a donc payé 8000 $ à l'avance pour ses funérailles. Là encore, il est sage de planifier à l'avance, mais pas de payer à l'avance. Pourquoi ? Si Sara investissait 8000 $ dans un fonds commun de placement à un taux moyen de 12 %, à l'âge moyen de 78 ans, ce montant vaudrait 842 300 $! Je pense que Sara pourrait être enterrée pour cette somme, et laisser un léger excédent, à moins, bien sûr, qu'elle ne soit le pharaon Toutânkhamon !

MYTHE : Je n'ai pas le temps de m'occuper d'un budget, d'un plan de retraite ou d'un plan successoral.

RÉALITÉ : Vous n'avez pas le temps de ne pas le faire.

Dans notre culture, la plupart des gens se concentrent sur l'urgence. Nous ne nous inquiétons de notre santé et ne nous préoccupons de notre argent qu'une fois qu'ils se sont envolés. Le livre de Stephen Covey, *Les sept 7 habitudes de ceux qui réalisent tout ce qu'ils entreprennent*, examine ce problème. Selon lui, l'une des habitudes des personnes très efficaces est de commencer en ayant clairement leur but ultime en tête. Errer dans la vie sans but précis vous apportera beaucoup de frustration.

Covey conseille de diviser les activités en quatre quadrants. Deux de ces quadrants sont « important/urgent » et « important/non urgent ». Les deux autres ne sont « pas importants », alors passons-les. Nous nous occupons des activités importantes/urgentes, mais ce qui est important/non urgent dans le cadre d'une transformation financière totale, c'est la planification. Vous pouvez payer la facture d'électricité ou rester dans le noir, mais si vous n'établissez pas un plan de dépenses mensuel, il n'y aura pas de dégâts immédiats apparents.

La meilleure citation sur le budget que j'aie jamais entendue est de John Maxwell. Je regrette de ne pas en être l'auteur : « Un budget vous permet de voir où va votre argent plutôt que de vous demander où il est passé. » Vous devez faire en sorte que votre argent se comporte bien, et un plan écrit représente le fouet et la chaise du dompteur d'argent.

Earl Nightingale, légende de la motivation, a dit que la plupart des gens passent plus de temps à choisir un costume qu'à planifier leur carrière ou même leur retraite. Et si votre vie dépendait de la façon dont vous avez géré votre compte de retraite ou y avez investi à un jeune âge ? En fait, c'est le cas – parce que la qualité de votre vie à la retraite dépend de votre capacité à devenir un expert en gestion de l'argent aujourd'hui.

La planification successorale ne nous semble jamais urgente, jusqu'au décès d'une personne. Il faut penser à long terme pour gagner au jeu de l'argent, et ce, jusqu'à la mort. Nous y reviendrons plus tard, mais n'oubliez pas que tout le monde doit établir un budget, planifier sa retraite et planifier sa succession – tout le monde.

MYTHE : Les sociétés de gestion de dettes présentées à la télévision, comme l'American Consumer Credit Counseling, me sauveront.

RÉALITÉ : Vous sortirez peut-être de l'endettement, mais votre crédit sera réduit à néant.

Les sociétés de gestion de dettes fleurissent un peu partout. Ces sociétés « gèrent » vos dettes en vous prélevant une mensualité et en répartissant l'argent entre vos créanciers, avec lesquels elles ont souvent convenu de paiements et d'intérêts moins élevés. Il ne s'agit pas d'un prêt, comme dans le cas de la consolidation de dettes. Les gens confondent parfois les deux. Les deux sont de mauvaises options, mais nous avons déjà parlé des prêts de consolidation de dettes. Cependant, parce que l'Amérique a besoin d'une transformation financière totale, le secteur de la gestion de dettes est aujourd'hui devenu l'un des secteurs à la croissance la plus rapide. Des sociétés comme American Consumer Credit Counseling peuvent vous aider à obtenir de meilleurs taux d'intérêt et des paiements moins élevés, mais cela a un prix.

Si vous faites appel à l'une de ces sociétés et que vous essayez ensuite d'obtenir un prêt conventionnel, ou encore un prêt FHA ou VA, ne soyez pas surpris si votre prêteur refuse votre demande ou la soumet à un processus de souscription manuel avant de vous proposer un taux d'intérêt très élevé. Un plan de gestion de dettes est un signal d'alarme pour les prêteurs. Il indique que vous êtes un emprunteur à haut risque. Ils considéreront que votre crédit est détruit, alors n'y ayez pas recours.

Confier la gestion de vos dettes à quelqu'un pose un autre problème : vos habitudes ne changeront pas. Vous ne pouvez pas demander à quelqu'un de perdre du poids à votre place ; vous devez changer vos habitudes en matière d'exercice et de régime alimentaire. Il en va de même pour la gestion de l'argent : vous devez changer votre comportement. Confier tous vos problèmes à quelqu'un d'autre, c'est traiter le symptôme, pas le problème. Notre entreprise offre des conseils financiers et forme des conseillers dans tout le pays pour qu'ils puissent vous orienter. Nous ne nous occupons pas de votre argent à votre place. Nous vous guidons vers une métamorphose financière. Nous ne sommes pas des gardiens d'enfants.

Au fil des ans, nous avons eu des milliers de clients qui s'étaient adressés à des sociétés de gestion de dettes pour obtenir de l'aide. Lorsque l'employé qui prenait la commande ne parvenait pas à adapter la vie de la personne à son programme informatique à l'emporte-pièce, on conseillait au client de déclarer faillite. Après l'avoir rencontré, nous avons constaté que le client n'était pas au bord de la faillite; il avait juste besoin d'une « chirurgie » radicale. N'écoutez pas de tels conseils de la part des sociétés de gestion de dettes; vous n'êtes probablement pas en faillite.

Le pire abuseur de ce secteur vient d'être mis hors d'état de nuire. AmeriDebt a été créée par Andris Pukke, qui avait auparavant plaidé coupable à des accusations fédérales pour avoir arnaqué des clients dans le cadre d'une escroquerie aux prêts de consolidation de dettes. Malgré cela, AmeriDebt a réalisé un chiffre d'affaires de 40 millions de dollars et a dépensé 15 millions de dollars par année pour inciter les gens à utiliser ses services. La tromperie des consommateurs était si flagrante que la Federal Trade commission (FTC – Commission fédérale du commerce) est finalement intervenue et a mis fin à ses activités. La FTC affirme que les frais cachés et les pratiques trompeuses ont fait perdre plus de 170 millions de dollars aux Américains. Dans la plus grande affaire de ce type, la FTC a prononcé un jugement de 170 millions de dollars à l'encontre d'AmeriDebt, aujourd'hui en faillite. Andris Pukke a été contraint par la justice de renoncer à 35 millions de dollars de biens personnels pour régler le problème avec les consommateurs. Il y a vraiment des requins dans la nature.

MYTHE : Je peux acheter une trousse pour nettoyer mon crédit et tous mes méfaits passés seront effacés.

RÉALITÉ : Seules les inexactitudes peuvent être supprimées des rapports de solvabilité, il s'agit donc d'une escroquerie.

La Federal Fair Credit Reporting Act (la loi qui régit la collecte et la communication des informations de crédit) dicte la manière dont les consommateurs et les créanciers interagissent avec les agences d'évaluation du crédit. Le mauvais crédit disparaît de votre dossier au bout de 7 ans, sauf si vous avez fait faillite comme je le décris au chapitre 7 – il y reste alors pendant 10 ans. Votre dossier de crédit constitue votre réputation financière et vous ne pouvez rien faire retirer de votre dossier à moins que l'information ne soit inexacte. Si une inexactitude doit être supprimée, vous devez écrire une lettre pour signaler l'erreur et demander qu'elle soit corrigée immédiatement. Une mauvaise créance demeure au dossier, à moins que vous ne mentiez. Mentir dans le but d'obtenir de l'argent est une fraude. Ne le faites pas.

LE CONSEIL DE DAVE...

Je ne suis pas opposé à la jouissance de l'argent. Ce que je conteste, c'est le fait de dépenser de l'argent quand on n'en a pas.

Les sociétés de redressement de crédit sont en grande partie des arnaqueuses. La Commission fédérale du commerce (FTC) effectue régulièrement des descentes pour fermer ces sociétés frauduleuses. De nombreux auditeurs de mon émission de radio ont acheté une trousse de 300 $ pour « nettoyer » leur crédit. Parfois, la trousse conseille de contester tous les mauvais crédits et de demander qu'ils soient supprimés, même si l'information est correcte. Ne faites pas cela. La pire idée véhiculée par ces trousses est d'obtenir un nouveau numéro de sécurité sociale. En obtenant une deuxième identité, vous obtenez un tout nouveau dossier de crédit, et les prêteurs ne sauront jamais rien de vos méfaits passés. Il s'agit d'une fraude, et si vous le faites, vous irez en prison. Ne passez pas votre chemin, allez directement en prison – fraude. Vous mentez pour obtenir un prêt, ce qui n'est pas un nettoyage de crédit, mais un acte criminel.

Redressez votre crédit au moyen d'une transformation financière totale. Je vous montrerai comment vivre sous contrôle et payer vos achats au comptant afin de ne pas avoir besoin de crédit, et au fil du temps, votre crédit se redressera de lui-même.

MYTHE : Mon jugement de divorce stipule que mon conjoint doit payer la dette, donc je ne le fais pas.

RÉALITÉ : Les jugements de divorce n'ont pas le pouvoir de retirer votre nom des cartes de crédit et des hypothèques, donc si votre conjoint ne paie pas, soyez prêt à le faire. Vous êtes toujours redevable de la dette.

Les divorces sont fréquents et c'est vraiment triste. Le divorce signifie que nous séparons tout, y compris les dettes ; cependant, les dettes ne sont pas faciles à séparer. Si votre nom figure sur une dette, vous êtes tenu de la payer et votre crédit est affecté si vous ne le faites pas. Le tribunal du divorce n'a pas le pouvoir de retirer votre nom d'une dette. Le juge du divorce a seulement le pouvoir de demander à votre conjoint de la payer à votre place. Si votre conjoint ne paie pas, vous pouvez le dire au juge, mais vous restez responsable. Un prêteur qui n'est pas payé déclarera un mauvais crédit pour toutes les parties au prêt, y compris vous. Un prêteur qui n'est pas payé peut poursuivre à juste titre les parties au prêt, y compris vous.

Si votre ex-mari garde la camionnette que vous avez tous deux achetée et qu'il n'effectue pas les paiements, votre crédit est entaché, le véhicule est envoyé à la fourrière et vous serez poursuivi pour le solde. Si vous cédez votre droit de propriété sur la maison familiale à votre ex-femme dans le cadre du règlement, vous vous retrouverez dans le pétrin. Un acte de renonciation est le moyen le plus simple de renoncer à la propriété de votre maison. Si elle ne paie pas à temps, votre crédit est entaché ; si la maison est saisie, vous n'y pouvez rien. Même si cette femme paie parfaitement la maison ou si cet homme paie adéquatement la camionnette, vous aurez du mal à acheter votre prochaine maison parce que vous avez trop de dettes.

Si vous quittez un mariage, assurez-vous que toutes les dettes sont refinancées et ne soient plus à votre nom ou forcez la vente du bien. N'ayez pas l'attitude suivante : « Je ne veux pas l'obliger à vendre sa camionnette. » Si vous êtes amoureux à ce point, ne divorcez pas ; mais si vous vous éloignez, faites en sorte que la rupture soit complète et nette, même si c'est douloureux sur le moment. J'ai conseillé des milliers de personnes qui ont été brisées financièrement par leur ex-conjoint et par les mauvais conseils d'un avocat spécialisé dans les divorces. Il faut donc vendre la maison ou la refinancer dans le cadre du divorce, un point c'est tout. La seule autre option est très risquée, et vous pouvez vous attendre à des maux de cœur et à une colère encore plus grande.

MYTHE : L'agent de recouvrement a été d'une grande aide ; il m'apprécie vraiment.

RÉALITÉ : Les agents de recouvrement ne sont pas vos amis.

Il existe quelques bons agents de recouvrement, mais très peu. Presque chaque fois qu'un agent de recouvrement se montre « compréhensif » ou veut « être votre ami », c'est pour une raison bien précise : vous obliger à rembourser votre dette. L'autre technique consiste à être méchant et désagréable, et vous risquez de voir votre nouvel « ami » utiliser toutes sortes de tactiques d'intimidation une fois que vous aurez établi une « relation ».

Votre transformation financière totale vous amènera à rembourser vos dettes. Je veux que vous payiez ce que vous devez, mais les agents de recouvrement ne sont pas vos amis. Les agents de recouvrement de cartes de crédit sont les pires, car ils mentent, trichent et volent – et ce, juste avant le petit-déjeuner. Pour savoir si un agent de recouvrement ment, il suffit de regarder s'il se lèche les lèvres. Tout accord, plan spécial ou arrangement que vous concluez avec un agent de recouvrement doit être mis par écrit AVANT que vous ne lui envoyiez de l'argent. Sinon, vous découvrirez qu'il n'y a pas d'accord et que l'agent de recouvrement a menti. N'autorisez jamais un agent de recouvrement à accéder électroniquement à votre compte courant et n'envoyez jamais de chèques postdatés. Il abusera de vous si vous lui donnez ce pouvoir, et vous ne pourrez rien faire, car vous lui devez de l'argent. C'est clair ?

MYTHE : Je vais simplement faire faillite et repartir à zéro ; cela semble si facile.

RÉALITÉ : La faillite est un événement qui bouleverse la vie et qui cause des dommages qui vous suivront à jamais.

Kathy a appelé pendant mon émission de radio, prête à déposer le bilan et à faire faillite. Ses dettes étaient écrasantes et son mari infidèle était parti avec sa petite amie. La maison était à son nom, ainsi que toutes les dettes, à l'exception de 11 000 $. Kathy avait 20 ans et son brillant oncle, un avocat californien, lui a conseillé de déposer le bilan. Kathy a été la proie de la culpabilité et du désespoir, et elle s'est sentie abandonnée, mais elle n'a pas fait faillite. Lorsque son futur ex-mari se retrouve avec toutes les dettes à son nom, il est peut-être au bord de la faillite, mais pas Kathy.

Je ne recommande pas la faillite, pas plus que le divorce. Y a-t-il des cas où de bonnes personnes ne voient pas d'issue et déposent une demande de mise en faillite ? Oui, mais je vous en dissuaderai si l'occasion m'en est donnée. Peu de gens qui ont fait faillite diront qu'il s'agit d'un nettoyage indolore de l'ardoise, après lequel vous partez joyeusement au trot vers votre avenir pour prendre un nouveau départ. Ne vous laissez pas abuser.

J'ai fait faillite et j'ai travaillé également avec des gens qui ont fait faillite pendant des décennies, et ce n'est pas un endroit où l'on a envie d'aller.

La faillite figure parmi les cinq événements négatifs les plus marquants de notre vie, avec le divorce, la maladie grave, le handicap et la perte d'un être cher. Je ne dirais jamais que la faillite est aussi grave que la perte d'un être cher, mais elle bouleverse la vie et laisse de profondes blessures dans le psychisme et dans le dossier de crédit.

La faillite en vertu du chapitre 7, qui est une faillite totale, reste inscrite dans votre dossier de crédit pendant 10 ans. La faillite en vertu du chapitre 13, qui s'apparente davantage à un plan de paiement, reste inscrite dans votre dossier de crédit pendant 7 ans. La faillite, cependant, y demeure inscrite pendant toute la vie. Dans les demandes de prêt et dans de nombreuses demandes d'emploi, on vous demande si vous avez déjà fait faillite. Dites la vérité. Si vous mentez pour obtenir un prêt parce que votre faillite est très ancienne, vous avez techniquement commis une fraude criminelle.

La plupart des faillites peuvent être évitées grâce à une transformation financière totale. Cette dernière peut impliquer une amputation importante de certaines choses, ce qui sera douloureux, mais la faillite est bien plus douloureuse. Si vous faites un pas en arrière réfléchi pour revenir sur des bases solides au lieu de regarder le faux attrait de la solution rapide que la faillite semble offrir, vous gagnerez plus rapidement et plus facilement. Je connais par expérience la douleur de la faillite, de la saisie et des poursuites judiciaires. Je suis passé par là, j'ai fait ça, j'ai eu le tee-shirt, et ça n'en vaut pas la peine.

Nous n'avons jamais bien géré notre argent. Je suppose que c'est un euphémisme – nous avons fait faillite trois fois !

La première fois que nous avons déposé notre bilan, nous avons eu l'impression que la faillite était notre seule option. Notre prêt à la petite entreprise pour l'achat d'un atelier de carrosserie est passé d'un taux annuel effectif global de 4 % à 22 %, et nous avons perdu tous nos dépôts de garantie. Peu de temps après, mon mari a eu sa première crise cardiaque et d'autres problèmes se sont accumulés. En peu de temps, nous avons perdu notre maison et nos voitures. Nous avons déménagé dans un autre État avec quatre enfants, deux chats, un chien, une moto, une remorque U-Haul, 800 $ – et aucun emploi.

Nous étions déprimés et avions l'impression d'avoir échoué alors que nous étions en train de reconstruire notre vie. On aurait pu penser que nous avions retenu la leçon, n'est-ce pas ? Faux.

Au lieu d'apprendre de nos erreurs, nous avons répété le même scénario un peu plus de 10 ans plus tard. À la suite d'une blessure attribuable à une chute, mon mari a été en arrêt de travail pendant 6 mois. Notre revenu est passé de 4000 $ à 400 $ par semaine. Nous avons accumulé des dettes sur nos cartes de crédit et avons à nouveau fini par déposer notre bilan. Une fois de plus, nous avons perdu notre maison et la plupart de nos biens.

Si la première faillite nous a semblé être la fin du monde, la seconde ne nous a pas trop perturbés. Nous avons eu l'impression que ce n'était pas grave parce que nous avions déjà connu ce genre de situation. Nous avons donc recommencé une troisième fois, en faisant toujours les mêmes mauvais choix.

Au cours des sept années suivantes, nous avons créé une nouvelle entreprise, pris beaucoup de mauvaises décisions et fermé une autre société. Puis nous avons déposé notre bilan une troisième fois. Mais cette fois, nous avions honte et étions trop gênés pour en parler à qui que ce soit. Nous avions ce terrible et sale secret que nous cachions à notre famille et à nos amis. Pour ne rien arranger, le stress et la honte ont provoqué deux nouvelles crises cardiaques chez mon mari.

La procédure de faillite a été horrible. Personne ne se regardait dans la salle d'audience. C'est comme si tout le monde avait la peste et avait peur de parler à qui que ce soit. En déposant trois fois notre bilan, nous avons eu l'impression d'être des imposteurs. Nous nous demandions : *Qu'est-ce qui ne va pas chez nous ? Pourquoi continuons-nous à répéter les mêmes erreurs ?*

Lorsque notre fils, atteint d'une maladie mentale, est rentré au pays après un déploiement, nous sommes devenus ses tuteurs à plein temps. L'argent était extrêmement rare, car nous nous occupions de notre fils avec un seul revenu – mon mari avait pris sa retraite après sa troisième crise cardiaque. Nous étions sur le point de déposer notre bilan pour la quatrième fois lorsque ma fille est venue à notre secours en nous présentant Dave Ramsey.

Aujourd'hui, nous suivons son programme de métamorphose financière et nous essayons de mettre de l'ordre dans notre désordre financier. Il n'est pas facile d'essayer de corriger les mauvaises décisions et les mauvais comportements que nous avons eus toute notre vie à l'égard de l'argent ! Mais même si nous avons recommencé la première étape à trois reprises, nous avons quand même réussi à rembourser 26 000 $ de dettes ! Enfin, nous avons de l'espoir pour notre avenir et nous sommes motivés pour aider les autres afin qu'ils ne suivent pas le même chemin que nous.

Susan (52 ans) et
Larry (67 ans) Hickman
Responsable du recouvrement;
courtier en assurance à la retraite

Nous apprenons aux gens à avoir de l'argent liquide sur eux. Dans une culture où les commerçants pensent que vous êtes un trafiquant de drogue si vous payez en espèces, je sais que cette suggestion peut sembler bizarre. Pourtant, l'argent liquide est puissant. Si vous avez de l'argent comptant sur vous, vous dépensez moins et vous pouvez faire de bonnes affaires. Linda a envoyé un mail au journal dans lequel je tiens une rubrique, se plaignant qu'elle se ferait voler si elle avait de l'argent liquide sur elle. Je lui ai expliqué que les escrocs n'ont pas de vision à rayons X pour regarder dans sa poche ou son sac à main. Ils supposent que votre sac à main est comme tous les autres, rempli de cartes de crédit dont le plafond est dépassé. Je ne prends pas le crime à la légère. Il est possible que vous soyez victime d'un vol, parce que les gens se font voler – qu'ils aient ou non de l'argent liquide sur eux. Et si cela vous arrive, on vous prendra l'argent. Mais, croyez-moi, vous devez être bien plus inquiet du danger que représente l'utilisation des cartes de crédit que du risque d'être volé alors que vous avez de l'argent liquide sur vous. Le fait d'avoir de l'argent comptant ne vous rend pas plus susceptible d'être volé; au contraire, la mauvaise gestion du plastique vous vole tous les mois.

MYTHE : Je ne peux pas utiliser d'argent liquide parce que c'est dangereux ; je pourrais me faire voler.

RÉALITÉ : Vous vous faites voler tous les jours en n'utilisant pas le pouvoir de l'argent liquide.

Nous avons déjà détruit le mythe des cartes de crédit et montré que lorsque vous dépensez de l'argent liquide, vous dépensez moins. Lorsque vous élaborerez votre plan d'action écrit, vous constaterez que la gestion des catégories de dépenses dans le cadre de votre transformation financière totale est indispensable pour prendre le contrôle de la situation. L'argent liquide vous permet de vous dire non à vous-même. Lorsque l'enveloppe consacrée à l'achat de nourriture est à court d'argent, nous mangeons des restes au lieu de commander à nouveau une pizza.

MYTHE : Je n'ai pas les moyens de m'assurer.

RÉALITÉ : Certaines assurances sont indispensables.

LE CONSEIL DE DAVE...

Décortiquons le système des enveloppes

Il est facile de dépenser trop lorsqu'on n'a pas de limite claire. Le budget vous indique quelle est cette limite pour chaque catégorie, mais lorsque l'argent de l'essence, de la nourriture et des loisirs se trouve en un seul bloc sur votre compte bancaire, une catégorie peut dépasser la limite sans que vous vous en rendiez compte. C'est pourquoi je recommande d'utiliser le système des enveloppes pour certaines catégories.

Supposons que vous prévoyiez un budget de 600 $ pour la nourriture ce mois-ci. Lorsque vous touchez votre salaire, vous prenez cette somme. Retirez 600 $ de la banque en espèces – oui, en espèces – et mettez-les dans une enveloppe. Écrivez « NOURRITURE » sur l'enveloppe. Lorsque vous irez au supermarché, payez vos achats avec l'argent contenu dans cette enveloppe.

Vous n'utilisez pas cet argent pour autre chose que de la nourriture, et vous n'achetez de la nourriture qu'avec l'argent de cette enveloppe. Quand il n'y a plus d'argent, c'est fini ! C'est une limite assez claire !

Le système des enveloppes fonctionne mieux dans des catégories telles que la nourriture, les loisirs, les vêtements, l'essence, etc. Il n'est pas nécessaire de l'utiliser pour les factures mensuelles que vous payez par la poste ou qui sont débitées automatiquement de votre compte.

Voici ce qu'il en est : le fait d'utiliser un morceau de plastique ne s'enregistre pas dans votre cerveau de la même manière que l'argent liquide. Lorsque vous déposez quelques billets sur le comptoir, vous *savez* que vous dépensez de l'argent ! C'est pourquoi l'utilisation du système des enveloppes vous aidera à changer vos habitudes de consommation.

L'argent liquide est roi !

Un jour, alors que j'allais déjeuner, j'ai rencontré Steve et Sandy dans le hall. Ils étaient venus me remercier. Pourquoi ? Ce jeune couple d'une vingtaine d'années avait écouté mon émission de radio et, comme j'incite constamment les gens à souscrire les bons types d'assurance, ils l'ont fait. Au début de l'année, ils ont souscrit une assurance vie temporaire et une assurance maladie avec compte d'épargne médicale (aujourd'hui appelé compte gestion-santé, ou CGS). « Heureusement que nous avons fait ce que vous nous avez conseillé », a dit Steve en retirant sa casquette pour révéler un crâne rasé avec une grosse cicatrice sur le dessus. « Qu'est-ce qui s'est passé ? », ai-je demandé. La cicatrice provenait d'une biopsie qui avait révélé un cancer du cerveau inopérable. Sandy a souri et a dit : « Notre assurance a déjà payé plus de 100 000 $ de factures, et nous aurions coulé si nous n'avions pas fait ce que vous nous conseillez tout le temps. »

De plus, Steve n'était pas assurable, il était donc reconnaissant d'avoir souscrit une assurance vie temporaire. Steve et Sandy sont devenus mes amis au cours des années suivantes, alors qu'il luttait contre le cancer. Un de mes amis a entendu leur histoire et leur a offert une croisière de sept jours dans les Caraïbes. Steve a perdu son combat contre le cancer en 2005, et nous l'avons enterré le jour de la naissance de son fils. Il serait fier que son histoire vous incite à souscrire et à conserver les bons types d'assurance. Il était un bon mari et un bon père. En étant responsables et en souscrivant les bonnes assurances, ce couple a couvert la vie et la mort, ce que nous devons tous faire.

Il y a deux ans, mon épouse et moi faisions les mêmes erreurs financières que la plupart des familles « normales ». Nous croyions à tous les mythes sur l'argent que les gens nous racontaient. Cependant, lorsque nos erreurs ont commencé à s'accumuler, elles se sont mises à peser lourd sur nos épaules. Ce n'est que lorsque nous sommes tombés sur l'émission de radio de Dave et sur son programme de métamorphose financière que nous avons mis un terme à nos bêtises en matière d'argent.

Il y a quelques années, nous ne gérions pas bien nos finances. À un moment donné, nous étions mariés, sans enfants, nous gagnions plus de 80 000 $ par année et nous n'avions pas les moyens d'acheter une machine à laver. Nous avons accepté trop d'offres du type « achetez maintenant, payez plus tard ». À l'époque, l'offre « 90 jours, c'est comme de l'argent liquide » semblait être une bonne idée. C'EST FAUX ! Nous avons fini par payer beaucoup plus que la valeur des articles que nous avons ainsi achetés. Aujourd'hui, lorsque nous faisons des achats, nous « achetons maintenant, payons maintenant », en achetant pour 1800 $ de meubles d'une valeur de 2000 $.

Une autre grande erreur que nous avons commise concerne notre plan d'assurance vie. Les gens nous ont dit qu'il fallait souscrire une assurance vie entière avant l'âge de 30 ans, « sinon… ». Ils nous ont expliqué à quel point la valeur de rachat était intéressante. C'EST FAUX ! Nous ne savions pas que la couverture était trop chère, que les frais étaient élevés et qu'il fallait beaucoup de temps pour constituer une valeur de rachat. Aujourd'hui, nous en savons plus. Nous avons l'intention d'épargner, d'investir et de nous auto-assurer.

En 2006, nous étions encore en train d'effectuer des paiements minimaux sur des prêts étudiants que nous avions contractés depuis plus de 10 ans. Nous avons cru à ce que tous les gens « normaux » nous disaient : « Les prêts étudiants sont une bonne dette. Tout le monde en a. » C'EST FAUX ! Nous savions que nous devions nous en débarrasser une fois pour toutes. Aujourd'hui, au lieu de faire un chèque tous les mois, nous pouvons épargner à l'avance pour les études de nos enfants.

Grâce à la trousse d'étude à domicile Financial Peace University et à 15 mois de grands sacrifices – nous avons remboursé 27 000 $ de dettes, constitué un fonds d'urgence, remplacé l'assurance vie entière par une assurance vie temporaire, rédigé des testaments et économisé de l'argent pour prendre des vacances de deux semaines à la plage sous le signe de la liberté. Après un travail acharné et l'intensité d'une gazelle, nous vivons enfin comme personne d'autre !

Travis (33 ans) et
Merry (35 ans) Skinner
Dessinateur AutoCAD en arpentage ;
Infirmière diplômée

Nous détestons tous l'assurance, jusqu'à ce que nous en ayons besoin. Nous payons et payons et payons des primes, et parfois nous nous sentons démunis en matière d'assurance. Il y a certainement beaucoup d'astuces dans le monde de l'assurance. Nous couvrons ce sujet en détail dans Financial Peace University et dans d'autres livres, mais vous devez avoir une assurance dans certaines catégories de base dans le cadre d'une transformation financière :

- Assurance automobile et assurance habitation – Choisissez des franchises plus élevées afin d'économiser sur les primes. Avec des limites de responsabilité élevées, ce sont les meilleurs achats dans le monde de l'assurance.
- Assurance vie – Souscrivez une assurance temporaire de 20 ans d'un montant égal à 10 ou 12 fois vos revenus. L'assurance temporaire est bon marché et c'est la seule solution ; n'utilisez jamais l'assurance vie pour économiser de l'argent.
- Assurance invalidité de longue durée – Si vous avez 20 ans, vous avez 2 fois plus de chances de devenir invalide que de mourir avant l'âge de 65 ans. Le meilleur moyen de souscrire une assurance invalidité est de le

faire dans le cadre de son travail, pour une fraction du coût. Vous pouvez généralement obtenir une couverture équivalant à 50 à 70 % de vos revenus.

- Assurance maladie – Les factures médicales sont aujourd'hui la première cause de faillite. L'un des moyens de contrôler les coûts est de rechercher des franchises élevées pour réduire votre prime. Le compte gestion-santé est un excellent moyen d'économiser sur les primes. La franchise élevée permet de réduire considérablement la prime, et ce plan vous permet d'épargner pour les frais médicaux sur un compte d'épargne non imposable.
- Assurance soins de longue durée – Si vous avez plus de 60 ans, souscrivez une assurance soins de longue durée pour couvrir les soins à domicile ou en maison de retraite. Une chambre privée dans une maison de retraite coûte en moyenne près de 110 000 $ par année, ce qui fait fondre un pécule en un clin d'œil. Un père en maison de retraite peut épuiser les 250 000 $ d'économies de votre mère en quelques années seulement. Faites-le savoir à vos parents.

J'ai été très impressionnée par Dave lorsque je l'ai entendu pour la première fois au *Oprah Winfrey Show*. Je savais que la responsabilité personnelle et la responsabilité financière qu'il mettait aux gens le défi d'assumer étaient exactement ce dont Ken et moi avions besoin. Nos problèmes financiers s'accumulaient depuis 20 ans et étaient assez importants.

Tout a commencé l'année suivant notre mariage. Il avait 31 ans et moi 22 – et nous étions enthousiasmés par la vie et l'avenir qui s'offrait à nous. Mais tout a changé lorsque Ken a été victime d'une grave attaque cérébrale qui l'a rendu tétraplégique. Nous ne savions pas quoi faire (à bien des égards). Financièrement, nous avons commencé à tout mettre sur la carte de crédit parce que nous ne gagnions pas beaucoup d'argent. Heureusement, les frais médicaux de Ken étaient couverts. Sans cette couverture, les factures médicales auraient été trop lourdes à gérer.

Pendant des années, nous avons accumulé des dettes et nous avons eu du mal à nous en sortir. Néanmoins, Dieu nous a vraiment bénis et a continué à nous tirer d'affaire.

Et puis nous avons découvert Dave. Ken et moi avons lu ce livre *Transformation financière totale* et nous avons commencé à mettre immédiatement en pratique les principes qui y sont exposés. Lorsque nous nous sommes mis à établir un budget, Ken a vraiment voulu m'aider à gérer nos finances et a commencé à payer les factures en ligne. La première fois que je n'ai pas eu à payer les factures, je me suis assise et j'ai pleuré parce que c'était une chose dont je n'avais plus à me soucier. Ken s'est épanoui en sachant qu'il était un partenaire actif qui contribuait à ce que ma vie soit un peu plus facile. Nous avons rendu agréable et amusant l'établissement d'un budget et la planification de notre avenir. C'était comme si nous sortions à nouveau ensemble ! Ken est l'homme le plus extraordinaire que j'aie jamais rencontré et il a été mon roc pendant toutes ces années. J'ai beaucoup de chance de faire ce voyage avec lui.

Cheryl (44 ans) et
Ken (52 ans) Rhoads
Directrice des ventes
indépendante Mary Kay

MYTHE : Si je fais un testament, je risque de mourir.

RÉALITÉ : Vous allez mourir, alors faites-le avec un testament.

Selon CNBC, 67 % des Américains vont mourir sans avoir rédigé de testament. C'est idiot, vraiment idiot. L'État, bien connu pour ses prouesses financières, décidera de ce qu'il adviendra de vos affaires, de vos enfants et de votre patrimoine. On peut lire dans les Proverbes 13:22 : « Aux enfants de ses enfants l'homme de bien laisse un héritage. » Je suis un pragmatique et je ne comprends donc pas pourquoi on en fait tout un plat. Un testament est un cadeau que l'on laisse à sa famille ou à ses proches. C'est un cadeau parce qu'il rend la gestion de votre patrimoine très claire et très facile. Vous allez mourir, alors partez en beauté en ayant rédigé votre testament.

LE CONSEIL DE DAVE...

L'assurance vie entière est un produit horrible. Pourquoi payer à quelqu'un des intérêts sur vos propres économies ? C'est une attitude rétrograde qui ne vous rend pas intelligent.

Nous avons révélé les mythes sur l'endettement et les mythes sur l'argent. Si vous avez lu attentivement et compris pourquoi ces mythes sont faux, j'ai de bonnes nouvelles pour vous. Votre transformation financière totale a déjà commencé ! Cette métamorphose consiste à modifier votre vision de l'argent afin de changer de façon permanente la façon dont vous traitez l'argent. Vous devez marcher à un rythme différent, le même que celui des riches. Si ce rythme vous semble commun ou normal, quittez immédiatement la piste de danse. Le but n'est pas d'être normal car, comme le savent maintenant mes auditeurs, être normal, c'est être fauché.

CHAPITRE 5

Deux obstacles supplémentaires : l'ignorance et le mimétisme social

Le déni (je n'ai pas de problème), les mythes sur l'endettement (c'est en s'endettant qu'on devient riche) et les mythes de l'argent (les histoires racontées par la culture) sont trois obstacles majeurs qui vous empêchent de devenir sain sur le plan fiscal, de bien gérer votre argent et de développer de la résilience. Avant de passer sur le plan éprouvé, nous devons explorer deux autres ennemis de la transformation financière totale.

Si vous avez un problème majeur avec la crème glacée, vous devriez en parler à votre entraîneur avant d'essayer de changer votre régime alimentaire et votre programme d'exercices. Vous devez d'abord admettre votre problème de friandise glacée et reconnaître les mythes qui vous font croire qu'il s'agit d'un excellent produit pour perdre du poids. Le fait est que nous devons identifier l'ennemi, les obstacles qui nous empêchent de gagner. Il serait immature et irréaliste d'établir un plan de match sans reconnaître les obstacles qui s'y opposent. Ceux d'entre nous qui ont été malmenés par la vie savent qu'il faut repérer les problèmes ou les obstacles et prévoir un moyen de les surmonter, de les traverser ou de les contourner.

Si vous pouvez mettre en boîte les éléments qui pourraient faire échouer votre programme de transformation financière totale, alors le plan fonctionnera. La première étape pour perdre du poids et se tonifier est d'établir les mythes sur la perte de poids, la suralimentation, les mauvaises habitudes alimentaires et l'absence d'exercice comme des problèmes à surmonter; il en va de même pour la transformation financière totale de l'argent. Comme l'a dit il y a des années le grand philosophe Pogo dans les bandes dessinées du dimanche: « Nous avons rencontré l'ennemi, et c'est nous. »

OBSTACLE N° 1: L'IGNORANCE PERSONNE NE NAÎT FINANCIÈREMENT INTELLIGENT

Le premier obstacle est l'ignorance. Dans une culture qui vénère le savoir, le fait de dire que l'ignorance en matière d'argent est un problème met certaines personnes sur la défensive. Ne soyez pas sur la défensive. L'ignorance n'est pas un manque d'intelligence, c'est un manque de savoir-faire. J'ai vu de nombreux nouveau-nés d'amis, de membres de ma famille, de ma communauté et de mon équipe. Je n'ai jamais vu un bébé qui soit né en étant prêt à devenir riche. Jamais les amis et les parents ne se rassemblent devant la fenêtre de la pouponnière et ne s'exclament: « Oh, regardez! C'est un génie financier-né! »

Personne ne naît en sachant comment conduire une voiture. On nous apprend à le faire (même si certains d'entre nous ne semblent pas l'avoir appris). Personne ne naît avec la connaissance de la lecture et de l'écriture; on nous apprend à le faire. Aucune de ces compétences n'est innée; toutes doivent être enseignées. De même, personne n'est né avec la connaissance de la gestion de l'argent, mais on ne nous l'apprend PAS!

Un jour, près de la cafetière, l'une de mes responsables a dit: « Il faut que ce processus de transformation financière totale soit enseigné à l'université. » Avant d'obtenir son diplôme dans une petite université, elle avait dû suivre un cours sur les entretiens d'embauche et la recherche d'emploi. Selon elle, ce cours n'était pas très difficile sur le plan académique, mais ses implications pratiques en ont fait l'un des cours les plus utiles qu'elle ait suivis à l'université. Nous allons à l'école pour apprendre à gagner de l'argent; nous gagnons de l'argent et ne savons pas quoi en faire. Selon le Bureau du recensement, le revenu moyen des ménages américains se situe aux alentours de 75 000 $. Même si elle n'obtient jamais d'augmentation, une famille moyenne gagnera plus de 3 millions de dollars au cours de sa vie professionnelle! Or, la plupart des écoles secondaires et des universités n'enseignent absolument PAS comment gérer cet argent. Nous sortons de l'école, nous nous lançons dans le monde et nous obtenons une maîtrise financière en STUPIDITÉ.

Mettons-nous le chaos dans nos finances parce que nous ne sommes pas intelligents? Non. Si vous installez une personne qui n'a jamais conduit de voiture, qui n'a jamais vu de voiture et qui ne sait pas épeler le mot *voiture* sur le siège du conducteur d'une voiture flambant neuve, un accident sera inévitable. Reculer et prendre de la vitesse ne mène qu'à un nouvel événement malheureux. « Faire plus d'efforts » n'est pas la solution, car le prochain accident ne détruira pas seulement la voiture, mais blessera aussi d'autres personnes. C'est ridicule!

Au cours de leur vie, les Américains dépensent en moyenne près de 3 millions de dollars. Pourtant, à la fin de leurs études secondaires, universitaires ou même supérieures, ils sont incapables d'épeler le mot *financier*. C'est un mauvais plan! Nous avons cessé d'enseigner les finances personnelles et nous devons recommencer. C'est pourquoi le cours intitulé « Foundations in Personal Finance » est enseigné dans les lycées de tout le pays; cependant, notre programme d'études secondaires ne vous aidera pas si vous n'êtes plus au lycée.

Si vous avez gaspillé votre argent et vous n'en avez pas tiré le meilleur parti, c'est généralement parce qu'on ne vous a jamais appris à le gérer. Rappelez-vous que l'ignorance n'est pas synonyme de stupidité; elle signifie que vous devez apprendre comment faire. Je suis assez intelligent. J'ai publié plusieurs livres à succès, je parle à des millions de personnes dans mes émissions de radio et de télévision et je dirige une entreprise de plusieurs millions de dollars, mais si vous me demandiez de réparer votre voiture, ce serait un désastre. Je ne sais pas comment faire, je suis ignorant dans ce domaine.

Il est facile de vaincre l'ignorance. Tout d'abord, admettez sans honte que vous n'êtes pas un expert financier parce qu'on ne vous l'a jamais appris. Deuxièmement, terminez ce livre. Troisièmement, lancez-vous dans une quête perpétuelle pour en savoir plus sur l'argent. Vous n'avez pas besoin de vous inscrire à Harvard pour obtenir un MBA avec une spécialisation en finance; vous n'avez pas besoin de regarder la chaîne financière au lieu d'un grand film. Vous devez cependant lire quelque chose sur l'argent au moins une fois par année. Et vous devriez de temps en temps assister à un séminaire sur l'argent. Vos gestes doivent montrer que vous vous intéressez à l'argent en apprenant quelque chose à son sujet.

Sharon et moi avons un excellent mariage – pas parfait, mais excellent. Pourquoi? Parce que nous lisons des livres sur le mariage, nous participons à des week-ends de retraite sur le mariage, nous sortons ensemble chaque semaine, nous suivons parfois un cours d'école du dimanche sur le mariage et nous rencontrons même de temps en temps un ami qui est conseiller matrimonial chrétien. Faisons-nous tout cela parce que notre mariage est bancal? Non, nous faisons tout cela pour que notre mariage soit bon. Nous avons un bon mariage parce que nous y travaillons, parce que nous en faisons une priorité et parce que nous cherchons à acquérir des connaissances sur ce sujet. Les grands mariages ne sont pas le fruit du hasard. La richesse n'est pas le fruit du hasard. Vous devrez consacrer du temps et des efforts pour vous débarrasser de l'ignorance. Encore une fois, vous n'avez pas besoin de devenir un as de la finance; vous devez simplement passer davantage de temps à étudier vos options en matière d'épargne pour la retraite et votre budget qu'à planifier vos vacances de cette année.

Comme le dit Dave, nous vivions notre vie comme « Gomer Pyle sous Valium ». Nous n'avions aucune idée de la destination de notre argent. Mon épouse et moi n'arrivions pas à nous mettre d'accord sur la manière de gérer nos revenus. Comme tous les couples « normaux », nous pensions qu'il FALLAIT absolument avoir des cartes de crédit pour développer notre crédit et que la chose la plus INTELLIGENTE à faire était de tout financer. Quel énorme mensonge !

Un jour, mon épouse est tombée sur *The Ramsey Show*. Après avoir écouté l'émission pendant un certain temps, elle a commencé à partager avec moi les principes dont Dave parlait, et nous avons été séduits !

La première étape de notre transformation financière totale a consisté à établir notre budget, ce qui nous a certainement aidés à organiser notre argent, mais c'est aussi notre désir de vivre sans dettes qui nous a permis de réussir. Deuxièmement, nous avons dû nous efforcer d'épargner pour constituer un fonds d'urgence et rembourser nos dettes à l'aide de la méthode boule de neige.

La troisième étape (Épargnez trois à six mois de dépenses dans un fonds d'urgence entièrement approvisionné) a été la plus difficile pour nous. Nous avons dû résister à l'envie de dépenser tout cet argent disponible après nous être débarrassés de nos dettes. Heureusement que nous avons constitué ce fonds d'urgence, car plus tard, j'ai perdu mon emploi. Sans dettes et avec un fonds d'urgence en place, j'ai pu prendre mon temps pour trouver l'excellent emploi que j'ai aujourd'hui.

Notre vie de famille s'est grandement améliorée. Nous savons quels sont nos objectifs en matière d'argent et nos enfants apprennent à donner, à épargner et à dépenser l'argent avec sagesse. Ce plan nous a aidés à retrouver l'espoir d'une sécurité financière et la paix spirituelle que nous recherchons tous dans la vie.

Walter (47 ans) et
Stephanie (45 ans) Frick
Représentant des ventes;
aide-enseignante à la maternelle

L'ignorance n'est pas acceptable. «Ce que tu ne sais pas ne te fera pas de mal» est une affirmation vraiment stupide. Ce que vous ne savez pas vous tuera. Ce que vous ne savez pas sur l'argent vous rendra fauché et vous maintiendra fauché. Finissez ce livre et lisez-en d'autres. Vous pouvez toujours consulter notre site Web à ramsey-solutions.com/store/books pour des lectures recommandées par des auteurs généralement en accord avec nos enseignements.

OBSTACLE N° 2: LE MIMÉTISME SOCIAL LES VOISINS NE SAVENT PAS FAIRE DE MATHS

Le mimétisme social est le deuxième obstacle. Pression des pairs, attentes culturelles, «niveau de vie raisonnable» – peu importe comment on le dit, nous avons tous besoin d'être acceptés par notre entourage et nos familles. Ce besoin d'approbation et de respect nous pousse à faire des choses vraiment insensées. L'une des choses paradoxalement les plus stupides que nous fassions est de détruire nos finances en achetant des choses que nous ne pouvons pas nous permettre pour essayer de paraître riches aux yeux des autres. Dans les années 1990, Tom Stanley a écrit un livre magnifique intitulé *The Millionaire Next Door*. Il s'agit d'une étude sur les millionnaires américains.

Rappelez-vous que si vous voulez être mince et musclé, vous devez étudier les habitudes des personnes qui sont minces et musclées. Si vous voulez devenir riche, vous devez étudier les habitudes et les systèmes de valeurs des personnes qui sont riches. En étudiant les millionnaires, Stanley a découvert que leurs habitudes et leurs systèmes de valeurs ne correspondaient pas à l'idée que s'en font la plupart des gens. Lorsque nous pensons aux millionnaires, nous pensons à de grandes maisons, à des voitures neuves et à de très beaux vêtements.

Stanley a découvert que la plupart des millionnaires n'ont pas ces choses. Il a constaté que le millionnaire typique vit dans une maison de classe moyenne, conduit une voiture payée vieille de deux ans ou plus et achète des blue-jeans chez Walmart. En bref, Stanley a découvert que le millionnaire typique était infiniment plus motivé par l'objectif de sécurité financière que par ce que pensaient ses amis et sa famille. Chez lui, le besoin d'approbation et de respect de la part des autres en fonction de ce qu'il possède est pratiquement inexistant.

Si nous examinons les conclusions de Stanley et les comparons au plan de vie de Ken et Barbie, nous constatons que Ken et Barbie sont perdus, qu'ils ont dévié de leur route et qu'ils ne savent pas où ils en sont. Ken et Barbie viennent régulièrement dans notre bureau pour des conseils financiers. L'année dernière, ils étaient là et s'appelaient Bob et Sara. Bob et Sara gagnent 93 000 $ par année, et ce, depuis sept ans. Qu'ont-ils à montrer ? Une maison de 400 000 $ pour laquelle ils doivent encore 390 000 $, y compris un prêt immobilier utilisé pour la meubler. Ils ont 2 voitures à 30 000 $ et 52 000 $ de dettes de cartes de crédit, mais ils ont bien voyagé et se sont habillés à la mode. Les 25 000 $ restants d'un prêt étudiant contracté à l'université il y a 10 ans ne sont toujours pas remboursés, car ils n'ont pas d'argent.

Du côté positif, ils ont 2000$ d'épargne et 18000$ dans leur compte de retraite. Ces personnes ont une valeur nette négative, mais elles ont vraiment fière allure. La mère de Bob est très impressionnée et le frère de Sara leur demande souvent de l'argent parce qu'ils « se débrouillent bien de toute évidence ». Ils représentent l'image parfaite du rêve américain qui s'est transformé en cauchemar. Derrière les cheveux parfaits et la manucure à la française se cachent un profond désespoir, un sentiment de futilité, un mariage qui s'effiloche et un dégoût de soi.

C'est peut-être l'un des points sur lesquels notre métaphore de la perte de poids en vue d'une bonne santé fiscale s'effondre. Si votre corps était dans le même état que la situation financière de Bob et Sara, tout le monde penserait : *225 kilos, c'est tout simplement trop gros.* Votre problème serait évident pour votre famille, vos amis, des étrangers, et même pour vous. La différence avec Bob et Sara, c'est qu'ils ont un « sale petit secret ». Ce secret, c'est qu'ils sont loin d'être aussi cools qu'ils en ont l'air. Ils sont fauchés et désespérés, et personne ne le sait. Non seulement personne ne le sait, mais tout le monde pense le contraire. Alors, quand un conseiller leur a suggéré de trouver un moyen d'éviter la faillite, il y a eu de la résistance. La vérité, c'est que Bob et Sara sont ruinés. Ils doivent se débarrasser de leurs voitures et vendre leur maison.

Les voix du cœur sont bien réelles. Tout d'abord, bien sûr, nous aimons nos belles maisons et nos belles voitures, et nous ressentons de la douleur à l'idée de les vendre. Deuxièmement, nous ne voulons pas admettre devant tous ceux que nous avons voulu impressionner que nous sommes des imposteurs. Oui, lorsque vous achetez un tas de choses sans argent et que vous accumulez les dettes, vous êtes un imposteur financier. La pression des pairs est très, très puissante. Il est pénible de dire à ses amis ou à sa famille : « Nous réduisons notre train de vie ».

Il est pratiquement impossible pour certaines personnes de dire : « Nous allons devoir renoncer à ce voyage ou à ce dîner parce que notre budget ne nous le permet pas ». Il faut beaucoup de courage pour être sincère. Nous aimons être approuvés et respectés, et dire le contraire est une autre forme de déni. Il est normal de souhaiter l'admiration des autres. Le problème est que cette admiration peut devenir une drogue. Beaucoup d'entre vous sont dépendants de cette drogue, et la destruction de votre richesse et de votre bien-être financier causée par votre dépendance est énorme.

Un changement radical dans notre quête d'approbation, qui a entraîné l'achat de choses avec de l'argent que nous n'avons pas, est nécessaire pour une percée dans le domaine de l'argent. La percée de Sara s'est faite au niveau de la famille. Sa famille, qui appartenait à la classe moyenne supérieure, avait toujours offert des cadeaux de Noël à chacun de ses membres. Avec 20 nièces et neveux et six couples d'adultes à qui il fallait offrir des cadeaux, rien que de son côté, le coût était ridiculement élevé. À l'Action de grâce, Sara a annoncé que, cette année, les cadeaux de Noël seraient tirés au sort parce que Bob et elle n'en avaient pas les moyens. Tout le monde a été bouleversé. Certains d'entre vous sourient comme si ce n'était pas grave. Dans la famille de Sara, c'était très important ! Offrir des cadeaux de Noël était une tradition ! Sa mère et deux de ses belles-sœurs étaient furieuses. Il y a eu très peu de remerciements lors de cette Action de grâce, mais Sara a tenu bon et a dit : « C'est terminé. »

Sara est titulaire d'une maîtrise en sociologie, elle n'est donc pas du genre à se laisser faire. Elle a compris que la dynamique familiale serait bouleversée et qu'elle perdrait l'approbation, l'admiration et le respect de tous. Sara a déclaré plus tard que même si elle comprenait intellectuellement ce que son annonce signifiait, et qu'elle savait émotionnellement et financièrement que c'était la bonne chose à faire, la réalité était très dure. La forte pression exercée par sa famille l'a littéralement empêchée de dormir. Elle m'a dit : « Dans le noir, j'avais peur, comme une petite fille de 12 ans qui aspire à l'approbation de son papa. » Le courage d'aborder ce qui peut sembler être un petit problème a été une énorme percée pour Sara. Lors de cette Action de grâce, son cœur a été totalement transformé et elle n'allait plus se laisser entraîner par la pression de ses pairs dans une pauvreté bien habillée.

Tout a commencé en mars 2008, pendant nos vacances, lorsque nous avons acheté un exemplaire d'une précédente édition de ce livre intitulé *Transformation financière totale.* J'ai lu l'avant-propos à haute voix à mon mari pendant que nous rentrions à la maison, et il m'a demandé de continuer à lire. Quatre heures plus tard, ma voix était rauque et fatiguée, mais j'étais toujours en train de lire lorsque Darrin a garé la fourgonnette familiale dans l'allée ! Nous étions accros et pleins d'énergie. Nous avions l'impression que notre monde venait de s'illuminer !

Le soir même, nous avons sorti toutes nos factures et dressé la liste de tout ce que nous devions. Ensuite, nous avons établi un budget. Cela nous a pris des heures, mais après cela, nous étions prêts à nous attaquer à nos dettes ! Nous avions pour objectif de tout rembourser à temps pour fêter des événements importants qui se déroulaient dans moins d'un an : notre 15e anniversaire de mariage et le 40e anniversaire de Darrin. À l'époque, cela semblait impossible !

Nous avons toujours eu des paiements pour notre voiture et notre carte de crédit – il n'y a jamais eu de période où nous n'avions pas de dettes. Nous évitions de parler d'argent parce que cela finissait toujours par une dispute ou par blesser quelqu'un. Nous faisions simplement comme si nos finances personnelles n'existaient pas.

Mais avec l'établissement de notre nouveau plan, nous n'avons plus jamais regardé en arrière. Nous avons détruit nos cartes de crédit une à une, au fur et à mesure que nous les remboursions. Plus important encore, nous nous sommes mis au diapason avec notre argent, ce que nous n'aurions jamais cru possible !

En 10 mois, nous avons remboursé 58 000 $ de dettes et consacré 18 000 $ à notre fonds d'urgence ! Nous apprenons à nos trois garçons à économiser leur argent et à prendre des décisions judicieuses. Ils ont appris à connaître les dangers des cartes de crédit et à comparer les prix des choses qu'ils veulent.

Non seulement nous sommes confiants dans notre avenir financier aujourd'hui, mais nous sommes plus enthousiastes qu'à n'importe quel autre moment de notre vie. Il n'y a pas de mots pour décrire le fardeau qui a été enlevé de nos cœurs et de nos esprits ! Nous avons vraiment procédé à une métamorphose financière totale !

Kristin (39 ans) et
Darrin (40 ans) Schmidt
Mère au foyer;
comptable

Tout le monde a un point faible comme celui de Sara. Il peut s'agir d'une entreprise de troisième génération qui périclite et qui doit être fermée. C'est peut-être vos achats de vêtements. C'est probablement votre voiture. C'est peut-être le bateau. Le vôtre est peut-être de donner de l'argent à vos enfants adultes. À moins que vous n'ayez subi une transformation financière totale quelque part dans votre vie, vous faites toujours quelque chose avec votre argent pour impressionner les autres, et cela doit changer avant que vous puissiez vous engager dans un véritable plan de remise en forme fiscale. La Bible affirme que : « Profitable, oui, la piété l'est grandement pour qui se contente de ce qu'il a. » (1 Timothée 6:6).

Ceux d'entre nous qui ont procédé à une métamorphose financière savent toujours où se trouve leur talon d'Achille et considèrent toujours ce point faible comme une blessure mortelle s'ils le laissent se développer à nouveau. Quelle est la « facette de l'argent » qui vous fait grimacer intérieurement lorsque vous voyez les autres l'admirer ? Devez-vous y renoncer pour faire disparaître ce sentiment qui vous habite ? Tant que vous n'aurez pas reconnu ce point faible, vous serez toujours enclin à la stupidité financière à ce sujet.

Mon point faible, ce sont les voitures. Après être parti de rien et être devenu millionnaire une première fois à l'âge de 26 ans, j'ai jeté mon dévolu sur une Jaguar. J'avais « besoin » d'une Jaguar. J'avais besoin que les gens soient impressionnés par ma réussite. Ce dont j'avais besoin, c'était que ma famille lève un sourcil d'approbation en raison de ma capacité à gagner de l'argent. Ce à quoi j'aspirais, c'était le respect. C'était bien superficiel de croire que la voiture que je conduisais me donnait ces choses. Dieu s'est servi de l'histoire de ma voiture pour changer totalement mon cœur en ce qui concerne la pression des pairs.

TOTALEMENT FAUCHÉ ET AU VOLANT D'UNE JAG !

Alors que je me ruinais, que je perdais tout, j'ai conservé la Jaguar en la refinançant à plusieurs reprises auprès de différentes banques plus conciliantes. Je suis même allé jusqu'à demander à un bon ami de cosigner un prêt pour que je puisse garder cette voiture de prestige. Je n'avais pas les moyens d'entretenir la voiture et elle a commencé à se détériorer. Elle fonctionnait mal et n'était pas fiable, mais je l'aimais toujours et je me suis accroché. Dans l'année qui a suivi notre faillite, nous étions tellement fauchés que l'électricité a été coupée pendant deux jours. Je me suis souvent demandé ce que pensait le type de la compagnie d'électricité lorsqu'il se tenait dans l'allée à côté de ma Jaguar et qu'il interrompait le compteur électrique. C'est un truc de malade. La voiture a continué à se détériorer et le joint principal du carter d'huile s'est fissuré. L'huile qui s'écoulait de l'arrière du moteur vers le silencieux brûlait. L'huile brûlante, en grande quantité, créait un écran de fumée à des kilomètres derrière moi, où que j'aille. Le devis de réparation s'élevait à 1700 $, et je n'avais pas vu un sou depuis des mois, alors j'ai continué à conduire mon véhicule à écran de fumée à la James Bond.

Finalement, mon ami en a eu assez d'effectuer les paiements dont il s'était porté garant et m'a gentiment suggéré de vendre ma précieuse voiture. J'étais furieux contre lui. Comment osait-il me suggérer de vendre ma voiture ? Il a donc cessé d'effectuer les paiements et la banque m'a proposé, pas très gentiment, de la vendre ou elle serait saisie. J'ai essayé de gagner du temps et je n'ai repris mes esprits qu'en vendant la Jaguar un jeudi matin, car la banque m'avait assuré qu'elle la prendrait le vendredi. J'ai réussi à me sortir de ce pétrin, à rembourser la banque et même mon ami, mais le processus a été humiliant. Parce que j'étais trop têtu pour m'attaquer à ce que cette voiture représentait dans ma vie, j'ai causé beaucoup de dégâts qui auraient pu être évités.

Voici une anecdote intéressante sur la façon dont j'ai pu tirer un trait sur mon point faible : j'ai été tellement dégoûté lorsque je me suis réveillé et que j'ai réalisé la profondeur de ma stupidité que j'ai renoncé à ma drogue, les voitures. J'ai opté pour l'abstinence, ce qui signifie que je me suis moqué de ce que nous conduisions ou de ce à quoi cela ressemblait, tant que nous gagnions dans le cadre de notre programme de transformation financière totale. Quinze ans plus tard, nous sommes redevenus riches et j'ai décidé de changer de voiture. Je suis toujours à la recherche d'une voiture âgée d'un ou deux ans, je paie toujours comptant et je suis toujours en quête d'une bonne affaire, sans vraiment me soucier du modèle de la voiture. Je cherchais une Mercedes ou une Lexus, mais surtout une bonne affaire.

Un ami qui travaille dans le secteur automobile m'a appelé pour me proposer une bonne affaire – une Jaguar. Ainsi, toutes ces années et ces larmes plus tard, alors qu'elle n'était plus le moteur de ma quête d'approbation, Dieu a permis à une Jaguar de revenir dans ma vie. Il m'a rendu ce que les sauterelles avaient mangé, mais il ne l'a fait que parce que ce n'était plus mon idole. La rumeur dit que Dieu n'aime pas que nous ayons d'autres dieux dans notre vie.

Avec le recul, je me rends compte que nous étions une famille américaine typique : nous gagnions bien notre vie, nous avions beaucoup de beaux jouets et nous croulions sous les dettes. Nous nous disions toujours que nous avions besoin de nouvelles voitures et d'une maison pour ne plus avoir à payer de loyer.

Un jour, un collègue m'a parlé de Dave Ramsey et cela m'a intrigué. J'ai donc acheté son livre intitulé *Transformation financière totale* et nous avons commencé à le lire. Nous avons été motivés parce que nous avons lu les histoires de personnes qui gagnaient beaucoup moins que nous, mais qui n'avaient pas de dettes – une situation que nous voulions atteindre.

L'établissement d'un budget était une priorité, mais nous avons d'abord dû nous défaire de l'idée que nous avions « besoin » de biens matériels pour être heureux. Nous avons pu rembourser nos dettes sans avoir à renoncer à grand-chose ; au lieu de cela, nous avons réorienté ce que nous avions déjà.

Le changement a été stupéfiant. Mon épouse ne se sent plus coupable de dépenser de l'argent pour des vêtements dont elle a besoin. Je peux me détendre lorsqu'il s'agit de payer les factures à la fin du mois, sachant qu'il reste de l'argent sur le compte courant. Le jeu en vaut la chandelle.

Nous parlons désormais de nos finances au lieu de nous disputer à propos de l'argent. Nous avons pu épargner pour la retraite et savons que si quelque chose arrive à l'un d'entre nous, l'autre sera pris en charge et ne sera pas accablé de dettes.

Mon épouse et moi n'avons plus de dettes depuis janvier 2004 et la vie est tellement plus facile aujourd'hui.

Brian (36 ans) et
Tammy (33 ans) McKinley
Acheteur pour un cabinet médical;
économiste agricole

Peut-être qu'un jour, Sara et Bob pourront payer en espèces une croisière avec toute la famille de Sara pour Noël. Après leur métamorphose financière, Bob et Sara pourront payer comptant un événement aussi important sans que leur fortune ne soit entamée. Ils pourront acheter cette croisière en souvenir de cette Action de grâce fatidique où le cœur de Sara a subi une transformation totale de son besoin d'approbation de la part de sa famille. Ce changement a appris à Sara et à Bob que s'ils sont prêts à vivre comme personne d'autre, plus tard ils pourront vivre comme personne d'autre.

COURSE D'OBSTACLES ET ESCALADE

Une chose que j'ai apprise en perdant du poids, en tonifiant mon corps et en améliorant ma forme physique en général, c'est que les choses qui exigent un effort physique sont plus faciles pour moi. Des activités comme l'escalade ou la course d'obstacles sont désormais réalisables, et non plus un rêve, comme c'était le cas lorsque j'étais en surpoids et en mauvaise forme. Il en va de même pour notre programme de transformation financière totale, qui nous permet d'être en bonne santé financière.

Avez-vous déjà réalisé que le début de cette métamorphose est presque une course d'obstacles ? Nous sommes sortis du déni. Nous avons escaladé le mur des mythes sur l'endettement. Nous avons escaladé le mur des mythes sur l'argent. Nous travaillons sur l'ignorance. Et nous avons appris à ne pas accorder trop d'importance à nos concurrents sur le parcours ; nous avons définitivement cessé de céder au mimétisme social. La course d'obstacles n'était toutefois qu'une partie de notre voyage.

Aujourd'hui, nous nous trouvons au pied d'une montagne, avec une vue dégagée sur le sommet. Nous sommes maintenant en meilleure forme pour l'escalader, et il n'y a plus d'angles morts. Nous sommes prêts à grimper. Le but est encore loin, mais nous le voyons clairement maintenant. Il y a un chemin distinct et très clair que nous allons emprunter pour atteindre le sommet. L'avantage de ce chemin, c'est qu'il n'est pas en terrain vierge, c'est un chemin bien battu. C'est un sentier étroit, que la plupart des gens ne suivent pas, mais que de nombreux vainqueurs ont emprunté. Des dizaines de milliers de personnes ont suivi ce chemin une fois qu'elles ont franchi la course d'obstacles.

Jetez un coup d'œil en arrière avant de commencer. L'ascension sera difficile, mais elle sera presque impossible si vous luttez encore contre l'un des obstacles, si vous vous accrochez encore à des mythes et au déni. Au cours de cette ascension, vous aurez l'impression d'avoir des briques dans votre sac à dos. Un demi-kilo de déni ne sera peut-être pas fatal, mais si vous le mélangez à un kilo et demi de « je pense toujours que les cartes de crédit sont bonnes » et à une ou deux boîtes de « céder à la pression des pairs », vous aurez un sac à dos qui vous assurera l'échec de votre ascension. La plupart d'entre nous font leur première ascension en portant un chapeau d'ignorance, et même si elle ralentit l'ascension, l'ignorance n'empêche personne d'atteindre le sommet lorsqu'elle est associée à un peu d'humilité. Ce sommet est accessible, mais pas si vous êtes encore enlisé dans la course d'obstacles. Certaines choses que je vous dirai de faire ne fonctionneront pas et causeront des dommages si vous vous accrochez encore au déni, aux mythes, à l'ignorance ou à l'approbation d'autrui.

Décidez avant l'ascension si vous allez suivre ou non le guide. Si vous n'écoutez pas le guide expérimenté qui a personnellement fait cette ascension seul et qui est ensuite revenu pour guider des dizaines de milliers de personnes sur ce chemin, alors vous escaladerez la montagne à vos risques et périls. Terminez la lecture de ce livre même si vous n'êtes pas d'accord avec moi, mais si vous suivez ces étapes en essayant de vous accrocher à des mythes, à l'ignorance, à l'approbation d'autrui ou au déni, votre ascension sera très difficile et vous risquez de vous blesser.

Pourquoi ne pas grimper ? La seule autre voie consiste à suivre tous les gens normaux qui sont fauchés. Ce n'est pas un chemin ; c'est une autoroute bien connue. La plupart des gens tournent en rond, jetant de temps à autre un regard nostalgique sur la montagne que nous allons gravir, mais lorsqu'ils voient à quel point la course d'obstacles est difficile uniquement pour arriver en bas, ces âmes tristes abandonnent avant même de commencer.

Les Alcooliques anonymes ont raison. Ils disent : « La folie, c'est faire toujours la même chose et s'attendre à un résultat différent. » Ce que vous avez cru à tort et ce sur quoi vous avez agi ou n'avez pas agi vous a amené là où vous en êtes aujourd'hui avec votre argent. Si vous voulez changer tout ça, vous devez croire et faire les choses différemment. Si je veux avoir un tour de taille inférieur à 130 centimètres, je dois manger et faire de l'exercice de manière différente. Le changement sera douloureux, mais le résultat en vaudra la peine.

J'ai atteint le sommet de la montagne de la transformation financière totale et j'ai guidé d'innombrables personnes vers ce sommet. Je dis que CELA VAUT LA PEINE DE FOURNIR DES EFFORTS ! Alors, lacez vos chaussures de détermination, dites au revoir à vos amis « normaux » et grimpons !

CHAPITRE 6

Économisez rapidement 1000 $: marchez avant de courir

Financial Peace University, notre cours phare sur les finances personnelles, s'articule autour de « petits pas », le principe qui veut que l'on peut faire n'importe quoi sur le plan financier si l'on fait un pas à la fois. J'ai mis au point les « petits pas » après des années de conseils individuels, de discussions en petits groupes, d'expériences concrètes dans le cadre de Financial Peace University et de réponses à des questions posées lors de mon émission de radio. Des dizaines de milliers de personnes ont suivi ce système qui a fait ses preuves et qui leur a permis de procéder à une transformation financière totale.

Les mots « petits pas » viennent du film intitulé *Quoi de neuf, Bob ?* une comédie de 1991 avec Bill Murray. Bill joue le rôle d'un fou qui rend son psychiatre fou. Le thérapeute, joué par Richard Dreyfuss, a écrit un livre intitulé *Petits pas*. Le film s'articule autour de cette affirmation : « Vous pouvez aller n'importe où si vous faites simplement un pas à la fois. » Nous utiliserons les petits pas pour réaliser notre transformation financière totale. Pourquoi les petits pas fonctionnent-ils ? Je pensais que vous ne poseriez jamais la question.

MANGER UN ÉLÉPHANT DONNE DE L'ÉNERGIE

La façon de manger un éléphant est de prendre une bouchée à la fois. Trouvez quelque chose à faire et faites-le avec rigueur jusqu'à ce que vous ayez terminé ; ensuite, et seulement ensuite, vous passerez à l'étape suivante. Si vous essayez de tout faire en même temps, vous échouerez. Si vous vous réveilliez un matin et que vous vous rendiez compte que vous devez perdre 45 kilos, renforcer votre système cardiovasculaire et tonifier vos muscles, que feriez-vous ? Si, le premier jour de votre nouveau programme, vous arrêtez de manger, courez cinq kilomètres et soulevez tous les poids que vous pouvez soulever avec chaque groupe de muscles, vous vous effondrerez.

Si vous ne vous effondrez pas le premier jour, attendez 48 heures pour que les groupes musculaires se bloquent et que le cardio devienne fou, et vous vous goinfrerez de nourriture peu de temps après. Il y a quelques années, lorsque je me suis mis en quête d'une meilleure forme physique et d'une meilleure santé, mon entraîneur n'a pas essayé de me tuer le premier jour. Ce n'est pas avant la deuxième semaine que nous avons repoussé les limites, car il savait que je devais créer un certain tonus musculaire avant de pouvoir faire des séances d'entraînement plus intenses. Nous avons marché avant de courir. De plus, si j'avais essayé de tout faire en même temps, j'aurais été submergé et frustré par mon incapacité à tout faire.

C'est le pouvoir de la concentration qui permet à nos petits pas de fonctionner. Lorsque vous essayez de tout faire en même temps, les progrès peuvent être très lents. Lorsque vous mettez 3 % de votre revenu dans votre compte de retraite, 50 $ de plus sur le paiement de la maison et 5 $ de plus sur le remboursement de votre carte de crédit, vous diluez vos efforts. Parce que vous vous attaquez à plusieurs domaines à la fois, vous ne *terminez* rien rapidement. Vous avez alors l'impression de ne rien accomplir, ce qui est très dangereux. Si vous avez l'impression de ne rien faire, vous perdrez bientôt tout intérêt pour la gestion de votre argent. La force de la concentration est qu'elle fonctionne. Des choses se produisent. Vous cochez des choses sur votre liste. La vie vous lance un « bravo » sous la forme de progrès réels et visibles.

Le pouvoir de la priorité permet également aux petits pas de fonctionner. Chacune de ces étapes fait partie du plan éprouvé de remise en forme financière que je vous ai promis. Elles s'appuient les unes sur les autres ; par conséquent, si elles sont effectuées dans le désordre, elles ne fonctionnent pas. Pensez à une personne pesant 160 kilos qui commence à s'entraîner pour un marathon en effectuant une course rapide de 15 kilomètres. Si elle ne se prépare pas à cette course, elle risque, au mieux, d'être totalement frustrée et, au pire, de faire une crise cardiaque. Faites donc les petits pas dans l'ordre. Faites le tour du pâté de maisons et perdez du poids avant de vous lancer dans une course de 15 kilomètres.

Pour commencer les petits pas, nous allons travailler sur une étape importante à l'exclusion des autres. La patience ! Nous gravirons toute la montagne, mais pas avant d'avoir établi un camp de base solide. Vous serez tenté de court-circuiter le processus parce que vous êtes plus préoccupé par un certain aspect de votre argent, mais ne le faites pas. Ces étapes constituent le plan éprouvé de la bonne santé financière, et elles se déroulent dans le bon ordre pour tout le monde. Par exemple, si vous avez 55 ans et que vous n'avez pas de régime de retraite, vous pourriez être tenté de passer à la quatrième étape (Investissez 15 % de vos revenus dans un compte de retraite), parce que vous craignez de ne pas pouvoir prendre votre retraite dans la dignité. Le paradoxe est qu'en raccourcissant le processus, vous avez beaucoup plus de chances d'échouer et d'être incapable de prendre votre retraite dans la dignité. L'échec peut également survenir lorsque vous encaissez votre nouveau régime de retraite pour faire face à l'inévitable situation d'urgence.

Si vous avez des enfants qui s'apprêtent à entrer à l'université, vous paniquez peut-être à l'idée d'épargner pour payer leurs frais de scolarité, ce qui est abordé dans le cinquième petit pas (Épargnez pour l'éducation de vos enfants), mais ne faites pas les choses dans le désordre. J'aborderai les problèmes que vous rencontrerez à chaque étape si vous faites les choses dans le désordre, car j'ai été témoin de la plupart d'entre eux. Concentrez-vous exclusivement sur le petit pas que vous faites, même s'il semble nuire temporairement à d'autres domaines financiers. Tout ira bien si vous ne vous concentrez pas sur la retraite pendant quelques mois, à condition que vous puissiez la propulser dans la stratosphère lorsque nous y arriverons.

VOUS INC.

Ce chapitre traite du premier petit pas, mais avant d'aborder la question de l'épargne rapide de 1000 $, nous devons examiner certains outils de base qui sont nécessaires pour gagner et certaines choses que vous devriez faire au fur et à mesure que vous avancez. Le redoutable mot commençant par un « B » entre en jeu ici. Vous devez établir un budget, un budget écrit, chaque mois. Ce livre traite d'un processus qui vous permettra de gagner avec votre argent, d'un processus que d'autres ont suivi avec succès, et je vous assure que pratiquement aucun des milliers de gagnants que j'ai vus ne l'a fait sans un budget écrit.

Nous avons été très motivés pour amorcer notre transformation financière totale lorsque nous avons enfin réalisé que ce que nous faisions ne fonctionnait pas. Nous n'arrivions jamais à boucler nos fins de mois, et tout ce que nous faisions, c'était de nous disputer à ce sujet. Nous en avions assez d'être malades et fatigués !

L'établissement d'un budget a été la meilleure et la plus difficile partie de tout le processus. Nous devions veiller à ce que notre argent serve à rembourser certaines dettes tout en réduisant nos ENVIES. Cela demandait des efforts chaque semaine et, bien sûr, de la discipline, et si nous avions été bons dans l'une ou l'autre de ces disciplines, nous ne nous serions jamais retrouvés dans cette situation.

Notre plus grand sacrifice a été de devoir différer certains achats. Nous attendons maintenant d'avoir l'argent nécessaire pour nous procurer beaucoup de choses. Quelle bonne idée ! Noël sera différent cette année. Je pense qu'il sera bien meilleur parce que tout ce qu'il y aura sous le sapin sera payé et que nous en profiterons au lieu de le regretter.

Le changement est évident dans de nombreux domaines de notre vie. Nous sommes rassurés de savoir que nous pourrons épargner pour l'éducation de nos enfants et nous sommes en mesure de payer la dîme régulièrement. Et le plus drôle, c'est que l'argent ne nous manque pas.

Vivre sans dettes est extraordinaire. Mon épouse et moi communiquons mieux, et nous sommes plus affectueux l'un envers l'autre et envers les enfants parce que nous ne sommes pas constamment stressés par l'argent.

Tony (36 ans) et
Tara (37 ans) Kiger
Propriétaire d'une petite entreprise ;
femme au foyer

Dans le chapitre 4 traitant des mythes sur l'endettement, nous avons parlé de l'importance d'un budget écrit. Si vous travailliez pour une entreprise appelée VOUS inc. et que votre travail consistait à gérer l'argent de la boîte – et que vous gériez cet argent de la même manière que vous gérez votre propre argent aujourd'hui, VOUS inc. vous licencierait-elle ? Vous devez dire à l'argent ce qu'il doit faire, sinon il s'en va. Un budget mensuel écrit est votre objectif financier. Les personnes qui gagnent dans n'importe quel domaine ont des objectifs écrits.

Les objectifs sont ce que vous visez. Zig Ziglar a dit : « Si vous ne visez rien, vous l'atteindrez à tous les coups. » L'argent ne se comportera pas bien si vous ne l'apprivoisez pas. P.T. Barnum a dit : « L'argent est un bon serviteur mais un mauvais maître. » Vous ne construiriez pas une maison sans plan, alors pourquoi dépensez-vous les revenus de votre vie, qui s'élèvent à plus de trois millions de dollars, sans plan ? Jésus a dit : « Qui de vous en effet, s'il veut bâtir une tour, ne commence pas par s'asseoir pour calculer la dépense et voir s'il a de quoi aller jusqu'au bout ? (Luc 14:28)

Il ne semblait jamais y avoir assez de « fric » pour couvrir toutes les dépenses de notre famille. J'étais paniquée chaque mois parce que nous arrivions à peine à joindre les deux bouts : payer nos factures, financer les activités parascolaires de nos enfants, payer les réparations de la voiture, etc. John était frustré parce que son chèque disparaissait avant même qu'il ne franchisse la porte. Il n'y avait pas assez d'argent pour tout le monde et nous avions d'énormes divergences d'opinion sur ce qu'il fallait payer en premier. Grâce à un ami, j'ai fini par lire *Transformation financière totale* et j'ai réalisé qu'un avenir financier paisible était à portée de main si tout le monde y mettait du sien.

Après avoir lu le livre de Dave, John est arrivé aux mêmes conclusions que moi. Nous étions tellement heureux d'être sur la même longueur d'onde sur le plan financier et de commencer à utiliser notre argent de manière judicieuse ! Nous avons établi un budget et nous nous sommes débarrassés de nos cartes de crédit. Nous savions que nous devions travailler ensemble pour atteindre notre objectif, c'est pourquoi nous avons passé beaucoup de temps à communiquer l'un avec l'autre sur la façon dont nos dépenses pouvaient réellement améliorer la vie de notre famille. Beaucoup de couples renoncent à travailler ensemble sur leur budget, et l'un finit toujours par bousculer et harceler l'autre. Il est tellement important de travailler ensemble dès le début ! Cela peut sembler ennuyeux, mais nous avons transformé nos discussions régulières sur le budget en rendez-vous agréables pour planifier l'avenir !

C'est tellement agréable de ne plus avoir à se soucier de l'argent. Nous avons pu faire beaucoup plus de choses avec nos quatre enfants et profiter pleinement des moments privilégiés que nous passons avec eux. Nous prévoyons également ajouter un deuxième étage à notre maison. Avant d'adopter le plan de Dave, j'avais du mal à en rêver avec John parce que je pensais que cela n'arriverait jamais. Aujourd'hui, je vois ce deuxième étage dans un avenir rapproché. Le fait d'établir un plan et de s'y tenir a fait toute la différence pour notre famille. Je ne peux pas imaginer vivre sans un budget ! Les avantages financiers sont formidables, mais la tranquillité d'esprit que cela nous a apportée, à John et à moi, est encore plus extraordinaire.

Sarada (34 ans) et
John (37 ans) Marsh
Femme au foyer;
ingénieur civil

Brian Tracy, un conférencier motivateur, déclare: « Que faut-il pour réussir à grande échelle ? Un immense talent donné par Dieu ? Une richesse héritée ? Une décennie d'études supérieures ? Des relations ? Heureusement pour la plupart d'entre nous, il suffit d'une chose très simple et accessible: des objectifs clairs et mis par écrit. » Une étude de l'Université dominicaine de Californie lui donne raison. Elle montre que les personnes qui se fixent des objectifs par écrit ont un taux de réussite de 42 % supérieur à celui de celles qui ne le font pas !

Il ne s'agit pas d'un manuel sur l'argent, mais d'un livre sur les mesures à prendre et la manière de les prendre. Il ne s'agit pas d'un chapitre sur l'établissement d'un budget ; cependant, vous trouverez à la fin de ce livre un grand nombre de formulaires de budget issus du logiciel Financial Peace. Les instructions figurent sur chaque page, mais permettez-moi de vous donner quelques conseils pour commencer à établir un budget.

Établissez un nouveau budget chaque mois. N'essayez pas d'avoir le budget parfait pour le mois parfait, car ce n'est jamais le cas. Mettez chaque dollar sur papier avant le début du mois. Donnez un nom à chaque dollar de votre revenu avant le début du mois, ce qui s'appelle un budget basé sur zéro. Les revenus moins les dépenses égalent zéro chaque mois. Examinez les revenus du mois et les factures, l'épargne et les dettes du mois, et comparez-les jusqu'à ce que vous ayez donné un nom à chaque dollar de revenu.

Si vous avez un revenu irrégulier en raison de commissions, d'un travail indépendant ou de primes, utilisez la feuille de planification des revenus irréguliers (allez à www.ramseysolutions.com/budgeting/useful-forms) pour créer un plan de dépenses par ordre de priorité, mais vous devez quand même faire un budget écrit avant le début de chaque mois. (L'application EveryDollar peut également vous aider à le faire numériquement. Scannez le code QR à la fin du chapitre 2 ou du chapitre 7 pour commencer).

La mentalité financière avec laquelle j'ai grandi se résumait à : « Si tu veux quelque chose dans la vie, tu devras t'endetter pour l'obtenir ! » Et c'est ce que j'ai fait. Au milieu de la vingtaine, j'avais accumulé 3000 $ de dettes sur une maison mobile, 9000 $ sur une voiture, environ 1000 $ sur des cartes de crédit et 50 000 $ sur une nouvelle maison. Cela faisait beaucoup de dettes à rembourser avec un salaire d'environ 30 000 $ par année.

Ce n'est que lorsque ma cousine et son mari m'ont parlé de Dave que j'ai commencé à changer ma façon de gérer mon argent. Ils avaient participé au séminaire intitulé Financial Peace University dans une église locale et ont décidé de partager les CD avec moi. Quelques heures après les avoir écoutés, la lumière s'est allumée. Je savais que je devais prendre en main mes finances et commencer à vivre ma vie différemment. J'ai acheté *Financial Peace* et *Transformation financière totale* et j'ai commencé à écouter Dave en ligne tous les jours de la semaine.

La mesure la plus importante que j'ai prise pour devenir libre financièrement est l'établissement d'un budget. J'ai failli m'évanouir lorsque j'ai réalisé combien je dépensais au restaurant ! Il m'a fallu quelques mois pour organiser mes revenus et mes dépenses, mais aujourd'hui, je suis devenue une grande gestionnaire de budget ! Je donne 10 % de mon salaire et j'en consacre actuellement 49 % au remboursement de ma maison. Mais grâce à un budget et à des dépenses judicieusement planifiées, je pourrai consacrer 52 % de mon salaire à la maison à la fin de l'année ! Je pourrai alors donner davantage et aider les autres à trouver la paix que j'ai trouvée.

Jaime Morgan (27 ans)
Agente de communication / agriculture

METTEZ-VOUS D'ACCORD

Si vous êtes marié, mettez-vous d'accord sur le budget avec votre conjoint. Cette phrase nécessiterait un livre à part entière pour expliquer la façon de le faire, mais voilà l'essentiel : si vous ne faites pas équipe, il est presque impossible de gagner. Une fois le budget convenu et mis par écrit, jurez et crachez que vous ne ferez jamais rien avec l'argent qui ne figure pas sur ce document. Il est le patron de l'argent, et vous êtes le patron de ce qui est inscrit sur le document, mais vous devez vous en tenir au budget, sinon cela ne demeure qu'une théorie.

Si un événement survient au milieu du mois et nécessite une modification du budget, convoquez une réunion d'urgence du comité budgétaire. Vous ne pouvez modifier le budget (et ce que vous faites avec l'argent) que si vous faites deux choses. Premièrement, les deux conjoints doivent être d'accord avec le changement. Deuxièmement, vous devez toujours équilibrer votre budget. Si vous augmentez de 50 $ ce que vous dépensez pour les réparations de la voiture, vous devez réduire de 50 $ ce que vous dépensez ailleurs afin que vos revenus moins vos dépenses égalent toujours zéro. Ce processus d'ajustement à mi-parcours n'a pas besoin d'être très compliqué, mais les deux lignes directrices doivent être respectées. Vous restez à l'écart et à zéro pour ne pas dépasser le budget et vous obtenez l'approbation de votre conjoint pour ne pas rompre votre pacte.

ADRIAAAAN !

Avant de passer à la première étape, vous devez faire une autre chose. Vous devez être à jour avec tous vos créanciers. Si vous êtes en retard dans vos paiements, votre premier objectif sera d'être à jour. Si vous êtes très en retard, occupez-vous d'abord des biens de première nécessité, c'est-à-dire de la nourriture, du logement, des services publics, des vêtements et du transport. Ce n'est que lorsque vous serez à jour dans vos paiements de biens de première nécessité que vous pourrez rattraper votre retard sur les cartes de crédit et les prêts étudiants. Si vous avez besoin d'aide pour faire face à cette situation de crise, consultez notre site Web (ramseysolutions.com) pour savoir comment contacter l'un de nos conseillers financiers.

LE CONSEIL DE DAVE...

Les disputes et les problèmes d'argent sont la première cause de divorce aux États-Unis. Les conjoints ne savent tout simplement pas comment parler d'argent. En effet, la plupart du temps, l'homme et la femme ont des personnalités totalement différentes concernant tous les sujets – y compris l'argent.

Dans chaque mariage, il y a ce que j'appelle l'intello et l'esprit libre. L'intello s'amuse avec les chiffres et a l'impression qu'ils lui donnent le contrôle. Il a l'impression de prendre soin de ses proches.

Mais l'esprit libre ne se sent pas pris en charge ; il se sent contrôlé ! Il ne veut rien savoir des chiffres et a tendance à « oublier » le budget.

Devinez quoi ? Ni l'intello ni l'esprit libre n'ont « raison » ou « tort ». Vous êtes une équipe ! Vous devez avoir un plan, mais vous devez aussi vous amuser. Il faut économiser, mais aussi dépenser un peu. L'astuce consiste à trouver comment vos différences peuvent se compléter, puis à travailler ensemble.

Cela ne se produit que lorsque vous vous assoyez tous les deux et que vous élaborez un plan. L'intello peut rédiger la première version du budget, mais c'est l'esprit libre qui doit s'asseoir et l'examiner. Et je conseille même à l'esprit libre d'apporter des *modifications* au budget ! Cela fait peur aux intellos, mais c'est censé être « leur » plan, n'est-ce pas ? Cela signifie que les deux conjoints doivent avoir leur mot à dire et des objectifs communs.

Larry Burkett avait l'habitude de dire que si deux personnes semblables se marient, l'une d'entre elles est inutile. Vous et votre conjoint êtes différents, alors célébrez vos différences et apprenez à travailler ensemble sur ces questions d'argent !

Pour gagner, il faut faire preuve d'une grande intensité. Je ne saurais trop insister sur le fait que les personnes qui ont bénéficié d'une transformation financière totale, celles dont il est question dans ce livre et d'autres à travers l'Amérique, se sont mises en colère. Elles en ont eu assez d'être malades et fatiguées ! Elles ont dit : « Nous n'en pouvons plus ! » et se sont mis en tête de changer leur vie. Il n'existe pas d'exercice intellectuel permettant de se frayer un chemin vers la richesse ; il faut s'enflammer. Mettez la musique de *Rocky* en fond sonore et écoutez le cri de Rocky : « Adriaaaan ! » Allez-y, champion ! Il n'y a pas d'énergie dans la logique ; il s'agit d'une modification du comportement et de la motivation, et ça marche !

Une fois que vous êtes à jour, que vous avez un plan écrit, que la course d'obstacles est derrière vous et que vous êtes concentré et intense, vous êtes prêt à vous concentrer sur les bonnes priorités. C'est parti !

ÉTAPE Nº 1 : ÉPARGNEZ 1000 $ POUR DÉMARRER VOTRE FONDS D'URGENCE

Il va pleuvoir. Vous avez besoin d'un fonds d'urgence pour les mauvais jours. Vous avez besoin d'un parapluie. Selon le magazine *Money*, 78 % des gens connaîtront un événement négatif majeur au cours d'une période donnée de 10 ans. Votre employeur réduit ses effectifs, les rajuste, les réorganise ou vous êtes tout simplement licencié. Une grossesse inattendue s'annonce : « Nous n'avions pas encore prévu avoir un enfant/un autre enfant. » La voiture tombe en panne. La transmission est enrayée. Vous enterrez un être cher. Vos enfants adultes se réinstallent à la maison.

La vie est ainsi faite qu'il faut s'y préparer. Ce n'est pas une surprise. Vous avez besoin d'un fonds d'urgence, d'un bon vieux fonds de grand-mère pour les jours difficiles. Parfois, les gens me disent que je devrais être plus positif. Eh bien, je *suis* positif : il *va* pleuvoir, alors il faut un fonds pour les mauvais jours. Il est évident que 1000 $ ne suffiront pas pour faire face à tous les gros problèmes, mais ils permettront de faire face aux petits tracas jusqu'à ce que le fonds d'urgence soit entièrement approvisionné.

Nous n'avons plus et n'aurons plus jamais de cartes de crédit. « Pourquoi ? », demanderez-vous peut-être (en tout cas, c'est le cas de beaucoup de membres de notre famille et de nos amis). Parce que nous avons trouvé la sécurité et la confiance en Dieu qui pourvoit à tous nos besoins, et nous avons acquis la force de constituer un fonds d'urgence qui peut faire face à des dépenses soudaines auxquelles nous ne nous attendions pas. La plupart des gens utilisent l'excuse selon laquelle il faut avoir au moins une carte de crédit pour les urgences. Nous avons trouvé une bien meilleure stratégie. Il s'agit de planifier à l'avance et de constituer un fonds d'urgence qui peut couvrir (avec de l'argent liquide) tout ce qui peut survenir.

Nous avons appris que la maîtrise de notre attitude est le facteur nº 1 de la victoire sur nos finances. Nous disons maintenant à l'argent où aller au lieu de le laisser nous guider et nous asservir (je parle des prêts étudiants et des sociétés émettrices de cartes de crédit). En acquérant un nouveau respect et une nouvelle compréhension de ce qui nous a été donné, nous en sommes venus à reconnaître et à assumer la responsabilité de l'argent dont Dieu nous a gratifiés.

Nous avons dû faire face à nos dettes et à nos envies et devenir de meilleurs intendants de nos biens et de nos revenus. Auparavant, nous ne nous rendions pas compte que chaque petit dollar comptait. Nous devions déterminer si nous voulions que ces dollars se trouvent sur notre compte d'épargne ou sur nos relevés de carte de crédit.

L'épargne de ces premiers 1000 $ est très importante pour le reste de votre transformation financière totale. Elle vous apprend à vous préparer à un avenir inconnu et à avoir confiance en votre capacité à faire face aux imprévus. Il a été tellement plus facile de s'attaquer à nos dettes et de nous débarrasser de nos cartes de crédit en sachant que nous avions de l'argent à la banque pour nous couvrir en cas d'imprévu.

Nous n'avons plus besoin d'avoir ce faux sentiment de sécurité que confèrent les cartes de crédit. Nous avons été de bons intendants et nous avons une vraie sécurité grâce à nos habitudes financières et à notre persévérance. Les sacrifices ont eu leur place dans notre budget, mais ils en valaient vraiment la peine. Nous nous rappelons que le fait de différer un achat ne signifie pas que nous ne pourrons jamais le faire. La confiance en Dieu, le choix du moment, la patience et la préparation sont tout ce qui compte lorsqu'il s'agit de trouver la paix financière.

Stacie (35 ans) et
André (36 ans) Bledsoe
Analyste de données;
technicien de production

Ce fonds d'urgence n'est pas destiné à l'achat de biens ou aux vacances; il sert uniquement à faire face aux imprévus. Pas de tricherie. Savez-vous qui est Murphy? Murphy est ce type qui croit en de nombreuses lois négatives, telles que: « Si cela peut mal tourner, cela tournera mal. » Pendant des années, j'ai travaillé avec des personnes qui avaient l'impression que Murphy était un membre de leur famille. Ils ont passé tellement de temps avec des problèmes qu'ils les considèrent comme des cousins germains. Il est intéressant de noter que lorsque nous procédons à une métamorphose financière, Murphy s'en va. Une transformation financière totale ne garantit pas une vie sans problèmes, mais j'ai observé que les problèmes, Murphy, ne sont pas les bienvenus dans les foyers qui disposent d'un fonds d'urgence. Épargner de l'argent pour les urgences est un répulsif pour Murphy ! Le fait d'être toujours fauché semble inciter le vieux Murphy à s'installer à demeure.

La plupart des Américains utilisent des cartes de crédit pour faire face à toutes les « urgences » de la vie. Certaines de ces soi-disant urgences sont des événements comme Noël. Noël n'est pas une urgence ; il ne vous surprend pas. Noël est toujours en décembre ; il n'est jamais déplacé. Il ne s'agit donc pas d'une urgence. Votre voiture aura besoin de réparations et vos enfants seront éventuellement trop grands pour leurs vêtements. Ce ne sont pas des urgences ; ce sont des dépenses qui ont leur place dans votre budget. Si vous ne les prévoyez pas dans votre budget, ces dépenses vous sembleront être des urgences. Les Américains utilisent également leurs cartes de crédit pour faire face à des situations d'urgence réelles. Les situations évoquées précédemment, comme les licenciements, sont de véritables urgences et justifient l'existence d'un fonds d'urgence. Un canapé en cuir qui est offert en solde n'est pas une urgence.

Que l'urgence soit réelle ou qu'il s'agisse simplement d'une mauvaise planification, le cycle de la dépendance à l'égard des cartes de crédit doit être rompu. Un budget bien planifié pour les choses prévues et un fonds d'urgence pour les choses vraiment inattendues peuvent mettre fin à la dépendance à l'égard des cartes de crédit.

La première étape importante de votre transformation financière totale consiste à créer un fonds d'urgence. Un petit début consiste à épargner *rapidement* 1000 $ en espèces ! Si le revenu de votre ménage est inférieur à 20 000 $ par année, consacrez 500 $ à votre fonds de départ. Ceux qui gagnent plus de 20 000 $ devraient rassembler rapidement 1000 $! Arrêtez tout et concentrez-vous.

Comme je déteste tellement les dettes, les gens me demandent souvent pourquoi nous ne nous attaquons pas d'abord à l'endettement. C'est ce que je faisais lorsque j'ai commencé à enseigner et à conseiller, mais j'ai découvert que les gens interrompaient leur transformation financière à cause d'une urgence – ils se sentaient coupables de devoir arrêter de réduire leurs dettes pour survivre. C'est comme si vous arrêtiez votre programme de remise en forme parce que vous vous êtes blessé au genou en courant ; vous trouverez n'importe quelle excuse. L'alternateur de la voiture tombe en panne et cette réparation de 300 $ ruine tout le plan parce que l'achat doit être effectué avec une carte de crédit, car il n'y a pas de fonds d'urgence. Si vous avez recours à l'endettement après avoir juré de vous en débarrasser, vous perdez l'élan nécessaire pour continuer. C'est comme manger trois kilos de crème glacée le vendredi après avoir perdu un kilo cette semaine-là. Vous vous sentez mal, vous avez l'impression d'avoir échoué.

Commencez donc par un petit fonds pour faire face aux petits imprévus avant de commencer à vous débarrasser de vos dettes. C'est comme si vous buviez une boisson protéinée légère pour fortifier votre corps afin de pouvoir faire de l'exercice, ce qui vous permettra de perdre du poids. Le fonds d'urgence empêchera les petits problèmes de la vie de se transformer en nouvelles dettes pendant que vous vous débarrassez de vos anciennes dettes. Si une véritable urgence survient, vous devez y faire face avec votre fonds d'urgence. Plus question d'emprunter ! Vous devez briser le cycle.

Remaniez votre budget, faites des heures supplémentaires, vendez quelque chose ou organisez une vente-débarras, mais obtenez rapidement vos 1000 $. La plupart d'entre vous devraient atteindre cette étape en moins d'un mois. Si vous avez l'impression que cela prendra plus de temps, faites quelque chose de radical. Livrez des pizzas, travaillez à temps partiel ou vendez autre chose. N'ayez pas peur du qu'en-dira-t-on. Vous êtes bien trop près du bord du précipice financier. N'oubliez pas que si les voisins (tous fauchés) pensent que vous êtes cool, vous êtes sur la mauvaise voie. S'ils pensent que vous êtes fou, vous êtes probablement sur la bonne voie.

METTEZ VOTRE FONDS D'URGENCE HORS DE PORTÉE

Lorsque vous avez constitué votre fonds d'urgence de 1000 $, cachez-le. Vous ne pouvez pas garder l'argent à portée de main, car il sera dépensé. Si les 1000 $ que vous avez épargnés à la première étape sont dans le tiroir à sous-vêtements, il finira dans les poches du livreur de pizza. Non, le livreur de pizza n'ouvrira pas votre tiroir à sous-vêtements, mais vous achèterez quelque chose de manière impulsive si l'argent est facilement accessible. Vous pouvez placer cet argent sur votre compte d'épargne à la banque, mais il ne peut pas servir de protection contre les découverts.

Ne rattachez pas le compte d'épargne à votre compte courant pour vous protéger contre les découverts, car votre fonds d'urgence sera alors dépensé de manière impulsive. J'ai dû apprendre à me protéger de moi-même. Nous ne plaçons pas l'argent à la banque pour gagner de l'argent, mais plutôt pour le rendre difficile à obtenir. Étant donné que 1000 $ à 4 % ne rapportent que 40 $ par année, vous ne vous enrichissez pas, mais vous trouvez simplement un endroit sûr où placer votre argent.

Soyez créatifs. Maria, qui a assisté à l'un de nos cours, s'est rendue chez Walmart et a acheté un cadre bon marché de 20 × 25 centimètres. Elle a encadré 10 billets de 100 $ empilés. Dans la marge, elle a écrit : « En cas d'urgence, brisez la vitre. » Elle a ensuite accroché son fonds d'urgence au mur, derrière des manteaux, dans un placard. Elle savait que le cambrioleur moyen ne regarderait pas là et qu'elle aurait du mal à sortir son argent du placard et du cadre, de sorte qu'elle ne l'utiliserait pas, sauf en cas d'urgence. Que vous utilisiez un simple compte d'épargne ou un cadre dans le placard à vêtements, épargnez rapidement vos 1000 $.

CONSERVEZ VOTRE FONDS D'URGENCE EN ESPÈCES

Il s'agit d'un petit pas, alors faites-le rapidement ! Ne laissez pas cette première étape durer des mois ! Et si vous avez déjà plus de 1000 $? C'était facile, n'est-ce pas ? Si vous avez déjà 1000 $ dans un compte autre qu'un compte de retraite, retirez-les. S'il s'agit d'un certificat de dépôt assorti de pénalités, acceptez la pénalité pour retrait anticipé et retirez-les. Si vous l'avez dans un fonds commun de placement, dans des obligations d'épargne, dans un compte-chèques, dans des actions ou des obligations, retirez-les. Votre fonds d'urgence, limité à 1000 $ en liquidités, est tout ce qui est acceptable. Si vous êtes tenté de faire des folies avec votre fonds d'urgence, vous devrez probablement emprunter pour ne pas l'« encaisser ». Vous trouverez plus loin dans cet ouvrage des détails sur ce qu'il convient de faire avec votre fonds d'urgence entièrement approvisionné.

Tout l'argent que vous possédez en plus de ces 1000 $, à l'exception de votre compte de retraite, sera de toute façon utilisé à l'étape suivante, alors tenez-vous prêt. Vous n'aurez pas cet argent à votre disposition si l'alternateur de votre voiture tombe en panne.

Qu'arrive-t-il si vous en êtes à l'étape n° 2 présentée au chapitre 7 [Remboursez toutes vos dettes (à l'exception de votre hypothèque) à l'aide de la méthode boule de neige] et que vous utilisez 300 $ de votre fonds d'urgence pour réparer l'alternateur ? Dans ce cas, arrêtez l'étape n° 1 jusqu'à ce que le montant total de 1000 $ soit reconstitué. Une fois que votre fonds d'urgence est à nouveau approvisionné, vous pouvez revenir à l'étape nº 2. Dans le cas contraire, vous perdrez peu à peu cette petite réserve et vous reviendrez à vos vieilles habitudes qui consistent à emprunter pour faire face à des situations d'urgence réelles.

Je sais que certains d'entre vous pensent que cette étape est très simpliste. Pour certains, il s'agit d'un automatisme, et pour d'autres, c'est la première fois qu'ils ont suffisamment de contrôle sur leur argent pour épargner. Pour certains lecteurs, il s'agit d'une étape facile. Pour d'autres, c'est l'étape qui constituera la base spirituelle et émotionnelle de l'ensemble de leur transformation financière totale.

C'était le cas de Lilly. Mère célibataire avec deux enfants, elle était divorcée depuis huit ans ; la lutte était un mode de vie depuis un certain temps. Lilly avait des dettes de survie, pas des dettes stupides de gamine gâtée. Elle s'était fait arnaquer avec un prêt automobile à taux d'intérêt très élevé, une dette de prêts sur salaire et de nombreuses dettes de cartes de crédit. Son salaire net ne s'élevait qu'à 1200 $ par mois, elle avait deux petites bouches à nourrir et se faisait harceler par une foule de créanciers cupides et arnaqueurs. L'épargne lui semblait un tel conte de fées qu'elle avait depuis longtemps perdu l'espoir de pouvoir un jour économiser de l'argent. Lorsque je l'ai rencontrée, elle avait déjà commencé sa métamorphose financière. Après m'avoir entendu parler des « petits pas » lors d'un événement en direct, elle s'est rendue quelques semaines plus tard à une séance de dédicace de mon livre pour me livrer un rapport non sollicité.

Alors qu'elle se déplaçait dans la file d'attente, j'ai levé les yeux et j'ai vu un énorme sourire sur son visage. Elle m'a demandé si elle pouvait me serrer dans ses bras pour me remercier. Comment aurais-je pu refuser cela ? Alors que je la regardais, des larmes ont commencé à couler sur ses joues, tandis qu'elle racontait avec jubilation qu'elle s'était battue pour établir un budget, le premier de sa vie. Elle m'a raconté ses années de lutte. Puis elle s'est mise à rire, et tout le monde dans la file d'attente (maintenant pleinement engagée) l'a applaudie lorsqu'elle a dit qu'elle avait maintenant 500 $ d'économies. C'était la première fois de sa vie d'adulte qu'elle consacrait 500 $ à son fonds d'urgence. C'était la première fois qu'elle avait de l'argent entre elle et Murphy.

Son amie Amy, qui était avec Lilly ce jour-là, m'a dit que Lilly avait déjà changé. Elle a dit : « Même son visage a changé, maintenant qu'elle est en paix. » Ne vous méprenez pas, ce n'est pas une somme de 500 $ qui a fait tout cela. Ce qui a libéré Lilly, c'est un nouvel espoir. Elle avait un espoir qu'elle n'avait jamais eu auparavant. Elle avait de l'espoir parce qu'elle avait un sentiment de pouvoir et de contrôle sur l'argent. L'argent avait été un ennemi toute sa vie, et maintenant qu'elle l'avait apprivoisé, il allait être son nouveau compagnon tout au long de son existence.

Et vous ? Le moment est venu de décider. S'agit-il d'une théorie ou d'une réalité ? Suis-je un simple dingue ou ai-je trouvé quelque chose qui fonctionne ? Continuez à lire, et nous déciderons ensemble.

Scannez ce code QR pour découvrir (en anglais) 30 façons simples d'économiser jusqu'à 1000 $ pour démarrer votre fonds d'urgence – rapidement.

CHAPITRE 7

La méthode boule de neige: perdez du poids rapidement, vraiment

Votre transformation financière totale dépend de l'utilisation de vos outils les plus puissants. Je crois fermement que votre outil le plus puissant pour construire votre richesse est votre revenu. Les idées, les stratégies, les objectifs, la vision, la concentration et même la pensée créative sont extrêmement importants, mais tant que vous ne contrôlerez pas et n'utiliserez pas pleinement vos revenus, vous ne construirez ni ne conserverez la richesse. Certains d'entre vous pourraient toucher un héritage ou gagner le gros lot à la loterie, mais il s'agit là d'une simple chance, et non d'un plan éprouvé de développement financier. Pour créer de la richesse, VOUS devez reprendre le contrôle de vos revenus.

IDENTIFIEZ L'ENNEMI

En fin de compte, il est facile de s'enrichir si l'on n'a pas de paiements. Vous en avez peut-être assez de l'entendre, mais la clé pour gagner une bataille est d'identifier l'ennemi. La raison pour laquelle je suis si passionné par l'idée de se débarrasser de nos dettes est que j'ai vu combien de personnes font d'énormes progrès pour devenir millionnaires peu de temps après s'être libérées de leurs paiements. Si vous n'aviez pas de paiement de voiture, de prêt étudiant, de cartes de crédit à n'en plus finir, de dettes médicales ou même d'hypothèque, vous pourriez devenir riche très rapidement. Je sais que cela peut sembler bien loin pour certains d'entre vous. Vous avez peut-être l'impression d'être un poids plume qui regarde M. Univers en secouant la tête et en pensant que cela n'arrivera jamais pour vous. Permettez-moi de vous assurer que j'ai accompagné de nombreuses personnes de 160 kilos vers la santé financière, alors restez avec moi.

Le calcul est révélateur. Le ménage américain moyen, dont le revenu annuel est de 75 000 $, doit normalement payer 1970 $ pour son logement et 560 $ pour sa voiture. À cela s'ajoute un prêt étudiant de 250 $ et une dette de carte de crédit d'un montant moyen de 11 000 $, ce qui représente des paiements mensuels d'environ 275 $. En outre, ce ménage a d'autres dettes diverses, comme des meubles, des appareils électroniques ou des prêts personnels, pour lesquels il paie 120 $ de plus chaque mois. Le total de ces paiements s'élève à 3175 $ par mois. Si cette famille investissait cet argent au lieu de l'envoyer à ses créanciers, elle deviendrait millionnaire en liquidités en seulement 13 ans ! (Au bout de 13 ans, la situation devient vraiment passionnante. Ils auront 2 millions de dollars dans 5 ans, 3 millions de dollars 3 ans plus tard, 4 millions de dollars 2 ans et demi plus tard et 5 millions de dollars 2 ans plus tard. Ils disposeront donc de 5 millions de dollars au bout de 25 ans). N'oubliez pas qu'il s'agit d'un revenu moyen, ce qui signifie que beaucoup d'entre vous gagnent plus que cela ! Si vous pensez que vous n'avez pas autant de paiements et que votre calcul ne fonctionne pas, vous n'avez pas compris. Si vous gagnez 75 000 $ et que vous avez moins de paiements, vous avez une longueur d'avance, car vous contrôlez déjà mieux votre revenu que la plupart des gens.

Avec un salaire net de 5000 $, pourriez-vous investir 3175 $ si vous n'aviez aucun paiement à faire ? Tout ce que vous auriez à payer, ce sont les services publics, la nourriture, les vêtements, l'assurance et d'autres dépenses diverses. Ce serait serré, mais faisable. Si vous faites cela pendant 13 ans seulement, vous vivrez une expérience extraordinaire. Je l'expliquerai plus tard.

Beaucoup d'entre vous sont convaincus qu'ils pourraient devenir riches s'ils parvenaient à se débarrasser de leurs dettes. Le problème, c'est que vous vous sentez de plus en plus pris au piège de vos dettes. J'ai une grande nouvelle à vous annoncer ! J'ai une méthode infaillible, mais très difficile, pour sortir de l'endettement. La plupart des gens ne le feront pas parce qu'ils ne se démarquent pas de la moyenne, mais pas vous. Vous avez déjà compris que si vous êtes prêt à vivre comme personne d'autre, plus tard vous pourrez vivre comme personne d'autre.

Vous en avez assez d'être malade et fatigué, alors vous êtes prêt à payer le prix de la grandeur. C'est le plus difficile de tous les petits pas vers votre métamorphose financière. C'est extrêmement difficile, mais cela en vaut la peine. C'est l'étape qui demande le plus d'efforts, le plus de sacrifices, et c'est là que tous vos amis et parents fauchés se moqueront de vous (ou vous rejoindront). Cette étape exige que vous vous rasiez la tête et que vous buviez du Kool-Aid. Je plaisante, mais pas de beaucoup. L'intensité de votre concentration doit être hors norme. Vous vous souvenez de la citation d'Albert Einstein qui figure plus haut dans cet ouvrage ? « Les grands esprits ont toujours rencontré une opposition farouche des esprits médiocres. »

Si vous croyez vraiment que la création de richesse ne sera plus un rêve, mais une réalité si vous n'avez pas de paiements, vous devriez être prêt à faire des choses bizarres et des sacrifices pour en arriver là. Il est temps de rembourser la DETTE !

ÉTAPE Nº 2 : REMBOURSEZ TOUTES VOS DETTES (À L'EXCEPTION DE VOTRE VOTRE HYPOTHÈQUE) À L'AIDE DE LA MÉTHODE BOULE DE NEIGE

La façon dont nous remboursons nos dettes s'appelle la méthode boule de neige. Les formulaires de remboursement, ainsi que les formulaires de budget, se trouvent à la fin du livre et sont disponibles sur notre site Web : ramseysolutions.com/budgeting/useful-forms. Nous disposons également d'une calculatrice pour la méthode boule de neige : ramseysolutions.com/debt/debt-calculator. Le processus de la méthode boule de neige est simple à comprendre, mais il demande beaucoup d'efforts. Rappelez-vous ce que disait mon pasteur : « Ce n'est pas compliqué, mais c'est difficile. »

Nous avons discuté du fait que les finances personnelles sont constituées à 80 % de comportements et à 20 % de connaissances théoriques. La méthode boule de neige est conçue de la sorte parce que nous sommes plus préoccupés par la modification des comportements que par des mathématiques correctes. (Vous verrez bientôt ce que je veux dire par là.) Étant un intello patenté, j'ai toujours eu l'habitude de commencer par des calculs. J'ai appris que les calculs doivent être exacts, mais que la motivation est parfois plus importante que les mathématiques. C'est le cas ici.

La méthode boule de neige exige que vous dressiez la liste de toutes vos dettes dans l'ordre du plus petit solde à rembourser au plus grand. Dressez la liste de toutes vos dettes, à l'exception de votre hypothèque ; nous y reviendrons dans une autre étape. Dressez la liste de *toutes* vos dettes – incluant les prêts de papa et maman ou les dettes médicales qui ne sont pas assortis d'intérêts. Peu importe qu'il y ait des intérêts ou non. Peu importe que certaines dettes soient assorties d'un taux d'intérêt de 24 % et d'autres de 4 %. Dressez la liste des dettes, de la plus petite à la plus grande ! Si vous étiez si doué pour les mathématiques, vous n'auriez pas de dettes. Le seul cas où vous devriez rembourser une dette plus importante plus tôt qu'une dette plus petite est celui d'une urgence majeure, par exemple si vous devez de l'argent au fisc et qu'il vous poursuit, ou si vous risquez une saisie. Sinon, ne discutez pas ; dressez simplement la liste de vos dettes, de la plus petite à la plus grande.

La raison pour laquelle nous dressons cette liste en ordre croissant est que nous voulons obtenir des résultats rapides. C'est la partie « modification du comportement par rapport aux mathématiques » à laquelle j'ai fait référence plus tôt. Si vous suivez un régime et que vous perdez du poids la première semaine, vous ne l'abandonnerez pas. Si vous suivez un régime et prenez du poids ou si six semaines passent sans progrès visible, vous abandonnerez.

Lorsque je forme des vendeurs, j'essaie de leur faire réaliser une ou deux ventes rapidement, car cela les stimule. Lorsque vous commencez à appliquer la méthode boule de neige et que vous remboursez quelques petites dettes dans les premiers jours, croyez-moi, cela vous met le feu aux poudres. Peu importe que vous ayez une maîtrise en psychologie, vous avez besoin de victoires rapides pour vous motiver. Et il est très important de se motiver.

Il est amusant de penser qu'au début, je ne me rendais même pas compte que nous avions un problème. Mais j'ai commencé à écouter Dave à la radio et j'ai lu *Transformation financière totale*, et j'ai eu peur. Nous avons réalisé qu'il suffisait d'un accident ou d'une perte d'emploi pour que nous perdions tout ce que nous avions. Nous gagnions tout simplement trop d'argent pour avoir une dette à six chiffres, sans compter notre hypothèque.

Tout a commencé après l'obtention de notre diplôme, avec une dette de 60 000 $ en prêt étudiant ; nous avons fait ce qui était normal. Nous avons acheté une maison, deux nouvelles voitures et mis 35 000 $ de dettes supplémentaires sur nos cartes de crédit. Nous ne nous en sommes pas souciés – nous n'essayions pas de suivre le rythme de quelqu'un d'autre ou d'acheter un tas de choses diverses au fil du temps – nous avons tout simplement omis de nous en soucier.

C'est l'établissement d'un budget qui nous a permis de communiquer comme nous ne l'avions jamais fait auparavant. Lorsque nous avons constaté que nous pouvions nous débarrasser d'une grande partie de nos dettes en un laps de temps relativement court, au lieu des 10 à 20 ans que nous pensions initialement nécessaires, Amanda s'est soudain libérée d'un énorme stress.

Les 35 mois de travail avec la méthode boule de neige ont été la partie la plus difficile, mais nous n'avons jamais faibli. Oui, nous avons eu des visites de Murphy – la naissance d'un bébé, la chirurgie dorsale d'Amanda et d'autres urgences, pour n'en citer que quelques-unes – mais nous l'avons fait ! Nous avons atteint notre objectif : NE PLUS AVOIR DE DETTES !

Nous avons vendu notre Jeep Liberty flambant neuve (Amanda adorait cette Jeep) et acheté un modèle 1991 d'occasion. Amanda a pris un poste supplémentaire au travail et j'ai assumé des tâches additionnelles à la maison pour compenser. Nous avons considérablement réduit notre train de vie et les gens se sont moqués de nous, ce qui nous a montré que nous étions sur la bonne voie. Nous savions que nous ne pourrions pas sortir de l'endettement aussi facilement que nous y étions entrés.

Nous avons changé de paradigme. Nous étions mariés depuis six ans et nous avions toujours eu des dettes. Depuis que nous avons mis en place ce plan, nous n'avons jamais eu de grosse dispute à propos de l'argent. Nous savons que nous pouvons faire tout ce que nous voulons en peu de temps. Nous avons littéralement changé notre arbre généalogique – tout cela parce que nous nous sommes suffisamment préoccupés de la situation pour faire quelque chose.

Steven (32 ans) et
Amanda (31 ans) Farrar
Propriétaire d'un magasin eBay;
pharmacienne

Une femme a apporté son formulaire « méthode boule de neige » au centre de photocopies local et l'a fait agrandir. Elle l'a ensuite affiché sur le réfrigérateur. Chaque fois qu'elle remboursait une dette, elle la rayait d'un grand trait rouge, signifiant ainsi qu'elle était désormais disparue à jamais. Elle m'a dit qu'à chaque fois qu'elle passait dans la cuisine et qu'elle regardait la porte du réfrigérateur, elle s'écriait : « Oh oui, nous sommes en train de nous débarrasser de nos dettes ! » Si cela vous paraît démodé, c'est que vous n'avez toujours pas compris. Cette femme a un doctorat. Elle n'est pas bête. Elle est tellement sophistiquée et intelligente qu'elle a compris. Elle a compris que sa transformation financière consistait en un changement de comportement, et que ce changement de comportement est favorisé par quelques victoires rapides (même petites).

Lorsque vous réglez une facture médicale de 52 $ ou une facture de téléphone portable de 122 $ datant d'il y a 8 mois, votre vie n'a pas encore beaucoup changé d'un point de vue mathématique. Vous avez cependant entamé un processus qui fonctionne, vous l'avez vu fonctionner et vous continuerez à le faire parce que vous serez enthousiasmé par le fait qu'il fonctionne.

Après avoir dressé la liste de vos dettes, de la plus petite à la plus grande, versez le paiement minimum pour rester à jour sur toutes les dettes, à l'exception de la plus petite. Chaque dollar que vous pouvez trouver dans votre budget est affecté à la plus petite dette jusqu'à ce qu'elle soit remboursée. Une fois la plus petite dette payée, le montant du paiement de cette dette, plus tout argent supplémentaire « trouvé », sont ajoutés à la dette suivante la plus petite. (Croyez-moi, une fois que vous aurez commencé, vous trouverez de l'argent.) Ensuite, lorsque la deuxième dette est remboursée, vous prenez l'argent que vous avez utilisé pour payer les dettes n° 1 et n° 2 et vous le consacrez, avec l'argent trouvé, à la troisième dette. Lorsque la troisième dette est payée, vous vous attaquez à la quatrième, et ainsi de suite.

Continuez à payer le minimum sur toutes les dettes, à l'exception de la plus petite, jusqu'à ce qu'elle soit remboursée. Chaque fois que vous remboursez une dette, le montant à payer pour la suivante augmente. Tout l'argent des anciennes dettes et tout l'argent que vous pouvez trouver n'importe où est affecté à la plus petite jusqu'à ce qu'elle disparaisse. Attaquez ! Chaque fois que la boule de neige roule, elle ramasse plus de neige et devient plus grosse, et lorsque vous arrivez en bas de la liste, vous avez une avalanche.

La plupart des gens arrivent en bas de la liste et découvrent qu'ils peuvent maintenant payer bien plus de 1000 $ par mois pour un prêt automobile ou un prêt étudiant. À ce stade, il ne leur faudra pas longtemps pour se libérer de leurs dettes, à l'exception de leur hypothèque. C'est la deuxième étape : Remboursez toutes vos dettes, à l'exception de votre hypothèque, à l'aide de la méthode boule de neige.

Mon épouse et moi avions moins de 25 ans et plus de 169 000 $ de dettes. Nous en avions assez d'être malades et fatigués ! Notre dette avait augmenté petit à petit. Amy achetait de petites choses, comme des vêtements et des articles pour la maison, qui semblaient nous coûter les yeux de la tête. De mon côté, je gaspillais l'argent à plus grande échelle. Par exemple, j'ai acheté une BMW (pour Amy, bien sûr) et je lui ai fait la surprise de l'emmener en vacances à New York. Nous n'avions pas encore la discipline nécessaire pour dire à notre enfant intérieur de se taire suffisamment longtemps pour que nous réfléchissions avant de faire un achat.

Nous n'avons pas ressenti l'urgence de nous débarrasser de notre énorme dette jusqu'à ce qu'un événement vienne changer notre état d'esprit. Il y a plusieurs années, j'ai changé d'emploi, ce qui a nécessité une période de formation de 6 mois qui a réduit mon revenu mensuel de 4000 $. Nous avions quelques économies, mais elles ont rapidement fondu. Pour commencer notre métamorphose financière, nous avons décidé de réduire nos frais généraux, de tout vendre sauf les enfants (peut-être) et de changer nos habitudes de consommation.

Nous avons vendu notre propriété locative, et nous avons remboursé la BMW, la carte de crédit du grand magasin, les factures médicales et le prêt étudiant. Nous avons été invités à faire des choses amusantes et à dépenser de l'argent, mais nous nous sommes abstenus. Nous avons décidé d'organiser une vente-débarras qui a fini par ressembler à une vente immobilière ; nous avons mangé des repas « créatifs » ; et puis j'ai commis ce que certaines personnes considéreraient comme le péché ultime : j'ai vendu la BMW de mon épouse. Nous savions que si notre famille de quatre personnes parvenait à passer ces six mois en vivant avec seulement 1700 $ par mois, nous pourrions changer notre arbre généalogique. Et nous avons réussi ! Nous nous sommes libérés de nos dettes, à l'exception de notre hypothèque, et nous avons été désignés comme l'un des finalistes de l'émission *The Total Money Makeover* !

La partie la plus importante de tout ce processus a été d'apprendre à différer le plaisir. Comme le dit Dave :

« Si vous êtes prêt à vivre comme personne d'autre, plus tard vous pourrez vivre comme personne d'autre ! »

Josh (26 ans) et
Amy (25 ans) Hopkins
Agent de crédit hypothécaire;
mère au foyer

LES ÉLÉMENTS DE LA RÉUSSITE

Lorsque j'ai commencé à enseigner cette méthode il y a plus de 30 ans, je ne comprenais pas tous les éléments de la réussite ni toutes les clarifications qui seraient nécessaires. Les principaux éléments qui permettent à la méthode boule de neige de fonctionner sont l'utilisation d'un budget, l'obtention d'informations à jour avant de commencer, le remboursement de la plus petite à la plus grande dette (pas de tricherie), le sacrifice et l'intensité de la concentration. L'intensité de la concentration est probablement l'élément le plus important. Il s'agit de se dire (et de le penser) : À l'exclusion de pratiquement tout le reste, je me débarrasse de mes dettes !

Si vous sortez une loupe à l'ancienne et que vous la placez près de journaux froissés, il ne se passera rien. Si vous dirigez les rayons du soleil à travers la loupe, mais que vous la déplacez ou la remuez, il ne se passera rien. Si vous restez immobile et que vous concentrez totalement les rayons du soleil sur le journal froissé, des choses commencent à se produire. L'intensité concentrée vous fera sentir une odeur de brûlé, et bientôt vous verrez des flammes.

Si vous pensez que cette histoire de boule de neige est mignonne et que vous pourriez essayer, cela ne marchera pas. Pour gagner, il faut une intensité totale, complète et concentrée. Viser l'objectif et rien d'autre est le seul moyen de gagner. Vous devez savoir où vous allez et, par définition, savoir où vous n'allez pas, sinon vous n'y arriverez jamais. Je prends souvent l'avion et je ne me dis jamais, en montant à bord : *Je me demande où va cet avion.* Je sais où je veux aller, et si je vais à New York, je ne monte pas dans l'avion qui va à Détroit. Lorsque je descends de l'avion, je ne prends pas le premier taxi que je vois et je ne dis pas : « Pourquoi n'explorons-nous pas les alentours, car je n'ai pas de plan ? »

En réalité, j'indique au chauffeur l'hôtel et la rue où je veux aller. Je lui demande ensuite combien de temps cela prendra et quel sera le prix de la course. Ce que je veux dire, c'est que nous n'errons pas sans but dans les autres domaines de notre vie, mais nous semblons penser que cela fonctionnera avec l'argent. Avec l'argent, on ne peut pas se préparer, tirer, *et puis* viser, et on ne peut pas essayer de faire six choses en même temps. Vous essayez de vous débarrasser de vos dettes. C'est tout. Vous devrez vous concentrer avec une grande intensité pour y parvenir.

Les Proverbes 6:1 et 5 (librement interprétés par Dave) disent : « Si tu as signé une caution, mon fils, [la *caution* est le terme biblique pour dette] … délivre-toi comme l'oiseau de la main de l'oiseleur et la gazelle de la main du chasseur. » Je me souviens avoir lu un jour ce verset dans mon étude quotidienne de la Bible et avoir pensé qu'il s'agissait d'une jolie petite métaphore animale pour sortir de l'endettement. Un autre jour, plus tard dans la semaine, je surfais sur les chaînes de télé et je suis tombé sur le canal Découverte. J'ai remarqué que l'on avait filmé des gazelles. Elles regardaient paisiblement autour d'elles. Mais bien sûr, vous savez que le reportage ne concernait pas uniquement les gazelles. Le plan suivant montrait M. Guépard se faufilant dans les buissons, cherchant son déjeuner. Soudain, l'une des gazelles a senti l'odeur de M. Guépard et s'est rendu compte de son plan. Les autres gazelles ont remarqué l'alarme et se sont rapidement mises à leur tour en alerte. Elles ne pouvaient pas encore voir le guépard et, de peur de lui foncer dessus, elles sont restées figées jusqu'à ce qu'il ait joué ses cartes.

Se rendant compte qu'il avait été découvert, M. Guépard a décidé de tenter le tout pour le tout et est sorti des buissons. Les gazelles ont toutes crié « guépard ! » Enfin, pas vraiment, mais elles ont couru comme des folles dans 14 directions différentes. Ce jour-là, le canal Découverte a rappelé aux téléspectateurs que le guépard est le mammifère le plus rapide sur la terre ferme ; il peut passer de zéro à 70 kilomètres à l'heure en quatre bonds. L'émission a également démontré que le guépard se fatiguait rapidement parce que les gazelles déjouaient ses plans au lieu de le distancer. En fait, le guépard n'obtient son hamburger de gazelle pour le déjeuner que dans une course-poursuite sur 19. Le principal chasseur de la gazelle est le mammifère le plus rapide sur la terre ferme, mais la gazelle gagne presque à chaque fois. De la même manière, pour se sortir d'une situation d'endettement, il faut être plus rapide que l'ennemi et *s'enfuir pour sauver sa peau.*

Dans notre bureau, les conseillers peuvent prédire qui va se sortir de l'endettement selon leur degré de « gazelle intense ». S'ils voient une ligne rouge sur la porte du réfrigérateur et se réjouissent, ils ont une très bonne chance. En revanche, s'ils recherchent un plan pour s'enrichir rapidement ou une théorie intellectuelle au lieu de faire des sacrifices, de travailler dur et de se concentrer totalement, nous leur attribuons une note très basse et une faible probabilité de se libérer de leurs dettes.

J'ai découvert Dave par le biais de son émission de radio *The Ramsey Show*. J'ai tout de suite été séduite. J'ai été très inspirée de lire *Transformation financière totale* et je me suis inscrite pour animer Financial Peace University dans ma communauté. Ses principes sont tout simplement logiques. Ils sont très simples et très pertinents pour tout le monde. Je devais simplement me réveiller et commencer à faire plus attention à mes habitudes de consommation. Tout dépendait de moi.

Immédiatement après avoir commencé à appliquer son plan et créé un budget, j'ai réalisé à quel point j'avais été stupide. J'ai passé une trop grande partie de ma vie à gaspiller tant d'argent ! Avec un plan de trésorerie en place, je me suis sentie plus en contrôle. Je disais à mon argent où il devait aller au lieu de me demander où il allait. Cela a été une expérience très libératrice.

Une fois que j'ai pris la décision de changer mon état d'esprit et de commencer à vivre de manière plus responsable, j'ai été prête à faire les sept petits pas. J'ai d'abord pensé à épargner, à investir dans ma retraite et à rembourser mes dettes. J'avais tort. Si j'avais fait les choses à ma façon, je serais encore en train de me battre. Je serais toujours esclave de mes créanciers.

Commencer à utiliser la méthode boule de neige m'a vraiment motivée. C'était incroyable de voir mes dettes diminuer progressivement, tandis que ma boule de neige devenait de plus en plus grosse. J'étais tellement fière de mes progrès, qui devenaient de plus en plus évidents au fil des mois. Le simple fait de pouvoir accomplir de petites choses a fait une énorme différence. Cela m'a donné de l'espoir tout au long du processus. Il est vrai que je ne disposais pas de beaucoup d'argent et que je n'en gagnais pas beaucoup pour me libérer de mes dettes. Mais je pense que c'est d'autant plus incroyable. Je savais que je n'avais qu'à faire en sorte que cela fonctionne. La possibilité de se libérer de ses dettes ne dépend pas d'un certain revenu. Il s'agit de changer de comportement et d'être déterminé à se débarrasser de ces vilaines dettes !

Il y a quelques années, j'étais tout simplement ignorante en matière d'endettement. Ma famille n'en parlait pas. Je pensais que tout le monde avait des dettes. Dieu merci, je sais maintenant que ce n'est pas le cas et je peux commencer à vivre la vie que je mérite !

DeLisa Dangerfield (42 ans)
Infirmière diplômée

Une étape évidente pour faire fonctionner la méthode boule de neige est d'arrêter d'emprunter. Sinon, vous ne ferez que changer les noms des créanciers sur votre liste de dettes. Vous devez donc tracer une ligne dans le sable et dire : « Je n'emprunterai plus jamais. » Dès que vous aurez fait cette déclaration, il y aura un test. Croyez-moi. Votre transmission tombera en panne. Votre enfant aura besoin d'un appareil dentaire. C'est un peu comme si Dieu voulait voir si vous êtes vraiment une gazelle.

À ce stade, vous êtes prêt pour une plastectomie – une chirurgie plastique au cours de laquelle vous détruisez vos cartes de crédit en les coupant. On me demande souvent : « Dave, dois-je détruire mes cartes de crédit maintenant ou seulement quand je les aurai remboursées ? » Détruisez-les MAINTENANT. Un changement permanent de votre vision de l'endettement est votre seule chance. Quoi qu'il arrive, vous devez saisir l'occasion ou relever le défi sans vous endetter. Il faut que cela cesse. Si vous pensez que vous pouvez sortir de l'endettement sans prendre la ferme résolution d'arrêter d'emprunter, vous vous trompez. On ne sort pas d'un trou en creusant le fond.

COMMENT FAIRE ROULER LA BOULE DE NEIGE

Il arrive que la boule de neige ne roule pas. Lorsque certaines personnes établissent leur budget, elles disposent d'à peine assez d'argent pour effectuer tous les paiements minimums et sont incapables de rembourser leurs plus petites dettes. Il n'y a pas d'impulsion pour faire rouler la boule de neige. Permettez-moi de vous présenter une autre image pour vous aider à mieux comprendre ce problème et sa solution. Mon arrière-arrière-grand-père dirigeait une exploitation forestière dans les collines du Kentucky et de la Virginie-Occidentale. À cette époque révolue, après avoir coupé le bois, on mettait les rondins dans la rivière pour les faire flotter en aval jusqu'à la scierie. Les bûches s'accumulaient dans un coude de la rivière, créant un embâcle. Ce phénomène se poursuivait tant que l'amoncellement empêchait la progression des autres billots. Parfois, les bûcherons parvenaient à dégager la voie en poussant les grumes. D'autres fois, ils devaient utiliser des moyens plus radicaux avant que le chaos s'installe.

Lorsque la situation devenait critique, ils brisaient l'embâcle en lançant de la dynamite au milieu des troncs d'arbres qui bloquaient la progression. Comme vous pouvez l'imaginer, cela produisait un effet spectaculaire. Lorsque la dynamite explosait, les troncs et des morceaux de bois volaient dans les airs. Après le dur labeur des bûcherons, certaines bûches étaient une perte totale. C'était inévitable s'ils voulaient acheminer le reste de la coupe vers la scierie. C'est le sacrifice que la situation exigeait. C'est parfois ce qu'il faut faire avec un budget bloqué. Il faut le dynamiter. Il faut être radical pour que l'argent circule à nouveau.

L'un des moyens d'y parvenir est de vendre quelque chose. Vous pouvez vendre des tas de petites choses en effet lors d'une vente-débarras ou vendre un objet rarement utilisé sur Internet. Faites-vous plaisir et vendez tellement de choses que les enfants auront peur d'être les prochains sur la liste. Vendez des choses qui font douter vos amis fauchés de votre santé mentale. Si votre budget est bloqué et que votre boule de neige ne roule pas toute seule, vous allez devoir prendre des mesures radicales.

En regardant des héros à travers la nation se sortir de la dette avec l'intensité d'une gazelle, croyez-moi, je les ai vus vendre des choses. Une femme a vendu 350 poissons rouges de son étang pour un dollar chacun. Des hommes ont vendu leur Harley, leur bateau, leur collection de couteaux ou leurs cartes de baseball. Des femmes ont vendu des objets précieux comme des antiquités non familiales (gardez les objets de famille, car vous ne pourrez pas les récupérer) ou une voiture personnelle qu'elles jugeaient nécessaire à la vie sur la planète. Je ne recommande pas la vente de votre maison à moins que vos paiements ne représentent plus de 45 % de votre salaire mensuel net. En général, ce n'est pas la maison qui pose un problème. Je recommande en revanche à la plupart des gens de vendre la voiture sur laquelle ils ont le plus de dettes.

Une bonne règle de base pour tous les biens (à l'exception de la maison) est la suivante : si vous ne pouvez pas vous libérer de votre dette sur un bien en 18 à 20 mois, vendez-le. Si vous avez un véhicule ou un bateau que vous ne pouvez pas rembourser en 18 à 20 mois, vendez-le. Ce n'est qu'une voiture ; faites sauter l'obstacle ! J'aimais aussi ma voiture, mais j'ai découvert que conserver cette énorme dette tout en essayant de me désendetter revenait à faire une course en portant des poids aux chevilles. Procéder à une transformation financière totale de votre argent afin de pouvoir conduire tout ce que vous voulez et de le payer comptant. Lorsqu'il s'agit d'un objet criblé de dettes, vous devrez peut-être prendre la décision de vivre comme personne d'autre ; mais n'oubliez pas que plus tard, vous vivrez, ou conduirez, comme personne d'autre.

Mon épouse et moi considérions les cartes de crédit comme un mode de vie. Il nous paraissait « normal » d'utiliser nos cartes pour les achats de la vie quotidienne. Locations de vacances, essence, vêtements, nourriture – tout ce que vous voulez, nous le payions avec du plastique. Finalement, tous ces frais ont commencé à s'accumuler. C'était une accumulation graduelle et constante de dettes qui ne cessaient de croître. C'était comme une boule de neige qui nous poursuivait au lieu de nous pousser. Pendant tout ce temps, j'avais laissé mon épouse s'occuper de l'argent et je n'y réfléchissais pas, ce qui n'était pas juste pour elle. L'instant d'après, nous étions endettés de 30 000 $ et avions besoin de procéder à une métamorphose financière, une restructuration totale de notre budget.

Nous avions quatre cartes de crédit avec des soldes différents pour un total d'environ 25 000 $. Les 5000 $ restants étaient dus au fisc. C'était vraiment effrayant. Inutile de dire que nous nous sommes d'abord attaqués à la dette envers le fisc et que nous l'avons furieusement éliminée en trois mois seulement. Une fois que nous avons été à jour dans nos paiements, nous avons commencé à nous attaquer aux dettes de cartes de crédit. Nous y avons consacré tout ce que nous pouvions. Aujourd'hui, nous n'avons plus de dettes, à l'exception de notre hypothèque, et nous sommes en train de constituer un fonds d'urgence qui nous permettrait de vivre de trois à six mois.

Il a été très difficile d'apprendre à se dire « NON ! » Pour la première fois en tant que couple, nous savions que nous devions établir un budget et nous y tenir. Ce n'était pas aussi facile que cela en a l'air, mais les avantages ont été incommensurables. Une fois que nous nous sommes habitués à ce mode de vie, tout nous a semblé moins stressant. Nous avons trouvé le contentement et sommes devenus plus heureux que nous ne l'avions jamais été.

Je sais maintenant que j'étais tout aussi responsable de ces dettes que mon épouse. Le fait que nous ayons convenu qu'elle s'occuperait du budget ne m'a pas déchargé de cette responsabilité. Je me rends compte aujourd'hui que j'ai eu tort de la laisser assumer toutes les responsabilités financières. Si un conjoint a gardé des secrets financiers, il est certainement préférable de les révéler au grand jour. C'est la seule façon de résoudre ces problèmes. Au début, il peut y avoir de la colère et même un sentiment de trahison. Néanmoins, un mariage ne peut que s'améliorer grâce à une communication sans entrave. L'essentiel est de s'accrocher l'un à l'autre et de profiter de la sortie du pétrin que vous avez tous les DEUX créé.

Jeff (41 ans) et
Teresa (41 ans) Eller
Propriétaire d'une société de camions à benne;
directrice médicale

Le nombre de personnes à qui je parle de ce sujet et qui ne veulent pas jeter de la dynamite dans leur embâcle pour faire circuler l'argent me rend triste. Ils voient bien que les bûches n'arriveront jamais sur le marché, qu'ils n'auront jamais de richesse, mais ils ne supportent pas l'idée d'en faire exploser quelques-unes pour que le reste descende la rivière. Traduction: « J'aime plus ma stupide voiture que l'idée de devenir riche en laissant tomber les voitures. » Ne commettez pas cette erreur.

Il existe une autre méthode pour briser un embâcle que les bûcherons n'avaient pas à leur disposition. Une plus grande quantité d'eau aurait également poussé les troncs d'arbres dans la bonne direction s'ils avaient pu inonder la rivière. Je m'éloigne peut-être de la métaphore, mais l'augmentation des revenus brisera également votre embâcle; elle poussera la boule de neige. Si votre budget est trop serré pour faire rouler la boule de neige, vous devez faire quelque chose pour augmenter vos revenus. La vente d'articles grevés de dettes réduit les dépenses et la vente d'autres articles augmente temporairement vos revenus. De même, le fait de faire des heures supplémentaires peut permettre d'accroître les revenus afin d'accélérer le remboursement des dettes.

Je n'aime pas l'idée de travailler 100 heures par semaine, mais certaines situations extrêmes exigent des solutions extrêmes. Temporairement, juste pour une période gérable, un emploi complémentaire ou des heures supplémentaires peuvent être une solution. J'ai rencontré Randy lors d'une séance de dédicace dans une grande ville. Randy était à 2 mois de se libérer de ses dettes. Il avait 26 ans et avait remboursé 78 000 $ de dettes en 21 mois. Il avait vendu une voiture et travaillait 10 heures par jour, 7 jours sur 7.

Randy n'était ni médecin ni avocat ; il était plombier. Certains avocats diraient que les plombiers gagnent plus qu'eux, et dans certains cas, ils auraient raison. L'entreprise de plomberie de Randy avait prospéré. Il avait déjà travaillé ce matin-là avant de venir à la librairie avec son épouse et sa petite fille. Son épouse a souri en regardant son mari avec un profond respect et m'a dit qu'elle ne l'avait pas beaucoup vu l'année dernière, mais que cela allait bientôt valoir le coup. Pouvez-vous imaginer la pression que ce jeune couple a dû subir avec 78 000 $ de dettes ? Maintenant, les époux étaient presque libres.

Randy a été intransigeant. Il a utilisé ses revenus pour éliminer l'embâcle. Il m'a promis de ralentir dès que ses dettes seraient remboursées afin de pouvoir passer du temps avec son épouse et sa petite fille. Aujourd'hui, ils peuvent se rendre dans des endroits en famille et participer à des activités que leurs dettes ne leur auraient jamais permis de faire.

LE CONSEIL DE DAVE...

Mauvaise idée : des comptes chèques séparés

Voici ce qu'il en est. Lorsque vous vous mariez, vous formez une équipe. Le prêtre qui a célébré votre mariage ne plaisantait pas lorsqu'il a dit : « Et maintenant, vous ne faites plus qu'un. » C'est ce qu'on appelle l'unité. Les anciens vœux de mariage disent : « Je te donne en gage tous mes biens terrestres. » En d'autres termes : « Nous ne faisons qu'un », alors combinons nos comptes chèques.

Il est difficile d'être unis lorsque l'on sépare les comptes bancaires. Lorsque l'argent de l'*un* est ici et que l'argent de l'*autre* est là, il est facile de vivre dans son propre petit monde financier au lieu de travailler en équipe.

Lorsque vous faites vos dépenses ensemble, vous pouvez dire qu'il s'agit de *votre* argent. *Vous* avez un revenu, des dépenses et des objectifs. Lorsque vous êtes tous les deux d'accord sur la destination de l'argent, vous avez fait un grand pas en avant pour être sur la même longueur d'onde dans votre mariage, et vous créerez des niveaux de communication extraordinaires.

Tout se résume à la confiance. Faites-vous confiance à votre conjoint ou non ? J'ai entendu parler de personnes qui gardent des comptes bancaires séparés au cas où leur conjoint les quitterait. Pourquoi diable épouser quelqu'un en qui vous n'avez pas confiance ? Et si c'est vraiment le cas, vous avez besoin d'un conseiller conjugal, pas de comptes bancaires séparés !

Votre conjoint n'est pas votre colocataire et il ne s'agit pas d'une entreprise commune. C'est un mariage ! Vous ne gérez pas votre foyer et votre vie séparément. Votre tâche consiste à vous aimer l'un l'autre, ce qui implique d'avoir des objectifs financiers communs – ce qui est difficile à faire lorsque vous avez des comptes chèques séparés.

Un soir, j'ai acheté une pizza et, alors qu'un type se dirigeait vers sa voiture avec une pile de pizzas à livrer, il m'a vu et s'est arrêté. En souriant, il m'a dit : « Hé, Dave ! Si je suis ici, c'est grâce à vous. Plus que trois mois et je n'aurai plus de dettes ! »

Il ne s'agissait pas d'un adolescent de 17 ans, mais d'un père de famille, d'un homme de 35 ans qui voulait être libre.

Un jeune célibataire travaille dans mon équipe. Il veut absolument se débarrasser de ses dettes. Il travaille jusqu'à 17 h 30 tous les jours, et il sourit lorsqu'il part travailler pour UPS pendant encore quatre ou cinq heures pratiquement tous les soirs.

Pourquoi ces gens sourient-ils tous ? Ils travaillent dur et font des heures supplémentaires incroyables, alors pourquoi sourient-ils ? Ils sourient parce qu'ils ont saisi la vision, la vision de vivre comme personne d'autre pour que plus tard ils puissent vivre comme personne d'autre.

QU'EN EST-IL DE L'ÉPARGNE-RETRAITE PENDANT QUE LA BOULE DE NEIGE ROULE ?

Matt m'a interrogé pendant mon émission de radio sur un autre sujet qui pose un problème lors de l'étape n° 2. Matt voulait savoir s'il devait cesser de cotiser à son régime de retraite pour faire avancer sa boule de neige. Il ne voulait vraiment pas arrêter d'y participer, en particulier les premiers 3 %, parce que son employeur les égalait à 100 %. Les maths me passionnent et je sais que la correspondance de 100 % est agréable, mais j'ai vu quelque chose de plus puissant – l'intensité concentrée.

Si vous voulez être une gazelle et faire tout ce qui est en votre pouvoir pour vous libérer de vos dettes très rapidement, arrêtez de participer à votre régime de retraite, même si votre employeur égale vos cotisations. Le pouvoir de la concentration et des victoires rapides sont plus importants à long terme pour votre transformation financière totale. Ceci ne s'adresse qu'aux personnes qui ont déjà fait le tour de la question et qui sont « prêtes à tout » pour se libérer rapidement de leurs dettes.

Si vous avez vraiment l'intensité d'une gazelle, la vitesse de votre libération vous permettra de revenir à ce régime de retraite avec contrepartie de l'employeur en quelques mois seulement.

Imaginez combien vous pourrez cotiser si vous n'avez plus de paiements. La personne moyenne qui utilise la dynamite et qui est intense comme une gazelle sera débarrassée de ses dettes, à l'exception de son hypothèque, en 18 mois. Certains mettent plus de temps et d'autres moins, en fonction de leurs dettes, de leurs revenus et de leur épargne au moment où ils commencent leur métamorphose financière. Si, pour une raison quelconque, vous êtes coincé dans un trou extrêmement profond, vous pouvez continuer à épargner pour la retraite. Un trou extrêmement profond n'est PAS défini par votre manque de volonté de vous appliquer.

La situation de Phil n'est pas celle d'un trou extrêmement profond. Phil gagne 120 000 $ par année et a 70 000 $ de dettes, dont 32 000 $ pour une seule voiture. Phil, vendez la voiture et réduisez votre train de vie. Phil devrait ainsi être débarrassé de ses dettes en neuf mois, sans excuses et sans prisonniers. La situation de Tammy est extrêmement difficile. Tammy a 74 000 $ de prêts étudiants et 15 000 $ de dettes de cartes de crédit. Tammy est une mère célibataire avec trois enfants et a un revenu de 50 000 $ par année. Il faudra quelques années à Tammy pour se débarrasser de ses dettes. Elle trouvera un moyen de s'en sortir, mais sa situation est l'une des très rares exceptions ; elle devrait continuer à participer à son régime de retraite avec contrepartie de l'employeur.

QUAND IL FAUT PUISER DANS LE FONDS D'URGENCE

Le climatiseur de Penny est tombé en panne en plein été. Les réparations ont coûté 650 $, une somme qu'elle a puisée dans son fonds d'urgence. « Heureusement que ces 1000 $ étaient là », a-t-elle dit en soupirant. Que devrait-elle faire maintenant ? Appliquer la méthode boule de neige ou arrêter et revenir à l'étape n° 1 [Épargnez 1000 $ pour démarrer votre fonds d'urgence] ? Penny doit mettre temporairement en veilleuse la méthode boule de neige. Elle continuera à effectuer les paiements minimums et reviendra à l'étape n° 1 jusqu'à ce que 1000 $ se retrouvent à nouveau dans son fonds d'urgence. Si elle ne le fait pas, elle n'aura bientôt plus d'économies et, lorsque l'alternateur de sa voiture tombera en panne, elle rouvrira un compte de carte de crédit. Il en va de même pour vous. Si vous utilisez votre fonds d'urgence, revenez à l'étape n° 1 jusqu'à ce que vous l'ayez reconstitué ; puis passez à l'étape n° 2.

HYPOTHÈQUES DE SECOND RANG, DETTES D'ENTREPRISE ET HYPOTHÈQUES SUR DES BIENS LOCATIFS

À la suite de prêts de consolidation de dettes et d'autres erreurs, de nombreuses personnes disposent d'un prêt immobilier ou d'une sorte d'hypothèque de second rang importante. Que faut-il faire de ce prêt ? Faut-il l'inclure dans la méthode boule de neige, ou l'appeler simplement une hypothèque et ne pas s'en occuper à ce stade ? Il sera remboursé ; il s'agit simplement de savoir à quelle étape. D'une manière générale, si votre hypothèque de second rang représente plus de 50 % de votre revenu annuel brut, vous ne devriez pas l'inclure dans la méthode boule de neige. Nous y reviendrons plus tard.

Si vous gagnez 40 000 $ par année et que vous avez une hypothèque de second rang de 15 000 $, vous devriez l'inclure dans la méthode boule de neige. Vous vous en occupez maintenant. Mais si vous avez une hypothèque de second rang de 35 000 $ et que vous gagnez 40 000 $, vous vous en occuperez à une étape ultérieure. D'ailleurs, vous devriez envisager de refinancer votre première et votre deuxième hypothèque ensemble si vous pouvez réduire les deux taux d'intérêt. Si le total est inférieur, vous pouvez le placer sur une hypothèque de 15 ans ou sur les années restantes de votre première hypothèque (par exemple, s'il reste 12 années à couvrir sur votre première hypothèque à un taux d'intérêt de 9 %, refinancez les première et deuxième hypothèques ensemble en une nouvelle hypothèque de premier rang à un taux de 6 % sur 12 ans ou moins).

De nombreux propriétaires de petites entreprises ont des dettes et veulent savoir comment les traiter dans le cadre de la méthode boule de neige. La plupart des dettes des petites entreprises sont garanties personnellement, ce qui signifie qu'il s'agit en fait d'une dette personnelle. Si vous avez contracté un prêt de 15 000 $ à la banque pour votre petite entreprise ou si vous avez emprunté sur vos cartes de crédit pour votre entreprise, il s'agit d'une dette personnelle. Traitez les dettes de votre entreprise comme n'importe quelle autre dette. Inscrivez-les sur la liste de toutes vos dettes, de la plus petite à la plus grande. Si votre dette professionnelle est supérieure à la moitié de votre revenu annuel brut ou à la moitié de votre prêt immobilier, reportez le remboursement de cette dette à plus tard. Les dettes plus petites et moyennes sont celles que nous voulons rembourser à cette étape.

Les seules autres dettes importantes à reporter sont les hypothèques sur les biens locatifs. N'achetez plus de biens locatifs, mais reportez cette dette à plus tard. Une fois que vous aurez remboursé votre hypothèque résidentielle lors d'un prochain petit pas, vous devriez appliquer la méthode boule de neige avec vos hypothèques sur des biens locatifs. Dressez la liste des dettes locatives, de la plus petite à la plus grande, et concentrez-vous sur la plus petite jusqu'à ce qu'elle soit remboursée. Ensuite, passez aux autres.

Si vous possédez plusieurs biens locatifs, ou même un seul, vous devriez envisager d'en vendre une partie ou la totalité pour obtenir l'argent nécessaire au remboursement de ceux que vous gardez ou au remboursement d'autres dettes. Il n'est pas logique d'avoir 40 000 $ de dettes de cartes de crédit et un bien locatif avec 40 000 $ de fonds propres. J'espère que vous n'emprunteriez pas

40 000 $ sur vos cartes de crédit pour acheter un bien locatif. Alors pourquoi préserver la situation décrite ici, qui a le même effet ?

Outre l'hypothèque de la maison, les hypothèques de second rang plus importantes, les prêts commerciaux et les hypothèques sur des biens locatifs sont les seules dettes qui ne sont pas remboursées au cours de l'étape nº 2 [Remboursez toutes vos dettes (à l'exception de votre hypothèque) à l'aide de la méthode boule de neige]. Avec l'intensité d'une gazelle, une grande concentration, des sacrifices extrêmes, en vendant des choses et en fournissant des efforts supplémentaires, vous effacerez toutes vos dettes. Encore une fois, si vous êtes motivé, cela se fera normalement en 18 à 20 mois. Certains se débarrasseront de leurs dettes plus tôt, d'autres un peu plus tard.

Si vous pensez que cela vous prendra plus longtemps, n'ayez crainte, mais il se peut que cela ne soit pas le cas. De nombreuses personnes trouvent le moyen d'arriver plus tôt à leurs fins à force d'acharnement, et Dieu a tendance à bénir les personnes qui vont dans la direction qu'Il veut qu'elles prennent. C'est comme si vous marchiez ou courriez à vive allure et qu'un trottoir en mouvement apparaissait soudain en dessous de vous pour accélérer votre progression.

La méthode boule de neige est fort probablement l'étape la plus importante de votre transformation financière totale, et ce, pour deux raisons. Premièrement, cette étape vous permet de libérer votre plus puissant outil de création de richesse, votre revenu. Deuxièmement, vous vous attaquez à l'ensemble de la culture américaine en déclarant la guerre aux dettes. En remboursant vos dettes, vous affirmez votre position sur la question de l'endettement. En remboursant vos dettes, vous montrez que votre cœur a fait l'objet d'une métamorphose, ce qui ouvre la voie à un remaniement total de votre patrimoine réel.

Scannez ce code QR pour vous inscrire à EveryDollar et commencer à établir un budget gratuitement.

TROISIÈME PARTIE

INVESTISSEMENTS ET ÉPARGNE

CHAPITRE 8

Constituez un fonds d'urgence entièrement approvisionné : mettez Murphy à la porte

Fermez les yeux et pensez à ce que vous ressentirez lorsque vous atteindrez cette étape. La plupart des participants à un programme de transformation financière totale, qui sont des gazelles, arriveront au début de l'étape nº 3 [Épargnez trois à six mois de dépenses dans un fonds d'urgence entièrement approvisionné] dans un délai de 18 à 20 mois. Lorsque vous atteignez cette étape, vous disposez de 1000 $ en argent liquide et vous n'avez aucune dette, à l'exception de votre hypothèque. Vous avez fait preuve d'une telle intensité de concentration que la boule de neige roule maintenant et que vous avez le vent en poupe. Fermez à nouveau les yeux et respirez. Pensez à ce que vous ressentirez lorsque vous n'aurez plus de dettes, à l'exception de votre hypothèque, et que vous disposerez de 1000 $ en argent liquide. Est-ce que je vous ai vu sourire ?

Vous commencez à voir la puissance du contrôle de votre plus grand outil de construction de richesse, votre revenu. Maintenant que vous n'avez plus d'autres paiements que celui de l'hypothèque, l'étape nº 3 devrait être franchie rapidement.

ÉTAPE Nº 3 : ÉPARGNEZ TROIS À SIX MOIS DE DÉPENSES DANS UN FONDS D'URGENCE ENTIÈREMENT APPROVISIONNÉ

Un fonds d'urgence entièrement approvisionné couvre trois à six mois de dépenses. Que vous faudrait-il pour vivre pendant trois à six mois si vous perdiez votre emploi ? Les planificateurs financiers et les conseillers financiers comme moi utilisent cette règle empirique depuis des années, et elle a bien servi les participants à mon programme de métamorphose financière. Vous commencez le fonds d'urgence avec 1000 $, mais un fonds d'urgence entièrement approvisionné se situe généralement entre 10 000 $ et 25 000 $. La famille moyenne qui peut s'en sortir, avec 3000 $ par mois devrait constituer un fonds d'urgence de 10 000 $ au minimum. Quel effet cela ferait-il de n'avoir d'autre paiement que celui de l'hypothèque et d'avoir 10 000 $ d'économies pour les jours de pluie ?

Vous vous souvenez de ce que nous avons dit à propos des situations d'urgence ? Il *pleuvra* ; vous aurez besoin d'un parapluie. N'oubliez pas que, selon le magazine *Money*, 78 % d'entre nous seront confrontés à un événement imprévu majeur au cours des 10 prochaines années. Lorsque des événements graves se produisent, comme un licenciement ou une panne de voiture majeure, vous ne devez pas compter sur vos cartes de crédit. Si vous avez recours à l'endettement pour faire face à des situations d'urgence, vous avez encore fait marche arrière. Une transformation financière totale bien conçue vous permettra de sortir définitivement de l'endettement. Une base solide dans votre maison financière comprend un compte d'épargne bien garni, qui ne sera utilisé que pour les urgences.

Après mon divorce, je me suis retrouvée sans abri, enceinte et seule avec mon fils de 18 mois. De plus, j'ai hérité de toutes les dettes liées à l'échec de mon mariage ! Je suis passée de deux revenus et un enfant à un revenu et deux enfants. Par nécessité, j'ai commencé à vivre de mes cartes de crédit, accumulant les dettes au fur et à mesure. J'ai emménagé dans un logement social et j'y ai vécu pendant deux ans, en essayant de m'occuper de mes enfants et de payer mes factures.

J'avais l'impression de ne pas pouvoir subvenir aux besoins de ma famille ; je voulais plus pour mes enfants. Ils ont été privés de fêtes d'anniversaire et d'autres petites choses que les enfants de leur âge ont habituellement. Ils n'ont jamais eu d'endroit où se sentir chez eux, et c'est ce qui m'a le plus poussée à sortir de l'endettement.

Je connais personnellement l'importance d'un fonds d'urgence. Pour la première fois de ma vie, j'avais de l'argent en banque lorsque ma camionnette est tombée en panne. Je n'ai pas eu à m'endetter et mes revenus n'ont pas été affectés. J'ai simplement payé le mécanicien et réapprovisionné mon fonds d'urgence dès que possible. Ensuite, j'ai commencé à rembourser mes dettes. Cela a été long et fastidieux, mais ça vaut la peine de bénéficier de la sécurité offerte par un fonds d'urgence.

Ce n'était pas facile. Chaque fois que j'ai été à deux doigts de reconstituer mon fonds d'urgence, il s'est passé quelque chose et j'ai dû l'utiliser à nouveau. Mais j'ai désormais pris l'habitude de renflouer mon fonds d'urgence chaque fois que je l'utilise – cela a évité à ma famille de vivre des moments difficiles et de s'endetter davantage.

Rebecca Gonzalez (28 ans)
Adjointe aux ressources humaines

Je vais encore insister sur ce point, car il est essentiel si vous voulez que votre métamorphose financière soit permanente. Le pire moment pour emprunter est lorsque les temps sont durs. En cas de récession et de perte d'emploi (c'est-à-dire « absence de revenus »), vous ne voulez pas vous retrouver avec un tas de dettes. Dans une étude récente de la Réserve fédérale, 36 % des Américains ont déclaré qu'ils emprunteraient sur une carte de crédit si un jour de pluie arrivait, et que cela ne serait pas difficile. Je suis d'accord que ce ne serait pas difficile parce que des cartes de crédit sont émises chaque année pour des chiens et des personnes décédées, mais cela ne veut pas dire que ce serait intelligent. Ce qui serait difficile, c'est d'effectuer les paiements et même de rembourser la dette si vous ne trouvez pas un nouvel emploi.

Selon nos propres recherches, 48 % des Américains ne disposent pas d'un fonds d'urgence leur permettant de couvrir trois mois de dépenses. Un tiers de ces individus n'ont aucune épargne. La moitié n'a pratiquement aucune marge de manœuvre pour faire face à la vie. Voici Murphy ! Vous souvenez-vous que nous avons dit que les problèmes semblent moins fréquents (et je crois qu'ils le sont en fait) lorsque vous disposez d'un fonds d'urgence entièrement approvisionné ? N'oubliez pas que le fonds d'urgence agit en fait comme un répulsif qui éloigne Murphy.

Donc, qu'est-ce qu'une urgence ? Une urgence est un événement que vous ne pouviez pas prévoir et qui a des conséquences importantes pour vous et votre famille si vous ne le prenez pas en charge. Les urgences comprennent le paiement de la franchise de l'assurance médicale, de l'assurance habitation ou de l'assurance automobile après un accident, une perte d'emploi ou une réduction des effectifs, les factures médicales résultant d'un accident ou d'un problème médical imprévu, ou encore une panne de transmission ou de moteur de la voiture dont vous avez besoin pour fonctionner. Toutes ces situations sont des urgences.

En revanche, un article en solde dont vous avez « besoin » n'est pas une urgence. Réparer le bateau, à moins d'y vivre, n'est pas une urgence. « Je veux créer une entreprise » n'est pas une urgence. « Acheter une voiture, un canapé en cuir ou aller à Cancún » n'est pas une urgence. Les robes de bal et les frais d'inscription à l'université ne sont pas des urgences. Veillez à ne pas justifier l'utilisation de votre fonds d'urgence pour un achat pour lequel vous auriez dû épargner. D'un autre côté, n'effectuez pas de paiements sur des factures médicales après un accident alors que votre fonds d'urgence est entièrement approvisionné. Si vous avez pris la peine de créer un fonds d'urgence, assurez-vous que vous savez clairement ce qui est et ce qui n'est pas une urgence.

Avant d'utiliser le fonds d'urgence, il faut prendre du recul et se calmer. Sharon et moi n'utiliserions jamais notre fonds d'urgence sans en avoir d'abord discuté et sans être d'accord. Nous n'utiliserions jamais non plus notre fonds d'urgence sans avoir dormi sur la décision et prié à ce sujet. Notre accord, nos prières et notre période de réflexion nous aident à déterminer si cette décision est rationnelle, impulsive ou la réponse à une véritable urgence.

LE FONDS D'URGENCE DOIT ÊTRE FACILE D'ACCÈS

Conservez votre fonds d'urgence dans un produit liquide. *Liquide* est un terme monétaire qui signifie facile à obtenir sans pénalités. Si vous hésitez à utiliser votre fonds d'urgence en raison des pénalités que vous encourrez pour y accéder, c'est qu'il n'est pas placé au bon endroit. J'utilise des fonds communs de placement constitués de valeurs de croissance pour investir à long terme, mais je n'y placerais jamais mon fonds d'urgence. Si le moteur de ma voiture venait à lâcher, je serais tenté d'emprunter pour le réparer plutôt que d'encaisser mon fonds commun de placement parce que le marché est à la baisse (nous voulons toujours attendre qu'il remonte). Cela signifie que mon fonds d'urgence n'est pas placé au bon endroit. Les fonds communs de placement sont de bons investissements à long terme, mais en raison des fluctuations du marché, vous risquez de vous retrouver dans une situation d'urgence lorsque le marché est à la baisse – une autre invitation lancée à Murphy. Gardez donc votre fonds d'urgence dans un produit liquide !

Pour la même raison, n'utilisez pas de certificats de dépôt pour votre fonds d'urgence, car vous devrez généralement payer une pénalité en cas de retrait anticipé. L'exception à cette règle est l'obtention d'un certificat de dépôt à « remboursement anticipé » qui autorise un retrait sans pénalité pendant la période d'engagement. Ce remboursement anticipé vous permet de disposer de l'argent sans pénalité et fait du certificat de dépôt un bon fonds d'urgence. Comprenez bien qu'il ne s'agit pas d'« investir » le fonds d'urgence, mais de le placer dans un endroit sûr et facile d'accès.

Si vous disposez déjà d'un fonds d'urgence à un endroit où il ne devrait pas se trouver, servez-vous de votre tête si vous êtes confronté à une véritable urgence. Christine, une grand-mère de 69 ans, m'a dit qu'elle avait emprunté pour réparer la boîte de vitesses de sa voiture parce qu'elle ne voulait pas payer de pénalité pour encaisser son certificat de dépôt. Le prêt a été suggéré par son banquier « avisé », et Christine lui a fait confiance. Le seul problème est que, même avec la pénalité, Christine aurait mieux fait d'encaisser son certificat de dépôt. Le coût des réparations s'élevait à 3000 $.

Son certificat de dépôt rapportait 5 % et la pénalité pour remboursement anticipé correspondait à la moitié des intérêts. Son banquier lui a donc prêté 3000 $ à un taux d'intérêt de 9 % pour qu'elle ne perde pas 2,5 % en pénalités. Cela ne me semble pas très judicieux. Honnêtement, cela ne me semble pas non plus très éthique. Les mots sont puissants ; aucun d'entre nous ne veut être « pénalisé ». Lorsque les émotions ont pris le dessus,

Christine a fait confiance à son banquier au lieu de réfléchir et a pris une mauvaise décision.

Pour votre fonds d'urgence, je vous suggère d'opter pour un compte de dépôt du marché monétaire sans pénalités, avec une carte de débit ou la possibilité de faire des chèques. Notre ménage dispose d'un fonds d'urgence important sur un compte de dépôt du marché monétaire d'une société de fonds communs de placement. Quel que soit l'endroit où vous achetez vos fonds communs de placement, consultez son site Web pour trouver des comptes de dépôt du marché monétaire qui rapportent des intérêts équivalents à ceux des certificats de dépôt à un an. Je n'ai pas trouvé de comptes monétaires bancaires compétitifs. La Compagnie fédérale d'assurance de dépôts bancaires (FDIC) n'assure pas les comptes de dépôt du marché monétaire des fonds communs de placement, mais j'y garde les miens de toute façon, car je n'en ai jamais vu un faire faillite. N'oubliez pas que les intérêts perçus ne sont pas l'essentiel. L'essentiel est que l'argent soit disponible pour faire face aux urgences. La constitution de votre patrimoine ne se fera pas sur ce compte ; cela viendra plus tard, à d'autres endroits. Ce compte s'apparente davantage à une assurance contre les mauvais jours qu'à un investissement.

Parfois, même après leur avoir expliqué tout cela, les gens continuent à me poser des questions sur les bons d'épargne, les obligations ou d'autres investissements « à faible risque ». Ils passent à côté de l'essentiel. Encore une fois, ce fonds d'urgence n'est pas destiné à la constitution d'un patrimoine. Vous obtiendrez d'autres types de rendement du capital investi à partir de ce compte, mais l'objectif de ce placement n'est pas de vous rendre riche. La mission du fonds d'urgence est de vous protéger contre les tempêtes, de vous apporter la tranquillité d'esprit et d'éviter que le prochain problème ne devienne une dette.

QUELLE TAILLE ?

Combien d'argent devriez-vous avoir dans votre fonds d'urgence ? Nous avons dit qu'il devait vous permettre de couvrir trois à six mois de dépenses, mais devriez-vous choisir trois mois ou six mois ? Si vous réfléchissez à l'objectif de ce fonds, cela vous aidera à déterminer ce qui vous convient le mieux. L'objectif du fonds est d'absorber les risques, donc plus votre situation est risquée, plus le fonds d'urgence doit être important. Par exemple, si vous touchez un salaire à la commission ou si vous êtes travailleur autonome, vous devez appliquer la règle des six mois. Si vous êtes célibataire ou si vous faites partie d'un ménage marié à revenu unique, vous devez appliquer la règle des six mois, car une perte d'emploi dans votre situation représente une réduction de 100 % du revenu du ménage. Si votre situation professionnelle est instable ou s'il y a des problèmes médicaux chroniques dans la famille, vous devriez également opter pour la règle des six mois.

J'ai grandi dans un logement subventionné par le gouvernement (HLM) et, pendant longtemps, j'ai pensé qu'il en serait ainsi pour le reste de ma vie. Cependant, à l'âge de 24 ans, le Seigneur m'a donné un travail qui me stimulait intellectuellement et me poussait continuellement à sortir des sentiers battus. J'ai commencé à écouter les nouvelles et les discussions politiques à la radio et, un jour, je suis tombé sur un drôle de type nommé Dave.

Après avoir écouté Dave, il a fallu quelques années pour que mon épouse et moi embarquions dans l'aventure. Lorsque nous avons finalement décidé de procéder à une transformation financière totale, le plus difficile a été de devenir suffisamment d'accord tous les deux pour éliminer toutes nos dettes d'un seul coup. Mais nous avons continué à faire des achats avec notre carte de crédit et nous nous sommes retrouvés à la case départ. La réalité s'est imposée lorsque j'ai perdu mon emploi. Nous ne pouvions plus joindre les deux bouts. J'ai eu l'impression d'avoir échoué, car je savais que si j'avais suivi le plan et les conseils de Dave, nous aurions été dans une bien meilleure situation.

Après ce licenciement, nous avons eu des difficultés pendant un certain temps jusqu'à ce que je décroche enfin un nouvel emploi. Pourtant, si nous n'avions plus de dettes, c'est parce que nous travaillons ensemble et que nous faisons notre part pour assurer la réussite financière de notre présent et de notre avenir. Le niveau de responsabilité requis est énorme ! Nous nous sommes beaucoup disputés au début, mais au fur et à mesure que nous réglions les problèmes, notre communication s'est améliorée et tout s'est déroulé sans tracas. Nous avons été patients et diligents dans l'établissement de notre budget et nous en récoltons aujourd'hui les fruits !

Notre famille n'a pas encore pris la pleine mesure de l'impact de l'absence de dettes. Le mois suivant le remboursement de nos dettes, j'ai de nouveau été licencié. Mais cette fois, nous étions dans une situation complètement différente de la précédente. Les soucis et les tensions financières étaient inexistants. Il y a un sentiment de paix qui dépasse toute compréhension, et tant que vous n'en avez pas fait l'expérience vous-même, vous ne pouvez même pas imaginer son incroyable pouvoir.

James (32 ans) et
Tabitha (31 ans) Atwood
Chef de train;
coordinatrice de la commercialisation

Si vous avez un emploi « stable et sûr », que vous travaillez dans une entreprise ou une agence gouvernementale depuis 15 ans et que tous les membres de votre famille sont en bonne santé, vous pouvez opter pour la règle des trois mois. Un agent immobilier devrait disposer d'un fonds de six mois, et un enseignant titulaire en bonne santé qui prévoit de rester à son poste à long terme pourrait conserver un fonds de trois mois. Adaptez votre fonds d'urgence à votre situation et à la manière dont votre conjoint gère le sentiment de risque. Souvent, les hommes et les femmes abordent ce sujet différemment. Ce fonds est destiné à la protection réelle et à la tranquillité d'esprit ; c'est donc le conjoint qui souhaite que ce fonds soit plus élevé qui l'emporte.

Nous utilisons trois à six mois de dépenses au lieu de trois à six mois de revenus, car le fonds est destiné à couvrir les dépenses et non à remplacer les revenus. Si vous tombez malade ou si vous perdez votre emploi, vous devez continuer à vous chauffer et à manger jusqu'à ce que la situation s'améliore, mais il se peut que vous arrêtiez d'investir et vous cesserez certainement de « jeter l'argent par les fenêtres » tant que la pluie n'aura pas cessé. Bien sûr, lorsque vous amorcez votre transformation financière totale, vos dépenses peuvent être égales à vos revenus. Plus tard, lorsque vous n'aurez plus de dettes, que vous aurez souscrit toutes les assurances nécessaires et que vous aurez investi des sommes importantes, vous pourrez survivre avec beaucoup moins que vos revenus.

UTILISEZ TOUTES LES LIQUIDITÉS DISPONIBLES

À l'étape n° 2, je vous ai demandé d'utiliser toutes vos économies et tous vos investissements non liés à la retraite pour rembourser vos dettes. Faites le ménage et libérez-vous de vos dettes, à l'exception de votre hypothèque. Utilisez toutes les économies et tous les investissements qui ne sont pas assortis d'une pénalité en cas de retrait, comme les régimes de retraite. Si vous avez utilisé l'épargne que vous aviez à l'étape n° 2 [Remboursez toutes vos dettes (à l'exception de votre hypothèque) à l'aide de la méthode boule de neige], et que vous avez disposé de votre fonds d'urgence, il est maintenant temps de le reconstituer en remplaçant l'argent que vous avez peut-être utilisé pour rembourser des dettes.

J'ai souvent rencontré des gens qui avaient, par exemple, 6000 $ d'économies à la banque avec un taux d'intérêt de 2 % et 11 000 $ de dettes sur leur carte de crédit. L'idée même d'utiliser 5000 $ de cette épargne pour rembourser partiellement la carte de crédit est très difficile à accepter. Ce fonds d'urgence de 6000 $ est votre couverture de sécurité, et la peur monte en vous lorsque quelqu'un comme moi mentionne que vous devriez utiliser cet argent pour vous débarrasser de vos dettes. Vous avez raison de ressentir cette peur et de vous demander si vous devez dépenser ainsi ces 5000 $. Vous devez utiliser cet argent UNIQUEMENT si vous et toute votre famille êtes engagés dans une transformation financière totale. L'intensité d'une gazelle, l'établissement d'un budget, la vente de voitures qui représentent un boulet et l'engagement total dans le plan sont les seules façons d'utiliser ces économies de manière sensée.

L'ENGAGEMENT DE CHACUN EST PRIMORDIAL

Sherry a appelé pendant mon émission de radio pour dire que son mari voulait utiliser 9000 $ de leur fonds d'urgence de 10 000 $ pour rembourser leurs dettes, mais qu'il voulait conserver une dette de 21 000 $ contractée pour l'achat de son camion – avec un revenu familial de 43 000 $. Sherry m'en voulait d'avoir suggéré une chose aussi absurde. Bien sûr, je n'ai pas fait cette suggestion. Je pense que ce serait une mauvaise idée d'utiliser 9000 $ dans cette situation. La raison pour laquelle je ne suis pas favorable à l'utilisation de cette épargne est que le mari n'est pas entièrement engagé dans le plan. Il est partiellement d'accord avec celui-ci, mais il veut garder son stupide camion.

Il y a deux raisons de ne pas utiliser le fonds d'urgence dans le cas de Sherry. Tout d'abord, son mari n'a pas procédé à une métamorphose dans son cœur, et ils ne parviendront jamais à sortir de l'endettement, quelle que soit la stratégie, tant qu'il ne l'aura pas fait. Deuxièmement, faites le calcul : avec un revenu de 43 000 $, ils seront endettés et n'auront qu'un très petit fonds d'urgence pendant des années s'ils gardent le camion. C'est comme si mon épouse me disait qu'elle veut que je perde du poids et qu'elle me préparait des biscuits aux pépites de chocolat tous les soirs. Elle dirait une chose et en ferait une autre.

Je ne vous conseille pas de vider votre compte d'épargne si tout le monde n'est pas entièrement engagé dans une transformation financière totale. Je ne vous conseille pas non plus de vider votre compte d'épargne si vous avez l'intention de consacrer cinq ans à l'étape nº 2 : [Remboursez toutes vos dettes (à l'exception de votre hypothèque) à l'aide de la méthode boule de neige]. Cependant, peu d'entre vous resteront très longtemps à l'étape nº 2 si vous suivez ce plan à la lettre. Si votre famille est exposée aux éléments, avec seulement 1000 $ entre vous et la vie pendant 18 à 20 mois, c'est très bien. Dans ce cas, vous devriez utiliser vos économies pour vous libérer de vos dettes ou accélérer l'effet boule de neige.

Je sais que même si tout le monde est à bord, que les gazelles sont intenses et qu'il y a un plan, ma suggestion effraie encore certains d'entre vous. C'est bien. Ne pensez-vous pas que l'une des choses qui rendent la gazelle intense est la peur ? Pendant une courte période, alors que vous appliquez la méthode boule de neige et que vous reconstituez votre fonds d'urgence à l'étape nº 3, utilisez cette peur comme motivation pour rester concentré et faire avancer les autres.

LE CONSEIL DE DAVE...

Si vous avez peur d'investir, c'est parce que vous ne savez pas dans quoi vous vous engagez. Informez-vous.

La bonne nouvelle dans l'histoire de Sherry, c'est que son mari l'a entendue s'entretenir avec moi à la radio et qu'une ampoule s'est allumée. Il a vendu « son » camion, elle a utilisé « ses » économies et, en 14 mois, ils n'avaient plus de dettes ; en 18 mois, ils disposaient d'un fonds d'urgence entièrement approvisionné. Sherry m'a envoyé un courriel à propos d'une partie amusante de leur cheminement. Elle m'a raconté qu'après s'être libérés de leurs dettes et qu'ils s'efforçaient de reconstituer leur précieux fonds d'urgence avec la même intensité utilisée pour rembourser leurs dettes, l'un de leurs adolescents leur a demandé d'acheter un ordinateur.

Avant que Sherry ne puisse dire non, son mari a saisi l'adolescent au collet et a commencé à crier, en plaisantant, qu'il n'y aurait pas d'achat dans cette maison tant que le fonds d'urgence ne serait pas entièrement réapprovisionné. Cela a fait sourire Sherry, car elle a compris que non seulement le fonds d'urgence allait bientôt revenir, mais aussi que son mari avait compris à quel point ce fonds était important pour elle. Elle était prête à procéder à une transformation financière totale, mais seulement si c'était une transformation financière totale – pour eux deux.

GENRE ET SITUATIONS D'URGENCE

Le fonds d'urgence n'est pas perçu de la même manière par les deux sexes. En général, les hommes sont plus axés sur les tâches à accomplir, et les femmes sur la sécurité. Les hommes aiment savoir ce qui est « fait », et certains d'entre eux ne comprennent donc pas l'idée que de l'argent reste là à assurer la sécurité. La plupart des femmes que je rencontre sourient lorsque nous commençons à parler de la possibilité d'avoir 10 000 $ entre elles et la pluie. Beaucoup d'entre elles disent que le fonds d'urgence et l'assurance vie sont les meilleurs éléments de la transformation financière totale de leur famille.

Les gars, parlons-en. Dieu a mieux programmé les femmes sur ce sujet qu'Il ne l'a fait pour nous. Leur nature les pousse à se tourner vers le fonds d'urgence. Quelque part au fond de la femme typique se trouve une « glande de sécurité », et lorsque le stress financier entre en scène, cette glande est prise d'un spasme. Elle touchera votre femme d'une manière que vous ne pouvez pas toujours prévoir. Une glande de sécurité spasmodique peut affecter ses émotions, sa concentration et même sa vie amoureuse. Apparemment, la glande de sécurité est attachée à son visage. Voyez-vous le stress financier sur son visage ?

Croyez-moi, les gars, l'un des meilleurs investissements que vous puissiez faire est un fonds d'urgence. Un fonds d'urgence entièrement approvisionné et un mari en pleine transformation financière détendront la glande de sécurité de votre épouse et vous rendront la vie bien meilleure. Mon ami Jeff Allen, un comédien, présente tout un numéro sur le thème « Femme heureuse, vie heureuse ». L'essentiel est que, même si vous ne « comprenez pas » la nécessité d'avoir un fonds d'urgence, vous en ayez un.

Je vous ai déjà dit que Sharon et moi avions tout perdu, que nous nous étions ruinés, que nous nous étions effondrés et que nous étions au plus bas, alors vous pouvez imaginer que ce sujet est un peu sensible chez moi. Notre effondrement financier était totalement ma faute : c'est mon échec immobilier dont Sharon a été témoin avant de prendre le train en marche avec moi. La question de la sécurité est l'une des blessures de notre relation. Ses émotions pouvaient faire ressurgir la peur lorsqu'elle contemplait notre bébé tout neuf et notre enfant en bas âge en ne sachant pas comment nous allions maintenir le chauffage. C'est un point sensible dans son psychisme, et pour cause. Nous n'utilisons même pas le fonds d'urgence pour les urgences. Une partie du baume sur cette blessure est que notre fonds d'urgence a un fonds d'urgence. Si je m'approche du tiroir où se trouve le chéquier du fonds d'urgence, la glande de sécurité de Sharon peut tressaillir.

En tant que magnat de l'investissement hautement qualifié, je pourrais certainement trouver des endroits où placer cet argent pour qu'il rapporte davantage. Où le ferait-il ? N'oubliez pas que les finances personnelles sont personnelles. Je me suis rendu compte que la tranquillité d'esprit de Sharon, associée à un fonds d'urgence surdimensionné, offre un excellent rendement du capital investi. Les gars, cela peut être un merveilleux cadeau pour votre épouse.

UN FONDS D'URGENCE PEUT TRANSFORMER LES CRISES EN UN SIMPLE INCONVÉNIENT

Au fur et à mesure que vous établissez votre budget et que votre programme de transformation financière totale modifie complètement vos habitudes, vous utiliserez de moins en moins le fonds d'urgence. Nous n'avons pas touché à notre fonds d'urgence depuis plus de 20 ans. Lorsque nous avons commencé, tout était une urgence. Mais au fur et à mesure que vous vous éloignez du bas de l'échelle et que la métamorphose financière commence à faire effet, vous avez de moins en moins de choses que vous ne pouvez pas couvrir dans votre budget mensuel. Au début, cependant, vous serez comme nous – tout sera une urgence. Pour vous montrer ce que je veux dire, considérez deux histoires différentes de personnes qui en sont à deux étapes différentes de leur métamorphose financière.

Kim avait 23 ans, était célibataire, vivait seule et occupait un emploi qui lui rapportait 27 000 $ par année. Elle venait de commencer sa transformation financière totale. Elle avait du retard sur ses cartes de crédit, n'avait pas de budget et arrivait à peine à payer son loyer parce qu'elle ne contrôlait pas ses dépenses.

Elle avait laissé tomber son assurance automobile parce qu'elle « ne pouvait pas se le permettre ». Elle a fait son premier budget et, deux jours plus tard, elle a eu un accident de voiture. Comme l'accident n'était pas grave, les dommages causés à la voiture de l'autre personne n'étaient que de 550 $. Kim m'a regardé en pleurant de panique et m'a dit que ces 550 $ auraient tout aussi bien pu être 55 000 $. Elle n'avait même pas commencé l'étape n° 1. Elle essayait d'être à jour dans ses paiements, et maintenant elle avait un obstacle de plus à franchir avant même de commencer. Il s'agissait d'une urgence majeure.

Il y a sept ans, George et Sally étaient dans la même situation. Ils étaient fauchés, avec de nouveaux bébés, et la carrière de George battait de l'aile. George et Sally se sont battus et ont réussi à procéder à une métamorphose financière. Aujourd'hui, ils n'ont plus de dettes, même pour leur maison. Ils disposent d'un fonds d'urgence de 12 000 $, d'un régime de retraite, et même les études universitaires de leurs enfants figurent dans leur budget. George s'est développé personnellement, sa carrière s'est épanouie et il gagne maintenant 75 000 $ par année, tandis que Sally reste à la maison avec les enfants. Un jour, des déchets se sont envolés de l'arrière de la camionnette de George et ont heurté une voiture qui le suivait sur l'autoroute. Les dommages s'élevaient à environ 550 $.

Je pense que vous pouvez voir que George et Sally ont probablement ajusté le budget d'un mois et payé les réparations, tandis que Kim s'est occupée de son accident pendant des mois. Ce qu'il faut retenir, c'est qu'au fur et à mesure que l'on se sent mieux, il en faut beaucoup plus pour faire basculer le monde. Lorsque les accidents se sont produits, le rythme cardiaque de George n'a même pas changé, mais Kim a eu besoin d'un sandwich au Valium pour se calmer.

Ces histoires vraies illustrent le fait qu'au fur et à mesure que vous progressez dans votre transformation financière totale, la définition d'une urgence qui mérite d'être couverte par le fonds d'urgence change. Au fur et à mesure que vous bénéficiez d'une meilleure assurance maladie, d'une assurance invalidité, d'une plus grande marge de manœuvre dans votre budget et de meilleures voitures, vous aurez moins de choses qui peuvent être considérées comme des urgences à couvrir par le fonds d'urgence.

Ce qui était auparavant un événement énorme, qui changeait la vie, devient un simple inconvénient. Lorsque vous n'avez plus de dettes et que vous investissez de manière dynamique pour devenir riche, une pause de quelques mois vous permettra de changer le moteur de votre voiture. Lorsque je dis que le fonds d'urgence repousse Murphy, ce n'est que partiellement exact. En réalité, Murphy ne vient pas souvent nous rendre visite, mais lorsqu'il le fait, nous remarquons à peine sa présence. Lorsque Sharon et moi étions fauchés, notre système de chauffage et de climatisation est tombé en panne et la réparation a coûté 580 $. C'était une grosse affaire. Récemment, j'ai fait installer un nouveau chauffe-eau de 1300 $ parce que l'ancien avait commencé à fuir, et je l'ai à peine remarqué. Je me demande si le soulagement du stress que vous procure votre transformation financière totale ne contribuera pas à ce que vous viviez plus longtemps ?

PERMETTEZ-MOI D'ÊTRE PARFAITEMENT CLAIR

Il y a quelques éclaircissements à apporter à l'étape n° 3. Joe a récemment demandé s'il devait abandonner la méthode boule de neige – étape n° 2 – pour compléter son fonds d'urgence. Joe et son épouse attendent des jumeaux dans six mois. L'usine de Brad fermera dans quatre mois et il perdra son emploi. Mike a reçu une énorme indemnité de départ de 25 000 $ la semaine dernière lorsque son entreprise l'a licencié. Ces personnes doivent-elles s'attaquer à leurs dettes ou compléter leur fonds d'urgence ? Elles devraient temporairement abandonner la méthode boule de neige et se concentrer sur le fonds d'urgence, car nous pouvons voir au loin des nuages d'orage qui sont réels. Une fois la tempête passée, ils pourront reprendre le plan comme avant.

Pour Joe, reprendre le plan signifie qu'une fois que les bébés seront nés en bonne santé, qu'ils seront rentrés à la maison et que tout le monde ira bien, il ramènera le fonds d'urgence à 1000 $ et utilisera le reste de son épargne pour se débarrasser de ses dettes.

Pour Brad, reprendre le plan signifie qu'une fois qu'il aura trouvé un nouvel emploi, il fera de même. Mike devrait conserver son fonds d'urgence de 25 000 $ jusqu'à ce qu'il retrouve un emploi. Plus vite il retrouvera un emploi, plus l'indemnité de départ ressemblera à une prime et aura un impact considérable sur le remboursement de ses dettes.

Parfois, les gens pensent qu'ils n'ont pas besoin d'un fonds d'urgence parce que leurs revenus sont garantis. Richard, un ancien militaire, recevait une rente d'environ 4500 $ par mois, ce qui lui permettrait de vivre s'il perdait son emploi. Il ne pensait pas avoir besoin d'un fonds d'urgence parce qu'il croyait que toutes les urgences étaient liées à son emploi. Puis il a eu un accident de voiture le même mois où il a été licencié. Il a continué à recevoir ses 4500 $, mais il doit maintenant faire face à une dette de voiture. Même si vos revenus sont garantis, il se peut que vous deviez aider un parent malade, remplacer votre système de chauffage en plein hiver ou acheter une nouvelle boîte de vitesses. Les urgences importantes et hors budget qui ne sont pas liées à l'emploi peuvent survenir et nécessiter l'utilisation du fonds d'urgence.

SI VOUS N'ÊTES PAS PROPRIÉTAIRE DE VOTRE MAISON

Je ne cesse de répéter que vous n'avez maintenant plus de dettes, à l'exception de votre hypothèque, et que vous en êtes à économiser pour compléter votre fonds d'urgence. Qu'en est-il si vous n'avez pas encore de maison ? Quand devez-vous épargner pour le versement initial ? Je vais convaincre le plus grand nombre d'entre vous d'opter pour un acompte de 100 %, mais je sais que certains d'entre vous accepteront l'hypothèque à taux fixe sur 15 ans dont j'ai parlé plus tôt en précisant qu'elle ne posait pas de problème.

J'adore l'immobilier, mais n'achetez pas de maison avant d'avoir terminé cette étape. Une maison est une bénédiction, mais si vous accédez à la propriété avec des dettes et sans fonds d'urgence, Murphy s'installera dans la chambre d'amis. Je crois aux avantages financiers et émotionnels de l'accession à la propriété, mais j'ai connu beaucoup de jeunes couples stressés qui se sont précipités pour acheter une maison avant d'être prêts.

L'épargne en vue d'un versement initial ou de l'achat au comptant d'une maison doit être réalisée après s'être libéré de ses dettes à l'étape n° 2 et après avoir entièrement approvisionné le fonds d'urgence à l'étape n° 3. L'épargne pour un acompte est donc l'étape n° 3(b). Vous devriez épargner pour l'achat d'une maison si cela vous démange avant de passer à l'étape suivante. Beaucoup de gens sont inquiets à l'idée d'acquérir une maison, mais veillez à ce que ce soit une bénédiction plutôt qu'une malédiction. Ce sera une malédiction si vous achetez alors que vous êtes encore fauché. Il existe toutes sortes de personnes désireuses de « travailler avec vous » pour que vous puissiez réaliser votre projet plus tôt, mais la définition de « financement créatif » est « trop fauché pour acheter une maison ».

PROCHAINE ÉTAPE : LA CRÉATION DE LA RICHESSE

Vous avez réussi. Vous n'avez plus de dettes, à l'exception de votre hypothèque, et vous avez économisé trois à six mois de dépenses. Pour arriver à la fin de cette étape si vous avez l'intensité d'une gazelle, il faut à une famille typique entre 24 et 30 mois. Deux ans ou deux ans et demi après le début de votre métamorphose financière, vous pouvez vous asseoir à la table de la cuisine sans aucun paiement, à l'exception de votre hypothèque, et avec environ 10 000 $ sur un compte de dépôt du marché monétaire. Fermez les yeux une fois de plus et laissez vos émotions et votre esprit visiter cet endroit. Je sais que vous souriez maintenant.

Je suis une mère célibataire de deux enfants, je possède ma propre entreprise et mon unique dette est l'hypothèque de la maison ! Mais tout n'a pas commencé comme ça.

À 20 ans, je suis tombée enceinte de mon premier enfant et j'ai cru que ma vie était finie. J'avais terminé deux années d'université, mais je ne savais pas comment j'allais compléter mes études et élever un bébé, alors j'ai quitté l'école. L'année suivante, j'ai vécu un divorce horrible. Je ne savais pas ce que j'allais faire !

Je vivais avec 400 $ par mois et j'utilisais des cartes de crédit pour tout. J'ai repris mes études et j'ai travaillé comme une folle pour obtenir mon diplôme un an et demi plus tard. Même si j'avais un diplôme en publicité, je n'arrivais pas à trouver un emploi qui m'enthousiasmait. J'ai donc décidé de créer ma propre entreprise de nettoyage à l'âge de 23 ans.

La nouvelle s'est répandue et mon entreprise s'est développée. Au plus bas, j'avais 100 000 $ de dettes. Au cours des six dernières années, je me suis progressivement libérée de toutes mes dettes ! J'ai travaillé de longues heures pour les rembourser, mais le jeu en valait la chandelle !

Aujourd'hui, je n'ai plus de paiements pour ma voiture et je dispose d'une assurance vie temporaire et d'une assurance invalidité d'un montant de 2 millions de dollars. Je suis heureuse, je n'ai pas de dettes, mes enfants vont dans une école privée et mon régime de retraite est en place. Chaque mois, je mets de côté 3000 $

pour l'éducation de mes enfants, le fonds d'urgence et les investissements. Ma maison est actuellement sur le marché parce que je veux louer et économiser en vue de faire un énorme versement initial sur ma prochaine maison. Mon objectif est de ne plus avoir de dettes, incluant l'hypothèque, d'ici l'âge de 35 ans !

Autumn Key (29 ans)
Propriétaire de Southern Comfort Cleaning

Je suis très exigeant et très passionné par le respect de ces principes et de ces étapes, précisément parce que j'ai vu des gens (comme ceux qui sont cités dans ce livre) gagner en appliquant le programme de transformation financière totale. J'ai entendu toutes les excuses, toutes les raisons de se plaindre et toutes les justifications pour expliquer que vous êtes différent et que vous avez une meilleure façon de faire les choses, mais croyez-moi : ce n'est pas le cas.

Une fois que nous avons franchi ces étapes de base et posé les fondations, le moment est venu de créer de la richesse. N'oubliez pas que c'est la raison pour laquelle nous avons entrepris une métamorphose financière. Nous ne voulions pas seulement nous débarrasser de nos dettes, mais devenir suffisamment riches pour donner, prendre notre retraite avec dignité, laisser un héritage et nous amuser comme des fous. Restez à l'écoute pour de grands moments de plaisir.

Votre budget est votre plan d'épargne pour votre fonds d'urgence. Scannez le code QR ci-dessous pour apprendre à donner la priorité à votre épargne dans votre budget.

CHAPITRE 9

Maximisez vos investissements pour la retraite : soyez en bonne santé financière pour la vie

J'ai un ami d'une quarantaine d'années qui a un physique de culturiste. Il est mince, avec des groupes musculaires bien définis, mais il n'en fait pas une obsession. Il fait attention à ce qu'il mange et s'entraîne deux fois par semaine. J'ai un autre ami dans la trentaine qui suit un régime fanatique, court tous les jours, fait de la musculation trois fois par semaine, mais qui a toujours 20 kilos en trop. Le second a entamé son parcours de santé il y a quelques années, il perd progressivement du poids et se remet en forme. Le premier conserve ce pour quoi il a travaillé dur pendant des années, mais il y met moins d'ardeur aujourd'hui.

Il en va de même pour le programme de transformation financière totale. L'intensité d'une gazelle est nécessaire pour franchir les étapes de la richesse, mais un simple entretien permet de maintenir les muscles de l'argent en bon état. Gardez à l'esprit que mon ami culturiste ne mange jamais trois portions de nourriture à la fois. Il est toujours conscient qu'il peut perdre sa forme, mais il peut avoir fière allure et se sentir bien avec beaucoup moins d'efforts, en supposant qu'il se souvienne des principes qui, au départ, lui ont permis de modeler son corps.

L'intensité d'une gazelle vous a permis de perdre 45 kilos de dettes et de constituer votre fonds d'urgence. Cette base vous permettra de devenir financièrement en forme en tonifiant vos muscles. Vous vous êtes attaqué à vos dettes ; elles ont disparu. Avec l'argent supplémentaire obtenu après avoir éliminé vos dettes, vous vous êtes attaqué à votre fonds d'urgence ; il est entièrement approvisionné. Vous êtes maintenant à un moment crucial. Que faites-vous de l'argent supplémentaire que vous consacriez à votre fonds d'urgence et au remboursement de vos dettes ? Ce n'est pas le moment de vous accorder une augmentation de salaire ! Vous avez un plan et vous gagnez. Continuez comme ça ! Vous avez franchi la moitié du parcours. Il est temps de commencer à penser à la fin ! Il est temps d'investir.

CE QUE LA RETRAITE *N'EST PAS*

Investir pour la retraite dans le contexte d'une transformation financière totale ne signifie pas nécessairement investir pour quitter son emploi. Si vous détestez votre carrière, changez-en. Vous devriez faire quelque chose de votre vie qui vous allume et vous permette d'utiliser vos talents. Aux États-Unis, la retraite a fini par signifier « économiser suffisamment d'argent pour pouvoir quitter le travail que l'on déteste ». C'est un mauvais plan de vie.

Harold Fisher avait 100 ans. Il travaillait cinq jours par semaine dans le cabinet d'architecture qu'il a fondé. Fisher ne travaillait pas parce qu'il avait besoin d'argent, loin s'en faut. Il travaillait parce qu'il trouvait de la joie dans ce qu'il faisait. Il était concepteur d'églises. Son dicton favori était : « Les gens qui prennent leur retraite tôt meurent tôt. » « Si je prenais ma retraite, que ferais-je ? », demandait-il. Harold Fisher était financièrement à l'abri et pouvait faire ce qu'il voulait, et c'est ce qui définit la *retraite* dans le contexte d'une métamorphose financière.

Lorsque je parle de retraite, je pense à la sécurité. La sécurité est synonyme de choix. (C'est pourquoi je pense que la retraite signifie que le travail est une option.) Vous pouvez choisir d'écrire un livre, de concevoir des églises ou de passer du temps avec vos petits-enfants. Vous devez atteindre le point où votre argent travaille plus dur que vous. Un plan de retraite dans le contexte d'une transformation financière totale consiste à investir dans un but de sécurité. Vous avez déjà la possibilité de quitter votre emploi, et si vous n'aimez pas votre travail, vous devriez envisager de le faire. Si ce n'est pas le cas aujourd'hui, élaborez un plan de match sur cinq ans pour passer à ce pour quoi Dieu vous a conçu ; cependant, n'attendez pas d'avoir 65 ans pour faire ce que vous aimez.

Ceci dit, la question de l'argent est importante. Vous voulez atteindre l'âge d'or dans la dignité financière. Cela n'est possible qu'avec un plan. Selon une étude de l'Institut de recherche sur les avantages du personnel (IRAP), seulement 18 % des travailleurs américains se disent très confiants dans le fait qu'ils auront assez d'argent à la retraite, et la moitié des travailleurs n'ont même jamais essayé de calculer le montant qu'ils doivent épargner pour prendre leur retraite dans la dignité. Non seulement ces derniers n'ont rien fait pour prendre leur retraite dans la dignité, mais ils ont perdu l'espoir que cela soit même possible. Notre étude nationale sur les millionnaires a révélé que la plupart des non-millionnaires pensent qu'il faut venir d'une famille riche, recevoir un gros héritage, avoir un salaire à six chiffres ou simplement avoir de la chance pour disposer d'un million de dollars à la retraite. Ouah ! Ces personnes ont besoin d'une transformation financière totale !

Si vous voulez un autre aperçu de la vision déformée que nous avons de la réalité, sachez que l'IRAP a également constaté que 83 % des retraités sont convaincus qu'ils auront assez d'argent pour faire face aux dépenses de base pendant leur retraite. C'est bien beau, mais il faut savoir que le retraité moyen âgé de 65 ans et plus n'a épargné que 280 000 $. Cela ne lui donnera qu'un peu plus de 20 000 $ par année pour vivre. Et comme la vie est chère de nos jours (et qu'elle le devient de plus en plus avec l'âge), ces retraités « confiants » vivent manifestement dans un monde imaginaire !

J'ai grandi dans la pauvreté et je connais donc la valeur d'un dollar. Ma grand-mère m'a élevé et je l'ai vue se battre chaque jour pour subvenir à nos besoins. Elle m'a appris très tôt à quel point il était important d'épargner pour les mauvais jours.

Mon premier emploi consistait à cueillir du coton. J'ai fini par trouver un emploi dans un gazoduc et j'ai travaillé pour cette entreprise pendant 35 ans. Je n'ai jamais gagné plus de 60 000 $ par année, mais j'ai toujours placé 10 % de mon salaire dans un plan d'achat d'actions. Au début, je ne pensais pas pouvoir me permettre de placer un tel pourcentage de mon salaire dans un compte de retraite, mais je me suis dit qu'à long terme, je ne pouvais pas me permettre de ne pas le faire.

Après 35 ans de travail, j'ai pu prendre ma retraite à l'âge de 58 ans – 7 ans plus tôt – avec environ un million de dollars sur mon compte de retraite ! Depuis que je suis à la retraite, je me suis construit un atelier et j'y passe beaucoup de temps à bricoler, juste pour m'amuser. Mon épouse et moi avons même pris des vacances d'un mois dans l'Ouest – simplement parce que c'est quelque chose que nous avions toujours voulu faire et que nous avions l'argent pour le faire !

Depuis que nous nous sommes efforcés de mettre un peu d'argent de côté chaque mois au lieu de faire comme le voisin, nous sommes désormais libres de faire ce que nous voulons pour le reste de notre vie!

Jim (64 ans) et
Kay (60 ans) Robinson
Tous deux retraités: Ancien spécialiste technique; ancienne infirmière et mère au foyer

---

La réalité est beaucoup moins rose. Selon nos recherches, une personne sur trois âgée de plus de 60 ans n'a même pas 1000 $ d'économies. Par ailleurs, 45 % des personnes âgées de 60 ans et plus ont un revenu familial inférieur à ce qui est nécessaire pour subvenir aux besoins vitaux dans leur région. Le Social Science Research Network (SSRN) a constaté qu'au cours des 20 dernières années, le nombre de personnes âgées de 65 ans et plus ayant fait faillite aux États-Unis a été multiplié par cinq. Vieillir est inévitable! Vous devez investir maintenant si vous voulez passer vos vieux jours dans la dignité. Investir dans un but de sécurité à long terme n'est pas une théorie à laquelle réfléchir tous les deux ans; c'est une nécessité à laquelle vous devez répondre dès maintenant. Vous devez effectivement remplir les formalités nécessaires dès maintenant. Vous devez choisir vos fonds communs de placement et y placer de l'argent. D'après ces statistiques, le niveau de déni de l'individu moyen sur ce sujet est alarmant.

ÉTAPE Nº 4: INVESTISSEZ 15 % DE VOS REVENUS DANS UN COMPTE DE RETRAITE

Ceux d'entre vous qui se préoccupent de leur retraite sont soulagés que nous soyons enfin arrivés à cette étape. Ceux qui ont vécu dans le déni se demandent pourquoi nous y accordons tant d'importance. À l'étape nº 4, il est temps de prendre au sérieux la constitution de votre patrimoine. Rappelez-vous que lorsque vous atteignez cette étape, vous n'avez pas d'autres paiements que celui de l'hypothèque, et vous avez épargné de trois à six mois de dépenses, ce qui représente des milliers de dollars. Avec un seul paiement, il devrait être facile d'investir massivement. Même avec un revenu inférieur à la moyenne, vous pouvez vous assurer que vous vivrez vos vieux jours dans la dignité. Avant cette étape, vous avez peut-être cessé ou n'avez peut-être jamais commencé à investir, et maintenant il faut vraiment mettre le feu aux poudres.

L'intensité d'une gazelle dans les étapes précédentes vous a permis de vous concentrer sur la croissance d'un pécule important. Les dizaines de milliers de personnes que nous avons rencontrées m'ont aidé à élaborer la règle des 15 %. Cette règle est simple : il s'agit d'investir chaque année 15 % de votre revenu brut avant impôt dans un compte de retraite. Pourquoi pas plus ? Parce que vous avez besoin d'une partie de vos revenus pour franchir les deux étapes suivantes : le financement de l'éducation de vos enfants et le remboursement de votre prêt hypothécaire. Pourquoi pas moins ? Certaines personnes souhaitent investir moins ou pas du tout afin de pouvoir payer les frais de scolarité de leurs enfants ou rembourser leur prêt hypothécaire très rapidement.

Je ne le recommande pas, car les diplômes universitaires de vos enfants ne vous nourriront pas à la retraite. Je ne recommande pas non plus de commencer par rembourser votre prêt hypothécaire, car j'ai conseillé trop de personnes âgées de 75 ans qui avaient payé leur maison et n'avaient plus d'argent. Elles finissaient par vendre la maison familiale ou par l'hypothéquer pour manger. Mauvais plan. À ce stade, il faut investir dans la retraite avant d'épargner pour l'éducation des enfants et de rembourser le prêt hypothécaire. De plus, en commençant maintenant, la magie de l'intérêt composé opérera pour vous.

Lorsque vous calculez vos 15 %, n'incluez pas les cotisations de l'entreprise dans votre plan. Investissez 15 % de votre revenu brut. Si votre entreprise verse une partie ou la totalité de votre contribution, vous pouvez considérer qu'il s'agit d'une prime. N'oubliez pas qu'il s'agit d'une règle empirique. Si vous descendez à 12 % ou si vous montez à 17 %, ce n'est pas un gros problème, mais comprenez les dangers qu'il y a à s'éloigner des 15 %. Si vous n'investissez pas assez, vous achèterez un jour le livre de cuisine classique intitulé *72 façons de préparer de la nourriture pour chien et de l'aimer*. Si vous surinvestissez, vous conserverez votre prêt hypothécaire trop longtemps, ce qui entravera le pouvoir de création de richesse de votre transformation financière totale.

De même, ne tenez pas compte de vos éventuelles prestations de sécurité sociale dans vos calculs. Je ne compte pas sur un gouvernement inintelligent pour assurer ma dignité à la retraite, et vous ne le devriez pas non plus. Selon une enquête récente, les moins de 30 ans sont plus nombreux à croire aux soucoupes volantes qu'à penser qu'ils recevront un sou de la sécurité sociale. Je suis plutôt d'accord. Je ne prends pas de position politique (bien que je ne sois pas au-dessus de cela), mais les mathématiques de ce système nous condamnent. Je ne suis pas Petit Poulet qui prédit que le ciel nous tombera sur la tête ; des livres entiers ont été écrits sur le gâchis de la Sécurité sociale.

Comprenez bien que c'est à vous de prendre soin de vous et des vôtres, et qu'une partie de votre transformation financière totale consiste à investir dès maintenant pour y parvenir. Si la Sécurité sociale n'existe plus lorsque vous prendrez votre retraite, vous serez heureux d'avoir suivi mes conseils. Si, par miracle, la Sécurité sociale existe encore, cela signifiera que j'avais tort. Dans ce cas, vous aurez de l'argent supplémentaire à donner. Je suis sûr que vous me le pardonnerez.

VOTRE OUTIL : LES FONDS COMMUNS DE PLACEMENT

Maintenant que vous avez franchi cette étape, vous devez vous renseigner sur les fonds communs de placement. Tout au long de son histoire, le marché boursier a enregistré un rendement moyen légèrement inférieur à 12 %. Je recommande d'investir à long terme dans des fonds communs de placement composés d'actions de croissance. Ces fonds sont de mauvais investissements à court terme, car leur valeur fluctue, mais ce sont d'excellents investissements à long terme si on y laisse notre argent plus de cinq ans.

En fait, 100 % des périodes de 15 ans dans l'histoire du marché boursier ont rapporté de l'argent. *Transformation financière totale* n'est pas un manuel d'investissement, donc si vous avez besoin d'informations plus détaillées, consultez notre cours, Financial Peace University, ou mon premier livre, *Financial Peace*. Mes fonds de retraite personnels sont investis comme je l'enseigne dans cet ouvrage. Il en a été de même lorsque nous avons épargné pour l'éducation de nos enfants.

Voici une version simplifiée de mon approche. Je sélectionne des fonds communs de placement qui ont fait leurs preuves depuis plus de cinq ans, et de préférence depuis plus de 10 ans. Je ne regarde pas leurs performances sur un an ou sur trois ans, car je pense à long terme. Je répartis mes investissements de retraite de manière égale entre quatre types de fonds. Les fonds de croissance et les fonds à revenu fixe représentent 25 % de mes investissements. (Ils sont parfois appelés fonds à forte capitalisation ou fonds de premier ordre). Les fonds de croissance représentent 25 % de mes investissements. (Ils sont parfois appelés fonds à moyenne capitalisation ou fonds d'actions ordinaires ; un fonds indiciel S&P pourrait également être pris en compte). Les fonds internationaux représentent 25 % de mes investissements. (Ils sont parfois appelés fonds étrangers ou d'outre-mer.) Les fonds de croissance dynamique représentent les derniers 25 % de mes investissements. (Pour une analyse complète de ce que sont les fonds communs de placement et des raisons pour lesquelles j'utilise cette combinaison, rendez-vous sur ramseysolutions.com et consultez nos articles (en anglais) qui vous donneront toutes les informations dont vous avez besoin.

Les 15 % de votre revenu que vous investissez doivent vous permettre de profiter de tous les avantages fiscaux et de compensation qui vous sont offerts. Une fois encore, notre objectif n'est pas d'expliquer en détail les différences entre tous les plans de retraite existants (voir mes autres documents à ce sujet), mais permettez-moi de vous donner quelques indications sur les domaines dans lesquels vous devez investir en priorité. Commencez toujours là où vous avez une compensation. Lorsque votre employeur vous donne de l'argent gratuitement, prenez-le. Si la participation de votre employeur correspond aux premiers 3 % de votre régime de retraite, les 3 % que vous placez seront les premiers 3 % de vos 15 % investis. Si vous n'avez pas de contrepartie, ou après avoir investi jusqu'à l'abondement, vous devriez ensuite investir dans un compte de retraite individuel.

Le compte de retraite individuel vous permet d'investir jusqu'à 7000 $ par année et par personne (8000 $ si vous avez 50 ans ou plus). Il existe certaines restrictions en matière de revenus et de situation, mais la plupart des gens peuvent investir dans un compte de retraite individuel. Ce dernier fructifie en FRANCHISE d'impôt. Si vous investissez seulement 3000 $ par année de 35 à 65 ans et que vos fonds communs de placement affichent une moyenne de 12 %, vous disposerez de 873 000 $ en FRANCHISE d'impôt à l'âge de 65 ans. Vous n'avez investi que 90 000 $ (30 ans × 3000 $) ; le reste est une croissance, et vous ne payez pas d'impôts. Le compte de retraite individuel est un outil très important pour la transformation financière totale de pratiquement tout le monde.

Commencez par les cotisations de contrepartie que vous pouvez obtenir, puis approvisionnez votre compte de retraite individuel. Assurez-vous que le montant total que vous versez correspond à 15 % du revenu brut total de votre ménage.

Exemple :	
Revenu du ménage	**100 000 $**
Mari	**50 000 $**
Épouse	**50 000 $**
Les **premiers 3 %** du compte de retraite du mari bénéficient d'une contrepartie ; celui de l'épouse n'a pas de contrepartie.	
3 % de **50 000 $ (1500 $)** sont versés dans le compte de retraite.	
Viennent ensuite deux comptes de retraite individuels, d'un montant total de **13 500 $**.	
L'objectif est de **15 %** de **100 000 $**, soit **15 000 $**.	

CE QU'IL VOUS FAUDRA POUR PRENDRE VOTRE RETRAITE

De combien avez-vous besoin pour prendre votre retraite dans la dignité et la sécurité ? Combien de temps vous faudra-t-il pour y parvenir ? Le calculateur d'investissement sur notre site Web (ramseysolutions.com/retirement/investment-calculator) peut vous donner une bonne estimation. Vous serez en sécurité et vous laisserez un bel héritage si vous pouvez vivre avec 8 % de votre pécule par année. Si vous gagnez en moyenne 12 % sur votre argent et que l'inflation s'élève à 4 %, 8 % est un chiffre rêvé. Si vous gagnez 12 % et ne retirez que 8 %, votre pécule s'accroît de 4 % par année. Ces 4 % permettent à votre pécule, et donc à vos revenus, de rester en avance sur l'inflation jusqu'à ce que la mort vous sépare. Vous bénéficierez chaque année d'une augmentation pour répondre au coût de la vie grâce à votre épargne. Si vous pouvez vivre dignement avec 60 000 $, vous avez besoin d'une épargne-retraite de 750 000 $ seulement. Je vous recommande d'avoir le plus gros pécule possible parce qu'il y a des choses très intéressantes à faire avec celui-ci plus tard, comme le donner.

Si, en effectuant les calculs, vous craignez de ne pas atteindre votre objectif en épargnant 15 %, gardez à l'esprit qu'il ne s'agit là que de l'étape nº 4. Les étapes suivantes vous permettront d'accélérer vos investissements tout en continuant à vivre.

Voulez-vous rêver avec moi un instant ? Rêvez qu'un couple âgé de 27 ans avec des revenus moyens ou inférieurs à la moyenne s'engage dans une transformation financière totale. Ils s'engagent à fond et, en trois ans, à l'âge de 30 ans, ils en sont à l'étape nº 4. Ils investissent 15 % de leurs revenus dans 4 types de fonds communs de placement d'actions de croissance ayant des antécédents de 5 à 10 ans. Le revenu moyen d'un ménage américain est d'environ 75 000 $ par année, selon le Bureau du recensement des États-Unis. Joe et Suzy Average investissent 11 250 $ (15 % de leurs revenus) par année, soit 937,50 $ par mois. Si vous gagnez 75 000 $ par année, que vous n'avez pas d'autres paiements que votre prêt hypothécaire et que vous vivez avec un budget, pouvez-vous investir 937 $ par mois ? Suivez-moi ici. Si Joe et Suzy investissent 937 $ par mois, sans contrepartie, dans des comptes de retraite individuels de l'âge de 30 ans à l'âge de 70 ans, ils disposeront de 11 millions de dollars en FRANCHISE d'impôt ! Et si je me trompe à moitié ? Et si vous vous retrouvez avec seulement 5,5 millions de dollars ? C'est tout de même mieux que l'une sur trois de ces personnes de plus de 60 ans qui n'arrivent pas à réunir un millier de dollars !

Joe et Suzy sont bien en dessous de la moyenne. Pourquoi ? Dans notre exemple, ils ont commencé avec le revenu moyen d'un ménage américain et, en 40 ans de travail, ils n'ont jamais obtenu d'augmentation. Ils ont épargné 15 % de leurs revenus, jamais davantage. Aujourd'hui, aux États-Unis, il n'y a aucune excuse pour prendre sa retraite sans dignité financière. La plupart d'entre vous verront plus de 3 millions de dollars passer entre leurs mains au cours de leur vie professionnelle, alors faites quelque chose pour récupérer une partie de cet argent.

Gayle m'a demandé un jour s'il était trop tard pour qu'elle commence à épargner. Gayle n'avait pas 27 ans, comme Joe et Suzy. Elle avait 57 ans, mais avec son attitude, on aurait pu croire qu'elle en avait 107. Harold Fisher avait de bien meilleures perspectives à 100 ans que Gayle à 57 ans. La vie lui avait porté quelques coups durs et avait fait disparaître la plupart de ses espoirs. La transformation financière totale n'est pas un spectacle de magie. Vous commencez là où vous êtes et vous suivez les étapes. Ces étapes fonctionnent que vous ayez 27 ou 57 ans, et elles ne changent pas. Gayle pourrait commencer à 60 ans l'étape de l'investissement pour la retraite que Joe et Suzy ont commencé à 30 ans.

Gayle n'a pas eu la sagesse d'aborder la soixantaine sans fonds d'urgence, avec des dettes de carte de crédit et un paiement de voiture. Comme nous tous, elle ne pouvait pas épargner alors qu'elle avait des dettes et pas de parapluie en cas de pluie. Aurait-il été préférable que Gayle commence à 27 ou même 47 ans ? Bien sûr. Mais une fois qu'elle a cessé de s'apitoyer sur son sort, elle a dû commencer par le premier pas et suivre le programme de métamorphose financière, étape par étape, pour se mettre dans la meilleure position possible.

Il n'est jamais trop tard pour commencer. George Burns a remporté son premier Oscar à 80 ans. Golda Meir est devenue la Première ministre d'Israël à 71 ans. Michel-Ange a peint le mur du fond de la chapelle Sixtine à 70 ans. Le colonel Sanders n'a jamais fait frire de poulet pour de l'argent avant l'âge de 65 ans, et PFK (Poulet frit Kentucky) est un nom connu dans le monde entier. Albert Schweitzer pratiquait encore des opérations chirurgicales en Afrique à l'âge de 89 ans. Il n'est jamais trop tard pour se lancer. Le passé est révolu. Commencez là où vous êtes, car c'est votre seule option. Toutefois, voici une remarque à l'intention de tous ceux qui ont moins de 40 ans : tous ceux qui sont plus âgés que vous crient collectivement : « INVESTISSEZ MAINTENANT ! »

À l'étape nº 4, il ne s'agit pas de « s'enrichir rapidement ». C'est en investissant de manière systématique et cohérente au fil du temps que vous deviendrez riche. Si vous n'êtes pas constant et trouvez toujours quelque chose de plus important que l'investissement, vous êtes condamné à faire partie des 27 personnes sur 100, âgées de 60 à 74 ans, qui travaillent encore parce qu'elles n'ont pas le choix. L'investissement systématique et cohérent équivaut à la tortue qui franchit la ligne d'arrivée avant le lièvre. Lorsqu'on persévère, la magie de l'intérêt composé opère. Le texte suivant de Timothy Gallwey me rappelle toujours ce concept :

Lorsque nous plantons une graine de rose dans la terre, nous remarquons qu'elle est petite, mais nous ne la critiquons pas en disant qu'elle est « sans racine et sans tige ». Nous la traitons comme une graine, en lui donnant l'eau et les nutriments dont elle a besoin.

Lorsqu'elle sort de terre pour la première fois, nous ne la condamnons pas comme immature et sous-développée ; nous ne critiquons pas les bourgeons parce qu'ils ne sont pas encore ouverts lorsqu'ils apparaissent. Nous nous émerveillons du processus en cours et donnons à la plante les soins nécessaires à chaque étape de son développement.

La rose reste une rose de l'instant où elle est une graine jusqu'au moment où elle meurt. Elle contient en elle, à tout moment, tout son potentiel. Elle semble être en perpétuel changement. Pourtant, à chaque état, à chaque instant, elle est parfaitement bien telle qu'elle est.

Une fleur n'est pas meilleure lorsqu'elle s'épanouit que lorsqu'elle n'est qu'un bourgeon ; à chaque stade, c'est la même chose… c'est une fleur en train d'exprimer son potentiel.

L'histoire de la rose parle du potentiel humain et du fait de ne pas être défini par ce que l'on fait, mais plutôt par ce que l'on est. Votre transformation financière totale et l'étape à laquelle se trouvent vos investissements sont similaires. Adoptez l'intensité d'une gazelle pour fleurir, mais sachez que tant que vous franchissez progressivement les étapes, *vous gagnez*. En fin de compte, nous ne sommes pas définis par la richesse ; cependant, votre métamorphose financière aura un impact sur votre richesse, ainsi que vos émotions, vos relations et votre état spirituel. Il s'agit d'un processus « total ».

J'ai commencé à écouter l'émission de Dave il y a un peu moins de deux ans et, depuis, nous n'avons plus aucune dette, à l'exception de notre prêt hypothécaire ! Nous avons un fonds d'urgence entièrement approvisionné. Nous avons deux très belles voitures, toutes deux entièrement payées. Et comme nous continuons de verser le double de notre paiement hypothécaire chaque mois, nous aurons payé notre maison dans environ cinq ans. Le plus étonnant, c'est que nous sommes au milieu de la vingtaine !

J'ai commencé à m'endetter avant que mon épouse et moi ne soyons mariés. Je pensais qu'il fallait contracter un prêt pour acheter une voiture, et c'est ce que j'ai fait. On ne peut pas avoir de voiture sans emprunt, n'est-ce pas ? À un moment donné, j'avais trois emplois pour rembourser nos dettes. Je pense que la banque s'est demandée ce qui se passait lorsque mes paiements pour la voiture ont commencé à être trois fois plus élevés que le montant requis !

Une fois toutes nos dettes de consommation remboursées et notre fonds d'urgence constitué, nous avons commencé à investir. Nous avons suivi les conseils que Dave donne dans ce livre *Transformation financière totale*. Nos fonds communs de placement sont répartis entre les quatre types de fonds dont parle Dave : fonds de croissance et fonds à revenu fixe, fonds de croissance, fonds internationaux et fonds de croissance dynamique. Grâce à Dave, notre avenir est très prometteur. Si nos revenus n'augmentent pas et si nous n'investissons pas plus chaque année qu'aujourd'hui pendant le reste de notre vie, nous pourrons tout de même prendre notre retraite à l'âge de 65 ans avec 12 millions de dollars !

C'est si bon d'être si jeune, d'avoir une telle liberté financière et la possibilité d'en faire profiter d'autres personnes. Merci, Dave, pour vos conseils financiers et surtout pour continuer à donner de l'espoir à des centaines de milliers de personnes.

Adam (24 ans) et
Kristi (22 ans) Ivey
Pasteur;
infirmière accoucheuse

À l'issue de cette étape, vous n'avez aucune dette, à l'exception de votre prêt hypothécaire, vous disposez d'environ 10 000 $ pour les urgences et vous prenez des mesures pour vous assurer une retraite dans la dignité. Je crois voir votre sourire s'élargir. Je sais que lorsque Sharon et moi avons franchi cette étape, les choses ont commencé à bouger dans notre vie. Nous avons retrouvé la confiance que la perte de tout nous avait enlevée. Vous allez gagner. Vous le sentez ? Le voyez-vous ? Si ce n'est pas le cas, relisez cette phrase. Mieux encore, écrivez-la à un endroit où vous la verrez tous les jours : « Je vais gagner ! » Votre vie est en train de changer ! C'est amusant ! Maintenant, passons à une autre étape.

Scannez le code QR ci-dessous pour savoir combien vous devriez épargner pour pouvoir prendre votre retraite comme vous l'entendez et trouver des conseillers en investissement qui élaboreront un plan pour vous aider à y parvenir.

CHAPITRE 10

Épargnez pour l'éducation de vos enfants: Veillez à ce qu'ils soient également en bonne posture

Il est temps de faire quelque chose pour le fameux fonds d'études. Beaucoup d'entre vous se sont tordu les mains pendant que nous faisions les quatre étapes et n'ont pas épargné le moindre sou pour leurs petits chérubins. Certaines personnes dans notre culture ont perdu la tête en ce qui concerne la formation universitaire. L'université est importante, tellement importante que j'ai expliqué à mes enfants que s'ils n'allaient pas à l'université, nous engagerions des gens pour leur faire des choses méchantes jusqu'à ce qu'ils y aillent. Sérieusement, une éducation solide pour commencer leur vie d'adulte et leur carrière ajoutera à la qualité de l'une et de l'autre. J'ai également fréquenté l'université et j'en suis sorti avec un diplôme; allez savoir pourquoi.

COMPRENDRE L'OBJECTIF D'UNE FORMATION UNIVERSITAIRE AVANT DE LA FINANCER

J'ai prodigué des conseils financiers à des parents qui, je le craignais, auraient besoin de plusieurs années de thérapie s'ils n'offraient pas à leurs enfants l'école la plus chère disponible. Je suis certain qu'en entamant ce petit pas, nous devons examiner le système de valeurs de notre culture sur la question de l'université. Nous avons tellement vendu l'université à nos jeunes que nous avons commencé à accepter certains mythes sur les diplômes universitaires. Les diplômes universitaires ne garantissent pas un emploi. Les diplômes universitaires ne garantissent certainement pas le succès. Les diplômes universitaires ne garantissent pas la richesse. Les diplômes universitaires ne font que prouver que quelqu'un a réussi, qu'il a passé avec succès une série d'examens. Nous connaissons tous des personnes ayant fait des études supérieures qui sont fauchées et au chômage. Elles sont très désabusées parce qu'elles croyaient avoir acheté un billet et qu'on leur a refusé une place dans le train de la réussite.

Si vous envoyez vos enfants à l'université parce que vous voulez leur assurer un emploi, le succès ou la richesse, vous serez très déçus. Dans certains cas, la déception ne durera pas, car dès qu'ils auront obtenu leur diplôme, ils reviendront vivre chez vous. Écoutez-moi bien : l'université, c'est bien, mais n'attendez pas trop de ce diplôme. Et si nous admettions que, dans la plupart des cas, l'université ne peut qu'enseigner des connaissances ? Si nous le faisions, nous verrions que l'échec et le chagrin sont garantis – si nous attendons d'un diplôme universitaire qu'il nous apporte à lui seul les trésors de la vie. Ce n'est que si vous mélangez la connaissance avec l'attitude, le caractère, la persévérance, la vision, la concentration et beaucoup de travail que votre diplôme universitaire vous sera bénéfique. Nous avons placé une dangereuse responsabilité sur ce bout de papier. Nous nous attendons à ce qu'il fasse des choses qu'il ne peut pas faire.

Parce que nous avons fait du diplôme universitaire une sorte de « génie dans une bouteille » qui nous aiderait à gagner dans la vie comme par magie, nous allons jusqu'à des extrêmes incroyablement stupides pour l'obtenir. J'ai été millionnaire en partant de rien à deux reprises avant d'avoir 40 ans, et j'attribue 15 % de ce succès aux connaissances acquises à l'université et 0 % au diplôme. Le livre de Daniel Goleman intitulé *L'intelligence émotionnelle* fait état d'une constatation similaire. En étudiant les personnes qui ont réussi, l'auteur a découvert que 15 % du succès pouvait être attribué à la formation et à l'éducation, tandis que 85 % était attribué à l'attitude, à la persévérance, à la concentration et à la vision. Si nous admettons tout haut que l'éducation sert à acquérir des connaissances, ce qui n'est qu'une partie de la formule du succès, alors nous n'avons pas besoin de perdre la tête à la poursuite du Saint-Graal.

Qu'en est-il des amis de toujours que vos enfants se feront à l'université et qui pourront les « aider » lorsqu'ils seront diplômés ? Permettez-moi de vous poser une question : avez-vous gagné plus d'argent grâce aux amitiés que vous avez nouées à l'université ? Je ne dis pas que les amitiés n'ont pas d'importance, ni même que les amis de l'université ne vous aideront jamais dans votre carrière ; cependant, si le prix à payer pour ce genre d'amitiés est un endettement important, c'est beaucoup trop élevé. En outre, vous pouvez nouer des relations de qualité pour l'avenir, quel que soit l'endroit où vous étudiez.

Nous devons savoir pourquoi nous voulons que nos enfants aillent à l'université afin de fixer des objectifs pour l'école. En d'autres termes, si vous n'attendez pas autant du diplôme, vous ne casserez peut-être pas toutes les branches de votre arbre généalogique en inscrivant vos enfants dans une université que vous ne pouvez franchement pas vous permettre. Encore une fois, l'université est importante – très importante –, mais elle n'est pas la réponse à tous les problèmes de vos enfants. J'oserais même dire que l'université n'est même pas un besoin, c'est un désir. Ce n'est pas une nécessité, c'est un luxe. Ce luxe est l'un des premiers sur ma liste, mais pas avant la retraite, pas avant un fonds d'urgence, et ce n'est certainement pas une raison de s'endetter.

LE CONSEIL DE DAVE...

Un mythe sur le diplôme universitaire

Je ne suis jamais entré dans le cabinet d'un médecin en lui disant: «Vous savez quoi, docteur, avant de vérifier ma tension artérielle, vous feriez mieux de me dire où vous avez fait vos études de médecine.» Et je ne suis jamais allé dans le bureau de mon expert-comptable pour lui demander où il avait obtenu son diplôme de comptabilité.

Mais lorsque nous choisissons une école pour nous-mêmes ou pour nos enfants, nous agissons comme si le lieu baignait dans une sorte de poussière de fée magique qui va automatiquement faire de notre vie une réussite. Voici une surprise: ce n'est pas le cas.

Les connaissances, la persévérance, l'intégrité et le caractère vous mèneront beaucoup plus loin qu'un bout de papier portant le logo d'une université en particulier. Lorsque j'embauche du personnel, je ne regarde presque jamais où ils ont fait leurs études. Ce qui m'intéresse, c'est ce qu'ils ont accompli depuis qu'ils ont quitté l'école.

Je ne suis pas contre les études d'élite ou l'éducation privée. Mais je suis contre la dette qui accompagne généralement ces diplômes et le manque de réflexion qui se trouve derrière leur obtention.

Les gens appellent pendant mon émission de radio pour me parler de leurs 100 000 $ de prêts étudiants alors qu'ils occupent un emploi qui leur rapporte 58 000 $ par année. Ce calcul ne tient tout simplement pas la route, et les gens ne peuvent pas vivre comme ça – surtout quand un conjoint et une famille entrent dans leur vie. Et la situation empire, avec des dettes d'études qui s'élèvent aujourd'hui à 1,7 billion de dollars en Amérique!

En résumé: la partie la plus inutile de votre *diplôme* est son *pedigree*. Pour réussir financièrement, vous devez cesser de vous soucier de ce que pensent les autres. Si vous pouvez vraiment y parvenir avant d'aller à l'université, alors vous faites un pas de géant dans la bonne direction.

LES RÈGLES DE DAVE POUR L'UNIVERSITÉ

Effectuez des recherches sur le coût des études universitaires. Renseignez-vous sur ce que coûte aujourd'hui votre ancien établissement d'enseignement supérieur. Renseignez-vous sur le coût de la grande école publique de votre région. Renseignez-vous sur le coût de l'école publique plus petite de votre quartier. Renseignez-vous sur le coût d'un établissement privé, plus petit et plus intime. Comparez-les. Dans certains domaines d'études et dans quelques rares carrières, l'endroit où vous avez obtenu votre diplôme aura de l'importance, mais dans la plupart des cas, ce ne sera pas le cas.

Le pedigree a de moins en moins d'importance dans notre culture professionnelle actuelle. Comment pouvez-vous justifier de vous endetter de 75 000 $ pour un diplôme alors que vous auriez pu aller dans une école publique et le payer de votre poche sans aucune dette ? C'est impossible. Si vous disposez de 75 000 $ ou d'une bourse d'études et que vous voulez aller dans une école privée sans vous endetter, n'hésitez pas à le faire. Dans le cas contraire, reconsidérez la question.

La première règle (que ce soit pour vous ou pour vos enfants) est la suivante : payez comptant. La deuxième règle est la suivante : si vous avez l'argent nécessaire ou une bourse, allez-y. Il y a quelques années, j'ai rencontré le doyen de l'école de commerce de l'université où j'ai obtenu mon diplôme. À l'époque, l'étudiant moyen sortait de l'université avec une dette d'environ 30 000 $, après avoir passé quatre ans dans un appartement, et non dans un dortoir, et avoir mangé en dehors du campus, et non à la cafétéria. L'étudiant moyen a payé 6500 $ *de plus par année* pour vivre et manger hors du campus que pour vivre dans un dortoir et manger à la cafétéria. Les prêts étudiants qu'ils « devaient avoir » sous peine de ne pas pouvoir aller à l'université n'étaient pas du tout destinés à l'université. La majeure partie des prêts étudiants, en moyenne, sert à payer un niveau de vie hors campus, et pratiquement rien de ces prêts ne sert à payer le diplôme proprement dit, mais seulement à faire bonne figure pendant l'obtention du diplôme.

Les prêts étudiants sont un cancer. Une fois qu'on les a contractés, on ne peut plus s'en débarrasser. Ils sont comme un parent indésirable qui vient passer « quelques jours » et qui est toujours dans la chambre d'amis 10 ans plus tard. Nous avons répandu le mythe selon lequel il n'est pas possible d'être étudiant sans prêt. Ce n'est pas vrai ! Selon *US News*, deux étudiants sur trois contractent des prêts étudiants. Les prêts étudiants sont devenus normaux, et ce qui est normal, c'est d'être fauché. En fait, la génération actuelle d'étudiants est parfois surnommée la « génération endettée » parce qu'elle sort des établissements d'enseignement supérieur avec une dette étudiante moyenne de 37 000 $. Restez à l'écart des prêts ; faites des plans pour éviter d'emprunter.

Si vous avez planifié vos objectifs d'épargne et qu'il ne vous reste plus beaucoup de place dans le budget pour l'université, ne paniquez pas. La connaissance n'est qu'une partie de la formule du succès. Avec ce que vous pouvez économiser, vos précieux enfants peuvent probablement obtenir un bon diplôme s'ils acceptent d'adapter leur mode de vie et s'ils trouvent un emploi pendant leurs études. Le travail est bon pour eux. Dans les générations précédentes, les étudiants vivaient chez des parents, dormaient dans des dortoirs, mangeaient à la cafétéria et enduraient d'autres inconvénients pour obtenir un diplôme. Ils allaient même dans des écoles sans pedigree pour acquérir les connaissances qu'ils recherchaient. Ils ne se faisaient pas non plus d'illusions sur le fait que le diplôme leur garantirait un emploi ou le succès.

Maintenant, après avoir passé des pages à rabâcher l'état d'esprit, nous pouvons fixer des objectifs réalistes et atteignables pour l'épargne universitaire.

ÉTAPE Nº 5 : ÉPARGNEZ POUR L'ÉDUCATION DE VOS ENFANTS

Pratiquement tout le monde pense qu'il est important d'épargner pour l'éducation universitaire de ses enfants, mais presque personne ne le fait. BestColleges.com a constaté que 44 % des Américains ayant des enfants n'épargnent pas un sou pour l'université. Selon une étude réalisée en 2022 par Sallie Mae, seulement 33 % des familles utilisent des fonds d'épargne universitaire tels que les régimes d'épargne-études. Pourquoi sommes-nous si mal lotis ? Parce que nous sommes endettés, que nous n'avons pas de fonds d'urgence, que nous n'avons pas établi de budget, etc. Nous devons avancer à petits pas dans notre transformation financière totale avant d'avoir l'argent nécessaire pour épargner pour l'université.

Si vous épargnez pour l'université et n'avez pas de fonds d'urgence, vous puiserez dans le fonds d'épargne-études pour éviter que votre maison ne soit saisie lorsque vous serez licencié. Si vous essayez d'épargner pour l'université tout en effectuant de multiples paiements, vous n'aurez plus d'argent à épargner. En revanche, lorsque vous arriverez à cette étape, vous aurez une base solide et de l'argent à épargner. Si vous n'avez pas d'enfants, ou si vos enfants ont grandi et sont partis, vous pouvez simplement sauter cette étape. Pour tous les autres, un fonds d'épargne-études est une nécessité. Et si vous suivez mes conseils, vous ne finirez pas par le piller.

Lorsque nous avons commencé à nous renseigner sur les possibilités d'études pour notre fille, nous nous sommes vraiment inquiétés. Nous avons toujours vécu selon nos moyens, mais nous n'avons jamais épargné pour l'avenir. Nous avions entendu parler d'étudiants qui accumulaient des dizaines de milliers de dollars de dettes, mais nous ne voulions pas que notre fille ait à porter ce fardeau à la fin de ses études.

Nous ne pensions pas qu'il était possible de payer comptant ses frais de scolarité. Au début, nous pensions l'aider autant que possible avec ce que nous avions, puis nous nous endetterions pour couvrir le reste des dépenses.

En effectuant quelques recherches, nous avons découvert que notre fille pouvait suivre la plupart de ses cours dans un collège communautaire – et ce, pour beaucoup moins cher ! Elle a parcouru 30 kilomètres à l'aller et au retour pendant 2 ans et a pu vivre à la maison. Mieux encore, elle a obtenu trois bourses différentes, qui ont payé la moitié de ses frais de scolarité !

Au bout de deux ans, elle a obtenu un diplôme d'associée en art et a été transférée dans un établissement d'enseignement supérieur pour y suivre un programme d'une durée de quatre ans. Elle a travaillé dur et a obtenu encore plus de bourses, ce qui a réduit ses frais de scolarité. Nous l'avons aidée en payant le loyer de son appartement et ses frais de scolarité, et elle a travaillé à temps partiel pour payer ses livres, sa nourriture et ses frais de subsistance. C'était un travail d'équipe et nous sommes tous restés concentrés sur notre objectif : obtenir un diplôme sans dettes.

Nous avons découvert qu'avec un peu de créativité et beaucoup de travail, nous pouvions vraiment payer comptant les études de notre fille – et cela a fonctionné ! Notre fille obtiendra son diplôme dans quelques mois sans aucun prêt étudiant !

Craig (55 ans) et
Karen (52 ans) Seymour
Opticien;
archiviste au Service de police

LES RÉGIMES D'ÉPARGNE-ÉTUDES ET LES PLANS 529

Les frais de scolarité augmentent plus rapidement que l'inflation normale. L'inflation des biens et services est en moyenne de 4 % par année, alors que l'inflation des frais de scolarité est en moyenne de 8 % par année. Lorsque vous épargnez pour l'université, vous devez gagner au moins 8 % par année de plus pour suivre les augmentations. L'assurance vie pour bébés, comme celle de Gerber ou toute autre assurance vie entière pour bébés destinée à épargner pour l'université, est une plaisanterie – il faut généralement environ 15 ans pour que la valeur de rachat de ces plans soit égale au montant que vous avez payé en primes. C'est tout simplement ridicule. Les bons d'épargne ne fonctionnent pas non plus (désolé, grand-mère !), car ils rapportent en moyenne entre 2 et 5 %. La plupart des États proposent désormais des frais de scolarité prépayés.

Nous en avons parlé dans le chapitre 4 traitant des mythes sur l'argent, mais n'oubliez pas que lorsque vous payez à l'avance quelque chose, vous ne faites que compenser l'inflation sur ce poste. Si les frais de scolarité augmentent de 8 % par année et que vous les payez à l'avance, vous gagnez 8 % sur votre argent. Ce n'est pas si mal, mais gardez à l'esprit qu'un fonds commun de placement à croissance décente atteint une moyenne de plus de 12 % lorsqu'il est investi à long terme. Bien sûr, il y a pire que les frais de scolarité prépayés. BestColleges.com rapporte que 22 % des rares personnes qui épargnent pour l'université le font sur un simple compte d'épargne dont le rendement est inférieur à 1 %. Cela ne suffira pas. Je sais, c'est mieux que rien. Mais je préfère un autre adage dans ce cas : si une chose vaut la peine d'être faite, elle vaut la peine d'être bien faite. Attelons-nous à l'étape nº 5 de la bonne manière.

Je suggère de financer l'université, ou du moins la première étape de l'université, à l'aide d'un régime d'épargne-études, approvisionné par un fonds commun de placement d'actions de croissance. Le compte d'épargne-études fructifie en franchise d'impôt lorsqu'il est utilisé pour l'enseignement supérieur. Si vous investissez 2000 $ par année, de la naissance à l'âge de 18 ans, dans des frais de scolarité prépayés, cela vous permettra de couvrir environ 72 000 $ de frais de scolarité, mais grâce à un régime d'épargne-études investi dans des fonds communs de placement rapportant en moyenne 12 %, vous aurez 126 000 $ en franchise d'impôt.

Le régime d'épargne-études permet actuellement d'investir 2000 $ par année et par enfant, si le revenu du ménage est inférieur à 190 000 $ par année. Le plafond d'investissement diminue progressivement avec l'augmentation des revenus, et toute personne gagnant plus de 220 000 $ n'est pas éligible. Si vous commencez à investir tôt, votre enfant pourra fréquenter pratiquement n'importe quel établissement d'enseignement supérieur public pendant quatre ans si vous économisez 166,67 $ par mois (2000 $ par année). Pour la plupart d'entre vous, l'étape n° 5 est franchie si vous commencez à financer entièrement un régime d'épargne-études avant que votre enfant n'ait atteint l'âge de 5 ans.

Si vos enfants sont plus âgés ou si vous aspirez à des écoles coûteuses, à des études supérieures ou à des programmes de doctorat, vous devrez épargner plus que ce que le régime d'épargne-études vous permet de faire. Je commencerais tout de même par le régime d'épargne-études si les plafonds de revenus ne vous en empêchent pas. Commencez par un tel régime, car vous pouvez l'investir n'importe où, dans n'importe quel fonds ou n'importe quelle combinaison de fonds, et le modifier à volonté. C'est le système le plus souple et avec lequel vous avez le plus de contrôle.

Si vous souhaitez aller plus loin que le régime d'épargne-études, ou si vos revenus ne vous y rendent pas éligible, vous pouvez envisager un plan 529. Il s'agit de plans d'État, mais la plupart vous permettent d'utiliser l'argent dans n'importe quel établissement d'enseignement supérieur, ce qui signifie que vous pouvez épargner dans un plan 529 du New Hampshire et aller à l'université au Kansas. Il existe plusieurs types de plans 529, et vous devriez éviter la plupart d'entre eux. Le premier type de plan à être devenu populaire a été le plan « phase de vie ».

Ce type de plan permet à l'administrateur du plan de contrôler votre argent et de le déplacer vers des investissements plus conservateurs au fur et à mesure que l'enfant vieillit. Les performances de ces plans sont faibles (environ 8 %) parce qu'ils sont très prudents. Le type suivant est un plan « prépayé », qui vous permet de payer à l'avance les dépenses futures liées à un établissement d'enseignement supérieur aux taux des frais de scolarité actuels. Nous avons déjà évoqué les problèmes posés par tout ce qui est prépayé, mais ces plans prépayés en posent encore plus. Les plans 529 prépayés sont soumis à des conditions d'admissibilité strictes et imposent un certain nombre de restrictions quant à l'utilisation des fonds.

L'un des problèmes d'un plan 529 est qu'il faut renoncer à un certain contrôle. Le meilleur plan 529 disponible, et mon deuxième choix après le régime d'épargne-études, est un plan « flexible ». Ce type de plan vous permet de déplacer périodiquement vos investissements au sein d'une certaine famille de fonds. Une famille de fonds est une marque de fonds commun de placement. Vous pouvez choisir pratiquement n'importe quel fonds commun de placement de l'American Funds Group, de Vanguard ou de Fidelity. Vous n'avez qu'une seule marque, mais vous pouvez choisir le type de fonds, le montant de chaque fonds et le déplacer si vous le souhaitez. C'est le seul type de plan 529 que je recommande.

Quelle que soit la manière dont vous épargnez pour l'université, faites-le. Épargner pour l'université permet de ne pas transmettre un héritage de dettes à votre arbre généalogique. Malheureusement, la plupart des étudiants qui sortent aujourd'hui de l'université sont très endettés avant même d'avoir commencé leur carrière. Si vous commencez tôt ou si vous épargnez de manière très dynamique, votre enfant ne sera pas l'un d'entre eux.

Après avoir été fatiguée et frustrée par l'accumulation de dettes pendant plusieurs années, j'étais prête à me libérer et à commencer à planifier un meilleur avenir. Jared, qui n'était pas encore mon mari, m'a beaucoup encouragée, mais c'est ma sœur qui a fait toute la différence en me parlant de Dave. Jared et moi avons lu *Transformation financière totale*, assisté à un événement en direct et décidé qu'il était temps de nous attaquer à nos dettes avec l'intensité d'une gazelle avant de nous marier.

Chacun de nous a remboursé son prêt automobile. Jared a enfin pu se débarrasser de ses 36 000 $ de prêts étudiants et, ensemble, nous avons pu économiser 9000 $ pour notre mariage. C'était agréable d'être de jeunes mariés avec un budget et un plan financier. Une fois que nous n'avons plus eu de cartes de crédit pour nous inciter à faire des achats stupides, il a été beaucoup plus facile de respecter notre budget et d'épargner. Nous nous sommes également attribués chacun une certaine somme d'argent que nous pouvions utiliser comme bon nous semblait. Nous avons choisi d'en épargner la plus grande partie, ce qui nous a permis de limiter les achats impulsifs. Comme nous gagnions environ 42 000 $ par année, nous avons dû faire preuve de discernement dans nos achats, et nous avons décidé d'acheter des meubles d'occasion et d'échanger mon VUS contre une voiture plus économique.

Ne pas vivre d'un chèque de paie à l'autre est une sensation formidable. Jared et moi sommes sur la même longueur d'onde sur le plan financier et nous sommes très enthousiastes quant à notre avenir. C'est un sentiment agréable que de planifier ce qui nous attend au lieu de payer le passé. Nous sommes en train de constituer notre fonds d'urgence et d'économiser en vue d'un acompte sur une maison. Lorsque nous aurons enfin décidé où nous voulons nous installer, ce sera bien d'avoir l'argent nécessaire pour effectuer le changement !

Vaneesa (30 ans) et
Jared (28 ans) Smith
Serveuse;
chef cuisinier

FAIRE PREUVE DE CRÉATIVITÉ QUAND ON N'A PAS BEAUCOUP DE TEMPS

Que se passe-t-il si vous n'avez que quelques années devant vous et que vous ne pourrez pas épargner beaucoup parce que vous avez commencé votre métamorphose financière plus tard dans la vie ? Tout d'abord, revoyez les concepts présentés au début de ce chapitre. Prévoyez que votre enfant ira dans un établissement moins cher, qu'il vivra sur le campus et qu'il mangera à la cafétéria. C'est le savoir que vous recherchez, et non un pedigree. Les prêts étudiants sont interdits. Vous devez faire preuve de créativité et d'ingéniosité. Demandez à vos enfants de réfléchir à des entreprises susceptibles d'embaucher une personne possédant le diplôme qu'ils veulent obtenir. Demandez-leur de voir si l'entreprise est prête à payer leurs études pendant qu'ils travaillent pour elle. De nombreuses entreprises paient les frais de scolarité de leurs employés « adultes ». Vont-elles toutes dire oui ? Absolument pas, en fait, la plupart diront non, mais il suffit d'un oui, alors demandez souvent.

Renseignez-vous sur les entreprises qui proposent un programme études-travail. De nombreuses entreprises proposent de payer les frais de scolarité de leurs employés et ont conclu des accords avec les établissements d'enseignement supérieur locaux pour attirer la main-d'œuvre. Disney, par exemple, propose un programme dans le cadre duquel les frais de scolarité sont payés d'avance et les livres remboursés après 90 jours d'emploi –, qu'il s'agisse d'un emploi à temps plein ou à temps partiel. Ce n'est qu'un exemple parmi tant d'autres. Ce type de programme est destiné aux personnes qui veulent acquérir des connaissances, et non pas aller à l'école uniquement pour vivre une « expérience universitaire » et faire la fête. Si vous voulez vous endetter pour apprendre à vos enfants à boire de la bière, vous avez besoin de plus qu'une simple transformation financière totale.

Examinez ce que l'armée peut vous offrir. L'armée n'est pas faite pour tout le monde, mais un jeune homme qui travaillait pour moi a obtenu une éducation universitaire gratuite en servant quatre ans dans l'armée. Honnêtement, il détestait l'armée, mais c'était son ticket d'entrée pour un établissement d'enseignement supérieur. Il avait grandi dans un logement subventionné et on lui avait dit toute sa vie que l'université n'était pas pour lui. Mais il ne s'est pas laissé faire.

J'étais au bout du rouleau, je volais Pierre pour payer Paul. J'avais atteint la limite de deux cartes de crédit et je n'avais plus aucune « marge de manœuvre ». Je savais que je ne pourrais pas continuer ainsi beaucoup plus longtemps.

J'avais une dette de 35 000 $ – et je ne gagnais que 35 000 $ par année ! Lorsque ma voiture est tombée en panne et que le mécanicien m'a donné une estimation de 1500 $ pour les réparations, j'ai su que je devais faire quelque chose !

Tout d'abord, j'ai fait le tour du marché et j'ai trouvé un bon mécanicien qui ne m'a facturé que 300 $. Ensuite, j'ai pris un deuxième emploi pour le payer.

Peu après, j'ai finalement décidé de m'attaquer à mes dettes une fois pour toutes. Comme je voulais que ça aille vite, j'ai trouvé des emplois supplémentaires. J'ai passé 10 heures par jour, le samedi et le dimanche, à nettoyer des chambres dans un centre de villégiature de luxe. Je me souviens être souvent rentrée à la maison en pleurant parce que je ne voulais plus récurer des toilettes ni faire des lits ! Mais je savais que cela en vaudrait un jour la peine.

Cela a été difficile, mais je l'ai fait – j'ai remboursé mes 35 000 $ de dettes ! Je me suis débarrassée de toutes mes cartes de crédit et j'ai arrêté d'acheter des choses inutiles. De plus, j'ai constitué un fonds d'urgence et un fonds pour une nouvelle voiture. Avoir un plan pour mon argent a changé ma vie ! Les gens se moquaient de moi lorsque j'avais deux ou trois emplois à la fois, mais aujourd'hui, je n'ai plus de dettes et j'ai une longueur d'avance !

Shelley Hogenhout (31 ans)
Analyste en amélioration des processus d'affaires

Si le service militaire à temps plein ne vous convient pas, renseignez-vous sur la Garde nationale. Elle vous paiera pour aller au camp d'entraînement un été entre le lycée et l'université et paiera ensuite les frais de scolarité et les livres nécessaires jusqu'à la fin de vos études. Bien entendu, vous servirez ensuite votre pays au sein de la Garde nationale.

Trouvez un emploi d'été dans le domaine de la vente, bien rémunéré et avec un taux de refus élevé. On ne compte plus les histoires de jeunes qui vendent des livres ou participent à des programmes similaires pour payer leurs études. Certains de ces jeunes guérilleros de la vente reçoivent une meilleure formation dans les tranchées estivales que dans les cours de marketing. Un de mes amis a gagné 40 000 $ en un été. Lorsqu'il est revenu en classe à l'automne, son professeur de marketing lui a donné un C pour une présentation de vente qu'il avait faite devant la classe. Mon ami, immature, a demandé au professeur combien il gagnait par année.

Après s'être fait prier, le professeur a admis qu'il gagnait 35 000 $ par année. Mon ami est parti et, malheureusement, il a quitté l'école. Mais il s'en sortira, car ses revenus de l'année dernière s'élevaient à plus de 1 200 000 $. Je ne raconte pas cette histoire pour dire qu'il est bon d'être immature et de quitter l'école, car même lui vous dirait qu'il aurait aimé terminer ses études. Je raconte cette histoire vraie parce qu'elle montre que ce jeune homme a appris des leçons très précieuses sur le marketing tout en essayant de payer ses études. Le jeune qui travaille pour payer l'entièreté ou une partie de ses frais de scolarité en retire des avantages qui ne se limitent pas à l'argent.

Si vous avez déjà un prêt étudiant ou si vous souhaitez tout simplement ne pas en obtenir un, renseignez-vous sur les programmes concernant les « zones mal desservies ». Le gouvernement accepte de payer vos prêts étudiants si vous travaillez dans une zone rurale ou un quartier défavorisé. Ce programme s'adresse principalement aux étudiants qui obtiennent un diplôme en droit, en médecine, en soins infirmiers ou en enseignement. Veillez toutefois à ne pas vous laisser entraîner dans un programme d'exonération du remboursement des prêts dans le cadre duquel le gouvernement est censé annuler les dettes d'études des personnes qui travaillent pour certains employeurs pendant un certain temps. Ce programme s'est révélé extrêmement décevant et n'a permis d'effacer la dette que d'une infime partie des personnes qui en ont fait la demande.

Les bourses d'études sont probablement la méthode que je préfère pour financer l'école, en dehors de l'épargne. Le nombre de bourses d'études non réclamées chaque année est controversé. Il est certain qu'il y a des gens sur Internet qui font du battage à ce sujet. Cependant, en toute légitimité, des centaines de millions de dollars de bourses d'études sont accordés chaque année. Ces bourses ne sont pas seulement des bourses d'études ou d'athlétisme. Il s'agit de bourses d'un montant peu élevé ou moyen accordées par des organisations telles que les clubs communautaires. Le Rotary Club, le Lions Club ou les Jaycees accordent souvent 250 ou 500 $ par année à un jeune citoyen méritant. Certaines de ces bourses sont fondées sur la race, le sexe ou la religion. Par exemple, elles peuvent être conçues pour aider une personne d'origine amérindienne à faire des études.

La liste de ces bourses peut être trouvée grâce à des outils de recherche gratuits et des bases de données en ligne. Denise, une auditrice de mon émission, a suivi mon conseil, elle a rempli un formulaire de la Free Application for Federal Student Aid (AFSA) et recherché d'autres bourses en ligne. Les résultats de sa recherche couvraient plus de 300 000 bourses disponibles, qu'elle a filtrées en fonction de sa situation, de ses centres d'intérêt et de son niveau de scolarité. Elle a ainsi réduit la liste à 1000 bourses pour lesquelles elle a posé sa candidature. Elle a passé tout l'été à remplir des demandes. Elle a littéralement posé sa candidature à 1000 bourses. Denise a essuyé 970 refus, mais a obtenu 30 bourses, qui lui ont rapporté 38 000 $. Avec les 8000 $ supplémentaires qu'elle a reçus de son école, elle s'est retrouvée avec plus qu'assez d'argent pour couvrir ses frais de scolarité pendant quatre ans, alors que sa voisine s'est assise et a pleurniché parce qu'elle n'avait pas d'argent et a fini par demander un prêt étudiant.

Si vous avancez à petits pas et franchissez toutes les étapes de ce programme, vous pourrez envoyer vos enfants à l'école sans dettes. Même si vous commencez tard, la persévérance et la débrouillardise peuvent leur permettre de faire des études. Si vous voulez vraiment leur donner une formation universitaire dans l'Amérique d'aujourd'hui, vous pouvez le faire. La bonne nouvelle, c'est que ceux d'entre vous qui ont procédé à une métamorphose financière pourront non seulement payer les études de leurs enfants, mais aussi – en apprenant à vos enfants à gérer l'argent et à devenir riches – vos petits-enfants pourront aller à l'école sans s'endetter.

Scannez le code QR ci-dessous pour découvrir comment le choix de l'école est important pour la réussite de votre plan d'études sans dettes. Vous avez le choix !

Et si vous voulez prendre de l'avance sur les coûts de l'enseignement supérieur, consultez un conseiller en investissement. Il peut vous aider à comprendre les options qui s'offrent à vous en matière de régimes d'épargne-études et à prendre des décisions d'investissement éclairées. Scannez le code QR ci-dessous pour trouver des conseillers près de chez vous.

CHAPITRE 11

Remboursez votre prêt hypothécaire : Soyez en pleine forme

J'ai un bon ami qui court beaucoup de marathons. J'écoute toujours avec admiration les récits de tous les marathons auxquels il a participé. Je suis stupéfait par le dévouement, l'entraînement et les efforts dont font preuve les marathoniens. Personnellement, j'ai couru un marathon complet et j'aime faire plusieurs semi-marathons chaque année, mais ces gens qui en courent plusieurs font partie des personnes les plus en forme du monde. Lorsque vous atteignez la 6e étape (Remboursez votre prêt hypothécaire), vous atteignez le statut de marathonien dans le monde de la construction de la richesse. Vous avez couru la bonne course, mais vous n'avez pas fini.

Bruce, mon ami marathonien, m'a dit (et j'en ai fait l'expérience aussi) qu'aux alentours du 28e kilomètre (sur 42,2), les coureurs se mettent à ralentir. À ce moment-là, des choses vraiment désagréables commencent à se produire au niveau des muscles et de l'esprit. Vous êtes presque à la fin de la course et tout semble vous empêcher de franchir la ligne d'arrivée. Le corps hautement entraîné et conditionné commence à vous donner envie d'arrêter. De gros nuages noirs de doute s'infiltrent dans l'esprit compétitif mentalement fort et entraîné. Vous vous mettez à penser à des choses comme : *28 kilomètres c'est pas mal ; peu de gens pourraient le faire*. Si vous ne faites pas vraiment attention, le « juste bien » peut devenir l'ennemi du « meilleur ». Le « mauvais » est rarement l'ennemi du « meilleur », mais la médiocrité accompagnée d'une dose de doute peut vous empêcher d'atteindre l'excellence. Bien finir peut être plus important que bien commencer.

ATTEINDRE L'ANNEAU D'OR

À ce stade de votre transformation financière totale, vous n'avez plus de dettes, à l'exception de votre prêt hypothécaire, et vous avez économisé trois à six mois de dépenses (plus ou moins 15 000 $) pour les urgences. À cette étape de votre métamorphose financière, vous consacrez en fait 15 % de vos revenus à l'épargne-retraite et vous investissez dans l'éducation universitaire de vos enfants, avec des objectifs fermes dans les deux cas. Vous faites désormais partie des 5 à 10 % d'Américains les mieux lotis, car vous disposez d'un certain patrimoine, d'un plan et d'une bonne maîtrise de vos finances. À ce stade de votre transformation financière totale, vous êtes en grand danger ! Vous risquez de vous contenter d'un « juste bien ». Vous êtes à la marque du 28e kilomètre d'un marathon, et maintenant qu'il est temps d'atteindre l'anneau d'or, les deux dernières étapes peuvent vous sembler infranchissables.

Permettez-moi de vous assurer que nombreux sont ceux qui en sont arrivés là. Certains se sont arrêtés et l'ont regretté ; d'autres ont conservé l'intensité d'une gazelle suffisamment longtemps pour terminer la course. Ces derniers ont vu qu'il ne restait plus qu'un obstacle majeur, après quoi ils pourraient marcher avec fierté parmi les individus en pleine forme qui s'appellent eux-mêmes des marathoniens de la finance. Ils peuvent se compter parmi l'élite qui a terminé sa transformation financière totale.

Nous avons commencé le programme de transformation financière totale de Dave avec plus de 3000 $ de prêt immobilier, des factures de cartes de crédit, un prêt hypothécaire de 30 000 $ et aucun fonds d'urgence ni épargne. Nous vivions avec environ 45 000 $ et nous avions l'impression de perdre le contrôle. Lorsque nous avons appris l'existence du processus des « petits pas », nous avons su que c'était la meilleure façon de nous en sortir. Nous avons commencé à suivre le programme aussi rapidement que possible et notre vie a immédiatement changé.

Nous savions qu'il nous fallait d'abord établir un budget et appliquer la méthode boule de neige. La meilleure façon de démarrer était alors d'organiser une vente-débarras. C'était génial ! Nous avons gagné plus de 500 $ et avons immédiatement payé plusieurs factures. Nous avons continué à travailler, à économiser et à travailler encore. Nous étions déterminés à vaincre le système et à aller de l'avant. Nous avons remboursé nos dettes de consommation, entièrement approvisionné notre fonds d'urgence et commencé à investir. Nous avons été stupéfaits de voir à quel point nous étions arrivés à nous concentrer sur notre objectif.

Mais nous ne nous sommes pas arrêtés là – le défi ultime était de rembourser notre prêt hypothécaire. C'est l'une des choses les plus difficiles que nous ayons jamais faites au cours de notre vie. En plus de mon travail à temps plein, j'ai trouvé un deuxième emploi à temps partiel, 30 heures par semaine, comme femme de ménage dans des bureaux. Joe faisait des heures supplémentaires sept jours sur sept. Pendant cinq mois éreintants, nous avons travaillé plus dur que jamais, mais nous savions que cela en valait la peine. Enfin, en septembre, nous avons atteint notre objectif. Nous avons remboursé notre prêt hypothécaire, NOUS LIBÉRANT DE TOUTE DETTE !

C'est incroyable le sentiment de liberté que l'on ressent lorsqu'on n'a plus le poids des paiements sur la tête. Nous pouvons maintenant nous concentrer sur l'épargne-retraite et commencer à vivre vraiment ! J'ai même pu quitter mon emploi et créer ma propre entreprise, ce qui m'évite d'aller travailler tous les jours à reculons ; je peux maintenant faire ce que j'aime. Les bonnes choses arrivent vraiment à ceux qui attendent.

Dieu nous a vraiment bénis à travers cette expérience. Pour la première fois, nos projets d'avenir ne seront plus seulement un rêve, mais nous pourrons en faire une réalité. Si nous avons pu le faire, tout le monde le peut aussi !

Carla (38 ans) et
Joe (43 ans) Schubeck
Conceptrice/ministre du culte ;
opérateur de presse

ÉTAPE Nº 6 : REMBOURSEZ VOTRE PRÊT HYPOTHÉCAIRE

Le dernier obstacle à franchir avant de prendre le virage pour les derniers kilomètres est de se libérer complètement de ses dettes. Aucun paiement. Quel effet cela ferait-il de ne plus avoir de paiements ? Je l'ai déjà dit et je le répéterai jusqu'à ce que vous m'entendiez : si vous investissiez ce que vous payiez en mensualités, vous deviendriez rapidement un millionnaire sans dettes avant longtemps. Votre principal outil de création de richesse est votre revenu ; vous l'avez lu maintes et maintes fois. Maintenant, vous pouvez voir les possibilités qui s'offrent à vous. Vous vous êtes entraîné, vous vous êtes conditionné et vous vous êtes nourri correctement pour courir ce marathon, alors n'abandonnez pas au 28e kilomètre ! Après avoir payé les dépenses de la vie courante, épargné pour la retraite et l'éducation de vos enfants, chaque dollar doit être utilisé pour effectuer des paiements supplémentaires sur votre prêt hypothécaire. Attaquez-vous à ce prêt avec l'intensité d'une gazelle.

Ma famille avait un chien fabuleux, un carlin, un chien comme Frank dans les films intitulés *Hommes en noir*. Il s'appelait Heaven et, lorsque nous lui parlions, il penchait sa petite tête ronde sur le côté d'un air interrogateur, comme si nous avions perdu la raison. Si vous aviez entendu la façon dont nous parlions au chien, vous auriez pu penser que nous étions vraiment cinglés. Nous avons tous vu ce regard de côté se poser sur nous lorsque nous disons quelque chose de bizarre, quelque chose qui va à l'encontre de la culture. Lorsque je dis : « Remboursez votre prêt hypothécaire », certains d'entre vous regardent ce livre comme si je leur avais dit de se fabriquer des ailes et de s'envoler vers la Lune.

Chaque fois que je parle du remboursement des prêts hypothécaires, les gens me regardent d'un air particulier. Ils pensent que je suis fou pour deux raisons. Premièrement, la plupart des gens ont perdu tout espoir et ne croient pas vraiment qu'il y ait une chance pour eux. Deuxièmement, la plupart des gens croient à tous les mythes sur les prêts hypothécaires qui ont été répandus. Oui, nous devons dissiper quelques autres mythes. Il y a deux raisons majeures qui empêchent des personnes apparemment intelligentes (comme moi pendant des années) de rembourser leur prêt hypothécaire, et nous allons donc commencer par celles-ci.

N'OUBLIEZ PAS, MÉFIEZ-VOUS DES MYTHES

Première raison majeure:

MYTHE : Il est judicieux de conserver mon prêt hypothécaire pour bénéficier d'une déduction fiscale.

RÉALITÉ : Les déductions fiscales ne sont pas une aubaine.

Nous avons abordé le calcul des déductions fiscales lors de l'examen du marché des voitures d'occasion. Reprenons. Si vous avez une maison avec un paiement d'environ 1500 $ et que les intérêts s'élèvent à 900 $ par mois, vous avez payé environ 10 000 $ d'intérêts cette année-là, ce qui donne lieu à une déduction fiscale. Si, au contraire, vous possédez une maison sans dette, vous perdrez en fait la déduction fiscale. Le mythe veut donc que vous gardiez votre maison hypothéquée en raison des avantages fiscaux.

LE CONSEIL DE DAVE...

Si vous recevez un remboursement d'impôt important, c'est que vous avez permis au gouvernement d'utiliser votre argent sans intérêts pendant un an.

Cette situation est une autre occasion de découvrir si votre expert-comptable sait additionner. Si vous ne bénéficiez pas d'une déduction fiscale de 10 000 $ et que vous vous situez dans une tranche d'imposition de 22 %, vous devrez payer 2200 $ d'impôts sur ces 10 000 $. Selon le mythe, nous devrions verser 10 000 $ d'intérêts à la banque pour ne pas avoir à payer 2200 $ d'impôts au fisc. Personnellement, je pense que je vivrai sans dettes et que je n'échangerai pas 10 000 $ contre 2200 $. Toutefois, si vous souhaitez que 2200 $ d'impôts soient payés, envoyez-moi un courriel et je paierai personnellement 2200 $ d'impôts dès que votre chèque de 10 000 $ sera déposé sur mon compte bancaire. Je sais additionner.

Deuxième raison majeure :

MYTHE : Il est sage d'emprunter tout ce que je peux sur ma maison (ou de la refinancer continuellement pour libérer des liquidités) parce que le taux d'intérêt est inférieur au rendement que je pourrais obtenir si j'investissais l'argent.

RÉALITÉ : Vous ne gagnez vraiment rien lorsque la fumée se dissipe.

Celle-ci est un peu compliquée, mais si vous me suivez, vous aurez compris intellectuellement pourquoi tant de gens sont tombés dans un gouffre financier. Le mythe que l'on m'a enseigné à l'université (je ne suis pas opposé à l'enseignement supérieur, soit dit en passant, tant que nous apprenons la vérité) consiste à utiliser des dettes à faible taux d'intérêt pour investir dans des placements à rendement plus élevé. Malheureusement, certains « planificateurs financiers » ont dit aux Américains d'emprunter sur leur maison à un taux d'environ 8 % pour investir dans de bons fonds communs de placement composés d'actions de croissance à un taux moyen d'environ 12 %, parce qu'il est facile d'obtenir une marge de 4 %.

Les fonds communs de placement sont d'excellents investissements et, comme je l'ai dit, j'ai personnellement investi des tonnes d'argent dans de bons fonds communs de placement composés d'actions de croissance. En outre, le marché boursier a enregistré une moyenne d'environ 12 % depuis le début. Certaines années sont excellentes et d'autres mauvaises, et nous avons connu les deux situations au cours des 10 dernières années, mais la moyenne à long terme est d'environ 12 %. C'est pourquoi j'achète et je recommande des fonds communs de placement.

Le problème avec ce mythe, c'est que les hypothèses utilisées pour parvenir à cette marge de 4 % ou à ce bénéfice sur l'investissement sont erronées. Les auteurs de mythes, et j'en ai fait partie, sont très naïfs dans leur façon d'aborder l'investissement.

Prenons l'exemple d'un emprunt de 100 000 $ sur votre maison dans le but d'investir. Si vous empruntez à 8 %, vous payez 8000 $ d'intérêts, et si vous investissez les 100 000 $ empruntés sur votre maison à 12 %, vous gagnez 12 000 $ en retour, ce qui vous rapporte 4000 $. Le feriez-vous ? Là où je vis, si vous gagnez 12000 $ sur un investissement, vous paierez des impôts. Si vous vous situez dans une tranche d'imposition de 22 %, vous paierez 2600 $ d'impôts au taux des revenus ordinaires ou 1500 $ si vous investissez au taux des plus-values. Vous n'obtiendrez donc pas un rendement de 4000 $, mais de 1400 $ à 2500 $. Mais nous n'avons pas encore terminé.

Si je suis propriétaire de la maison voisine de la vôtre et que je n'ai aucune dette, et que vous avez écouté votre conseiller en placements et avez emprunté 100 000 $ sur votre maison, qui a pris le plus de risques ? Lorsque l'économie se dégrade, en cas de guerre ou de rumeurs de guerre, lorsque vous tombez malade, que vous avez un accident de voiture ou que vous êtes licencié, vous rencontrerez de graves problèmes avec un prêt hypothécaire de 100 000 $, ce qui ne sera jamais le cas pour moi. L'endettement augmente donc le risque.

Je peux vous prouver que le risque augmente. Avec la chute de la valeur des biens immobiliers et le ralentissement du marché lors de la récession de 2008-2009, de nombreuses personnes ont perdu leur maison à la suite d'une saisie. J'ai effectué des recherches approfondies et détaillées et j'ai découvert que 100 % des maisons saisies étaient hypothéquées. Ha ! Malheureusement, certaines des personnes qui ont perdu leur maison avaient un planificateur financier naïf qui n'avait pas tenu compte du risque dans sa formule et qui leur avait suggéré de « récolter » leur capital. Comme l'a dit Warren Buffet : « C'est lorsque la mer se retire que l'on voit ceux qui nageaient sans maillot. »

Étant donné que l'endettement augmente le risque, nous devons mathématiquement tenir compte d'une réduction du rendement si nous sommes des investisseurs avertis. Si vous pouvez gagner environ 12 % sur un fonds commun de placement et que j'essaie de vous convaincre d'investir dans un pari en jouant à la roulette, un pari qui vous rapportera 500 %, vous direz automatiquement que les deux ne sont pas comparables. Pourquoi ? Pour des raisons de risque. Le bon sens vous dit de ne pas comparer les rendements des fonds communs de placement et les gains à la roulette sans ajuster les rendements en fonction du risque. Le bon sens vous dit de ne pas tenir compte des 500 % en raison du risque. Après avoir évalué le rendement de la roulette en tenant compte du risque, vous préférez les fonds communs de placement. C'est un bon choix.

En fait, cela se fait aussi dans le monde universitaire. Il existe une mesure statistique du risque appelée le bêta. Un bêta élevé signifie un risque élevé. Les financiers diplômés à qui l'on enseigne des formules mathématiques pour réaliser des investissements risqués comparent des pommes avec des pommes dans le cadre d'investissements plus sûrs après ajustement du risque. Nous n'appliquons jamais cette formule à une maison sans dette par rapport à une maison hypothéquée dans le but d'investir, ce qui est très naïf. La formule technique est excellente pour vous endormir, mais comprenez que vous ne pouvez pas comparer le risque avec l'absence de risque à moins de procéder à des ajustements.

En fin de compte, une fois les impôts et le risque pris en compte, notre petite formule ne vous permet pas de gagner de l'argent. Au cours d'une vie d'investissements et de prêts hypothécaires, la personne non endettée en sortira gagnante.

MYTHE : Contracter un prêt hypothécaire sur 30 ans et se promettre de le rembourser en 15 ans afin d'avoir une marge de manœuvre en cas de problème.

RÉALITÉ : Quelque chose va mal tourner.

Une chose est sûre lorsqu'on entreprend une transformation financière totale : il faut cesser de se dire que l'on a une discipline innée et une fabuleuse maîtrise naturelle de soi-même. C'est un mensonge. Il faut mettre en place des systèmes et des programmes qui vous obligent à faire des choses intelligentes. Se dire : « Croix de bois, croix de fer, si je mens, je vais en enfer. Je promets, je promets, je promets que je ferai des paiements plus élevés parce que je suis le seul être humain sur la planète à avoir ce genre de discipline », c'est se faire des illusions. Pour être solide financièrement, il faut savoir où sont nos faiblesses et prendre des mesures pour ne pas tomber dans le piège. Et nous sommes TOUS faibles.

Un enfant tombe malade, une défectuosité de la transmission de votre voiture, la robe de bal de fin d'année, une facture de chauffage salée et les vaccins du chien ne vous épargneront pas, et vous ne pourrez pas faire ces paiements plus élevés. Nous prolongeons alors le mensonge en disant : « Oh, je reviendrai à mes bonnes résolutions le mois prochain. » Grandissez ! Les recherches ont montré que presque personne ne paie systématiquement un supplément mensuel sur son prêt hypothécaire ; vous ne pouvez tout simplement pas vous faire d'illusions.

La durée du contrat hypothécaire a son importance		
Prix d'achat	495 000 $	
Versement initial	49 500 $	
Montant du prêt	445 500 $	
À un taux d'intérêt de 7 %		
Sur 30 ans	2964 $	1 067 014 $
Sur 15 ans	4004 $	720 770 $
Différence	1040 $	346 244 $

Pour un paiement de 1040 $ de plus par mois, vous économiserez près de 350 000 $ et 15 ans de servitude. Ce que j'ai observé de vraiment intéressant, c'est que les prêts hypothécaires sur 15 ans se remboursent toujours en 15 ans. Encore une fois, une partie de la transformation financière totale consiste à mettre en place des systèmes qui automatisent les actions intelligentes, ce qui est le cas d'un prêt hypothécaire sur 15 ans. Les prêts hypothécaires sur 30 ans sont destinés aux personnes qui aiment tellement l'esclavage qu'elles veulent le prolonger de 15 ans et payer des centaines de milliers de dollars de plus pour ce privilège. Si vous devez contracter un prêt hypothécaire, faites comme s'il n'existait que des prêts sur 15 ans.

Si vous bénéficiez d'un taux d'intérêt avantageux, il n'est pas nécessaire de refinancer votre prêt hypothécaire pour le rembourser dans 15 ans ou plus tôt. Il suffit d'effectuer les paiements comme si vous aviez un prêt sur 15 ans, et il sera remboursé dans 15 ans. Si vous souhaitez rembourser votre prêt hypothécaire en 12 ans ou dans le délai de votre choix, consultez mon site Web ou procurez-vous une calculatrice et calculez le paiement approprié à votre taux d'intérêt sur votre solde pour un prêt hypothécaire de 12 ans (ou dans le délai de votre choix). Une fois que vous avez obtenu ce montant, ajoutez à votre versement hypothécaire mensuel la différence entre le nouveau versement de capital et d'intérêts et votre versement de capital et d'intérêts actuel, et vous aurez remboursé votre prêt en 12 ans.

Le meilleur moment pour refinancer est celui où vous pouvez économiser sur les intérêts. Utilisez la calculatrice sur mon site Web à ramseysolutions.com/tools pour déterminer si vous devez refinancer. Il n'est pas dans votre intérêt de payer des points de base ou des frais de montage lors du refinancement de votre maison. Les points de base et les frais de montage sont des intérêts prépayés. Lorsque vous payez des points de base, vous obtenez un taux annuel en pourcentage (TAP) plus bas parce que vous avez versé une partie des intérêts à l'avance. Le calcul montre que vous n'économisez pas suffisamment sur les taux d'intérêt pour vous rembourser les points de base.

Lorsque vous payez des points de base, vous payez des intérêts à l'avance et il vous faut en moyenne une dizaine d'années pour récupérer votre argent. Selon Freddie Mac, la durée de vie moyenne d'un prêt hypothécaire est d'un peu plus de trois ans. En moyenne, vous n'économisez donc pas assez pour récupérer votre argent avant d'avoir remboursé le prêt en déménageant ou en le refinançant. Lors d'un refinancement, demandez un devis « au pair », c'est-à-dire sans points de base ni frais de montage. Le courtier en hypothèques peut réaliser un bénéfice en vendant le prêt ; il n'a pas besoin des frais de montage pour que la transaction soit rentable pour lui.

MYTHE : Il est judicieux d'utiliser les taux inférieurs offerts par un prêt hypothécaire à taux variable ou une hypothèque ballon si vous savez que vous « déménagerez de toute façon dans quelques années ».

RÉALITÉ : Vous déménagerez lorsqu'ils saisiront votre bien.

Le prêt hypothécaire à taux variable a été inventé au début des années 1980. Auparavant, les professionnels de l'immobilier vendaient des hypothèques à taux fixe de 7 ou 8 %. Que s'est-il passé ? J'étais là au milieu de ce désastre économique, lorsque les hypothèques à taux fixe ont atteint 17 % et que le monde de l'immobilier s'est figé. Les prêteurs versaient 12 % sur les certificats de dépôt, mais ont dû prêter de l'argent à 7 % sur des centaines de millions de dollars d'hypothèques. Ils perdaient de l'argent, et les prêteurs n'aiment pas perdre de l'argent. C'est ainsi qu'est né le prêt hypothécaire à taux variable, dans lequel votre taux d'intérêt augmente lorsque les taux d'intérêt en vigueur sur le marché augmentent. Le prêt hypothécaire à taux variable a été créé pour transférer le risque de hausse des taux d'intérêt au consommateur.

Au cours des dernières années, les taux des prêts hypothécaires se sont maintenus à des niveaux historiquement bas. À l'heure où l'écris ces lignes, les taux sont remontés à leur plus haut niveau depuis 20 ans. Il n'est pas judicieux d'acheter un produit qui s'ajuste lorsque les taux sont au plus bas ! Il n'est pas non plus judicieux de s'engager dans cette voie lorsque les taux sont orientés à la hausse. Les mythes semblent toujours vouloir ajouter du risque à votre maison, le seul endroit où vous devriez vous assurer la stabilité.

L'hypothèque ballon est encore pire. Les ballons éclatent, et je trouve toujours étrange que la déflagration soit si surprenante. Pourquoi ne nous y attendons-nous pas ? C'est dans la nature même des ballons de se dégonfler. Les financiers avisés s'éloignent toujours du risque, et l'hypothèque ballon crée des cauchemars en matière de risque. Lorsque la totalité de votre prêt hypothécaire est due dans 36 ou 60 mois, vous envoyez une invitation à Murphy (vous vous souvenez de lui ? – si cela peut mal tourner, cela tournera mal) pour qu'il s'installe dans votre chambre d'amis. Au fil des ans, j'ai vu des centaines de clients et d'auditeurs comme Jill.

Jill est l'épouse d'un homme d'affaires avisé et en pleine ascension. Son mari lui a assuré qu'ils allaient monter en grade parce que sa carrière était en plein essor. Ils ont donc opté pour le taux d'intérêt le plus bas et un prêt sur cinq ans. « Nous savions que nous allions déménager dans les cinq ans », a-t-elle dit. Son mari a commencé à souffrir de maux de tête au cours de la 3e année de l'hypothèque, et ils ont malheureusement découvert qu'ils étaient attribuables à une tumeur au cerveau. Nous avons rencontré ce cadre d'entreprise en pleine ascension, à l'élocution limitée et en fauteuil roulant, totalement et définitivement handicapé à l'âge de 38 ans. Sa vie avait été épargnée, mais les opérations chirurgicales l'avaient dévasté. Jill, mère de deux enfants d'âge moyen et dont le mari est handicapé, n'avait pas les revenus nécessaires pour refinancer la maison lorsque l'hypothèque ballon est arrivée à échéance.

La banque n'était pas méchante ; elle effectuait simplement son travail en entreprenant le processus de saisie. J'aimerais pouvoir vous raconter une fin heureuse, mais la vérité est qu'ils ont vendu leur maison avec une forte décote pour éviter la saisie et qu'ils sont maintenant locataires et tentent de survivre. Tout cela est arrivé parce qu'ils ont essayé d'économiser quelques dollars sur le taux d'intérêt, « et nous savions que nous allions déménager ». C'est ce qu'ils ont fait.

MYTHE : Il est bon d'avoir un prêt sur valeur domiciliaire au lieu d'un fonds d'urgence.

RÉALITÉ : Encore une fois, les situations d'urgence sont précisément celles où l'on n'a pas besoin de s'endetter.

Le prêt sur valeur domiciliaire ou marge de crédit hypothécaire est l'un des prêts les plus agressivement commercialisés aujourd'hui. L'Américain moyen, endetté jusqu'au cou, a épuisé tous les moyens d'emprunt, à l'exception d'une grosse hypothèque de second rang sur sa maison. C'est très triste, car nous mettons aujourd'hui nos maisons en péril pour partir en vacances, ouvrir une entreprise, consolider des dettes ou simplement pour disposer d'un fonds d'urgence. Les familles viennent nous voir dans une situation désespérée et le prêt sur valeur domiciliaire est leur dernière erreur et la goutte d'eau qui a fait déborder le vase.

En anglais, le secteur bancaire appelle ces prêts HELs, et mon expérience me dit qu'un *L* a simplement été oublié (HELL = enfer). Ces prêts sont très dangereux, et un nombre incroyable d'entre eux mènent à une saisie.

Même une personne conservatrice qui n'a pas de dette sur sa carte de crédit et qui paie ses vacances comptant peut commettre l'erreur de contracter un prêt sur valeur domiciliaire ou une marge de crédit hypothécaire uniquement pour les situations d'urgence. Cela semble raisonnable jusqu'à ce que vous ayez vécu une ou deux situations d'urgence et que vous vous rendiez compte que c'est le dernier moment où vous avez besoin d'emprunter de l'argent. Si vous avez un accident de voiture ou si vous perdez votre emploi et que vous empruntez 30 000 $ sur votre maison pour vivre pendant que vous vous refaites une santé, vous perdrez probablement votre maison. La plupart des prêts sur valeur domiciliaire sont renouvelables annuellement, c'est-à-dire qu'ils vous permettent d'obtenir un nouveau prêt une fois par année.

Ed et Sally ne s'en sont pas rendu compte. Ed est un financier très averti, du moins c'est ce qu'il pensait, et il avait donc un prêt sur valeur domiciliaire pour les cas d'urgence. Sally a eu un grave accident de voiture et, trois mois plus tard, Ed a été licencié. Ils ont rapidement épuisé l'argent emprunté et ont pris du retard dans le paiement de leurs factures. La banque a décidé de ne pas renouveler leur prêt en raison de leur mauvais crédit, qui avait été parfait pendant les 17 années précédentes. La banque a émis un billet à demande. Ed n'arrivait pas à croire que la banque puisse leur faire un tel coup bas. Ce billet à demande signifiait qu'ils devaient refinancer leur prêt pour rembourser la banque, mais devinez quoi ? Ils ne pouvaient pas parce que leur crédit était mauvais. Le résultat final a été très triste : ils ont vendu leur maison pour éviter la saisie. Ed avait tort. Ils auraient dû avoir un fonds d'urgence au lieu d'un prêt.

MYTHE : On ne peut pas acheter une maison au comptant !

RÉALITÉ : C'est tout à fait possible.

Tout d'abord, permettez-moi de vous dire que la dette hypothécaire est le seul type de dette que je ne démolis pas. Je veux que vous remboursiez votre prêt hypothécaire dans le cadre de votre transformation financière totale et, pour toutes les raisons mentionnées dans les pages précédentes, vous devez être très prudent. Lorsqu'on me pose des questions sur les prêts hypothécaires, je dis à tout le monde de ne jamais prendre plus d'un prêt à taux fixe sur 15 ans et de ne jamais avoir un paiement supérieur à 25 % de son salaire net. C'est le maximum que vous devriez emprunter.

Je n'emprunte pas d'argent – jamais. Luke m'a appelé de Cleveland pour me dire que certains de nos auditeurs et lecteurs font ce que Sharon et moi avons fait : « payer comptant ». La plupart des gens ne pensent pas que c'est possible. Luke l'a fait.

Luke gagnait très bien sa vie. À 23 ans, ses revenus s'élevaient à 65 000 $ et il a épousé une jeune femme qui gagnait 40 000 $. Son grand-père lui avait toujours conseillé de ne jamais emprunter d'argent. Luc et sa nouvelle épouse vivaient donc dans un tout petit appartement situé au-dessus du garage d'une femme riche. Ils ne payaient que 500 $ par mois. Ils vivaient avec peu de choses, ne faisaient rien qui coûte de l'argent et économisaient. Et ils ont économisé ! Avec un revenu familial de plus de 100 000 $, ils ont économisé 70 000 $ par année pendant 3 ans et ont payé comptant une maison de 200 000 $. Ils ont acheté la maison le jour du 26e anniversaire de l'épouse de Luke. Ils avaient été prêts à vivre comme personne d'autre, et maintenant ils pouvaient vivre comme personne d'autre.

Si vous gagnez 100 000 $ par année et que vous n'avez pas de dettes, vous pouvez devenir très riche très rapidement. N'oubliez pas, cependant, que les amis et les parents de Luke pensaient qu'il était cinglé. Ils se moquaient de sa voiture d'occasion, de son style de vie et de son rêve. Seuls son épouse et son grand-père croyaient en lui. Qui se soucie de ce que pensent les gens fauchés ?

Vous ne gagnez peut-être pas 100 000 $ par année, mais vous n'avez peut-être pas non plus besoin d'une maison de 200 000 $ pour commencer. Vous ne gagnerez peut-être pas 100 000 $ par année, et la concrétisation de votre rêve prendra peut-être 5 ans au lieu de 3. Demandez à n'importe quel octogénaire si 5 ans de sacrifices valent la peine pour changer votre destin financier ! Demandez à n'importe quel octogénaire si 5 ans de sacrifices valent la peine pour avoir la satisfaction de savoir que vous avez changé votre arbre généalogique. Payer sa maison au comptant est possible, très possible. Ce qui est difficile à trouver, ce sont les personnes prêtes à en payer le prix en sacrifiant leur mode de vie.

Avant notre mariage, Doug et moi étions tous deux divorcés et nous avions la garde de nos enfants. En tant que parents célibataires, il était difficile de payer les mensualités du logement et toutes les autres factures liées à la vie quotidienne. Chaque fois que l'hypothèque ou le loyer arrivait à échéance, notre marge de manœuvre était de plus en plus mince. J'essayais de terminer mes études et Doug avait beaucoup de dettes de son précédent mariage. J'avais une carte de crédit que j'utilisais pour les urgences (réparations de voiture, etc.). Je ne pensais pas qu'il était bon de maintenir un solde sur cette carte, mais notre dette était assez importante lorsque nous nous sommes mariés.

Peu de temps après notre mariage, nous avons amorcé notre métamorphose financière. Doug écoutait l'émission de radio de Dave tous les jours pendant son trajet de 30 minutes pour se rendre au travail et il était convaincu de connaître la paix financière en faisant simplement les petits pas proposés par Dave. J'ai décidé de monter à bord avec lui, car nous n'avions vraiment plus rien à perdre à ce stade.

Après avoir cessé d'utiliser nos cartes de crédit, nous avons dépensé beaucoup moins ! L'établissement d'un budget a mis en évidence les domaines dans lesquels nous gaspillions aveuglément notre argent. Nous nous sommes rendu compte qu'une grande partie de nos dépenses était liée aux sorties au restaurant et à divers articles de luxe dont nous pouvions nous passer. Nous avons décidé de prendre chaque dollar supplémentaire dont nous disposions et de rembourser notre carte de crédit.

Ensuite, nous avons remboursé ma voiture. Nous avons ensuite constitué notre fonds d'urgence et commencé à rembourser notre prêt hypothécaire. Nous l'avons remboursé un an et demi avant la date prévue ! Alors que tant de gens ne réalisent même pas l'importance et le sentiment d'accomplissement que procure le fait d'être propriétaire de sa maison, nous avons constaté qu'il s'agissait de la dernière et de la plus grande étape pour trouver la véritable paix financière.

Depuis que nous n'avons plus de dettes, nous apprécions beaucoup de pouvoir prendre davantage de vacances en famille et de passer du temps ensemble. Il y a tellement moins de stress pour toute la famille ! C'est incroyable de voir à quel point il a été plus facile de rapprocher les membres de la famille une fois que nous avons éliminé tous les soucis d'argent que nous avions auparavant. Nous ne vivons toujours pas somptueusement et nous aimons faire de bonnes affaires pour tout ce que nous achetons, mais la paix que nous procure le fait de ne plus avoir de dettes vaut bien les petits sacrifices ! Merci d'avoir réorienté la trajectoire de notre famille, Dave !

Sabrina (42 ans) et
Doug (52 ans) Howerton
Directrice d'un magasin de vente au détail;
ouvrier dans une usine d'aluminium

UNE IMAGE DE LA LIBERTÉ

Et voilà, la 6e étape est franchie, vous n'avez plus de dettes et vous adorez ça. Nous avons observé que les familles qui maintiennent l'intensité d'une gazelle remboursent leur prêt hypothécaire environ sept ans après la date à laquelle elles ont déclaré la guerre à la culture populaire, à partir de la date à laquelle elles ont décidé de procéder à une transformation financière totale. Je suis sûr que vous êtes maintenant rassuré sur le fait qu'il ne s'agit pas d'un livre pour s'enrichir rapidement.

Quel genre d'auteur dirait à quiconque vénérant le four à micro-ondes qu'il faut en moyenne sept ans pour atteindre la dernière étape ? Quel genre d'auteur dirait à quiconque aimant les résultats rapides que les deux premières étapes prennent deux ans ou deux ans et demi ? C'est ce que ferait un auteur qui a vu des dizaines de milliers de fois des gens ordinaires animés d'un désir extraordinaire de connaître la paix financière, le même auteur qui vous dit que ce n'est pas facile, mais que cela en vaut la peine.

J'ai utilisé l'étiquette émotionnelle avec des auditeurs de radio et des spectateurs en direct en disant que l'herbe sera différente sous vos pieds lorsque vous la posséderez. Lorsque vous aurez remboursé votre prêt hypothécaire, organisez une fête et invitez tous vos amis, parents et voisins. Peut-être attraperont-ils le virus et voudront-ils procéder eux aussi à une transformation financière totale lorsqu'ils verront que la vôtre fonctionne vraiment.

Au fil des ans, les gens m'ont envoyé toutes sortes de souvenirs de leur métamorphose financière. Beaucoup d'entre eux sont des utilisations créatives de cartes de crédit détruites et mutilées, envoyées par des personnes qui ont découvert qu'en étant prêtes à vivre comme personne d'autre, elles pourraient plus tard vivre comme personne d'autre. L'un des cadeaux les plus mémorables que j'ai reçus m'est parvenu dans un sac Ziploc – accompagné d'une lettre. Cette lettre et cet échantillon de fétuque (une plante de la famille des graminées) m'ont été remis en mains propres dans un centre commercial de Louisville, dans le Kentucky. J'y participais à une émission radiophonique et à une séance de dédicace quand Alicia, ou « Al », comme elle aime se faire appeler, est arrivée. D'après sa lettre, l'histoire d'Al est typique mais ne se termine pas normalement.

Al et son mari ont amorcé leur transformation financière totale à l'âge de 25 ans. Ils ont écouté mon émission de radio et ont décidé qu'ils en avaient assez. Ils ont commencé avec 20 000 $ de prêts étudiants, 10 000 $ de prêts automobiles, 3000 $ de dettes cartes de crédit et un prêt hypothécaire de 85 000 $, soit un total de 118 000 $ de dettes. Avec un revenu annuel de 70 000 $, ils ont remboursé chaque sou en 6 ans. À 31 ans, Al se tenait devant moi, souriante et libre. Elle m'a également apporté un cadeau que j'adore. Elle m'a apporté une lettre et un sac Ziploc. Qu'y avait-il dans le sac ? De la fétuque de son jardin, « parce que », a-t-elle dit, « l'herbe est vraiment différente sous mes pieds nus maintenant quel nous n'avons plus d'hypothèque et que nous sommes LIBRES DE DETTES ! »

Je lui ai demandé ce qu'elle comptait faire maintenant qu'elle n'avait plus de dettes. Sa réponse a été amusante. Elle m'a dit qu'elle et son mari allaient dîner pour fêter l'événement. Au dîner, ils allaient faire deux choses. Premièrement, ils allaient lire le menu de gauche à droite pour une fois, parce que l'argent n'était plus un problème. Deuxièmement, ils avaient l'intention de dépenser plus qu'un paiement de voiture lors de ce dîner de célébration ! Vous voyez, si vous êtes prêt à vivre comme personne d'autre, plus tard vous pourrez vivre comme personne d'autre.

Ensuite, Al a déclaré qu'elle et son mari se dirigeaient directement vers le dernier petit pas et qu'ils allaient donner plus qu'ils ne l'avaient jamais imaginé. À 31 ans, ce couple est destiné à atteindre des niveaux de richesse extrêmes. Félicitations, Al. Vous et votre mari êtes de véritables exemples de ce à quoi ressemble une transformation financière totale.

Vous n'avez pas encore de prêt hypothécaire ? Scannez le code QR ci-dessous pour utiliser notre calculateur d'hypothèque et découvrir le montant de la maison que vous pouvez réellement vous permettre.

Vous avez déjà un prêt hypothécaire ? Scannez le code QR ci-dessous pour savoir comment le rembourser rapidement et devenir un propriétaire sans dettes.

CHAPITRE 12

Construisez votre richesse comme un fou : Devenez le M. Univers de l'argent

Vous avez atteint le chiffre parfait, l'étape n° 7. En atteignant la dernière étape de votre métamorphose financière, vous êtes entré dans le groupe des 23 % d'Américains les plus riches. Vous n'avez plus aucune dette – pas de paiement de maison, pas de paiement de voiture. Vous n'êtes pas sous l'emprise d'une carte de crédit, vous n'êtes pas tombé dans l'esclavage, l'excès américain a quitté votre vie, vous n'avez pas de prêt étudiant (votre ancien animal de compagnie) et vous êtes libre.

Vous vivez sur la base d'un plan mensuel écrit et vous vous mettez d'accord avec votre conjoint, si vous êtes marié. Vous avez devant vous une retraite qui s'annonce bien meilleure qu'un régime fait de nourriture pour chiens et d'insécurité sociale. Si vous avez des enfants, ils seront des étudiants sans prêts étudiants. Vous avez été prêt à vivre comme personne d'autre, et maintenant vous pouvez vivre comme personne d'autre. À force de sueur et de sacrifices, vous avez repris le contrôle de votre vie et de votre plus puissant outil de création de richesse, votre revenu.

ÉTAPE Nº 7 : CONSTITUEZ UN PATRIMOINE ET DONNEZ

Quel était le but de votre transformation financière totale ? Pourquoi l'avez-vous fait ? Pourquoi tous ces sacrifices et tout ce travail ? Être endetté et perdre le contrôle ne demande pas autant d'efforts. Pourquoi se donner tant de mal ? Pourquoi voulez-vous être riche ? Si vous pensez que la richesse répondra à toutes les questions de la vie et vous mettra à l'abri des problèmes, vous vous faites des illusions. J'ai connu la richesse deux fois dans ma vie, et je n'ai pas trouvé qu'elle était exempte de problèmes ; en fait, la plupart des problèmes ont des zéros. La richesse n'est pas un mécanisme d'évasion. C'est au contraire une énorme responsabilité. Que feriez-vous si vous aviez 18 millions de dollars que vous avez mis 40 ans à acquérir ?

Après des années d'études, d'enseignement et même de discours sur ce sujet à travers l'Amérique, je n'ai trouvé que trois bonnes utilisations de l'argent. L'argent sert à S'AMUSER. L'argent est bon pour INVESTIR. Et l'argent est bon pour DONNER. Tout ce que vous pouvez faire d'autre avec l'argent ne reflète pas une bonne santé mentale et spirituelle. Donc, si un jour vous avez 18 millions de dollars, vous devriez faire ces trois choses.

En fait, même pendant que vous franchissez les étapes menant à la richesse, vous devriez faire ces trois choses. Vous avez perdu du poids, vous avez développé votre système cardiovasculaire et maintenant vous avez ajouté du muscle parce que vous avez perdu vos dettes, économisé pour les urgences et investi à long terme pour la retraite et l'éducation de vos enfants. À ce stade de votre métamorphose financière, vous êtes le M. Univers de l'argent, avec des abdominaux, des pectoraux et des quadriceps bien développés. Vous avez tout ce muscle financier, alors maintenant vous devez en faire quelque chose d'utile. Il ne s'agit pas seulement d'admirer votre muscle financier. Vous l'avez développé pour une raison. Pour vous AMUSER, INVESTIR et DONNER.

OUI, NOUS POUVONS NOUS AMUSER

L'enfant en nous aime le volet PLAISIR de cette équation, et puisque nous avons fait en sorte que cet enfant se comporte bien pendant longtemps, en lui promettant de la glace s'il le faisait, il devrait en recevoir. Quelqu'un devrait-il porter une montre à 30 000 $? Quelqu'un devrait-il conduire une voiture flambant neuve à 75 000 $? Quelqu'un devrait-il vivre dans une maison de 1,5 million de dollars ? Absolument. Le problème avec les gens, c'est qu'ils achètent ces choses alors qu'ils n'en ont pas les moyens.

Dans le 3e chapitre, qui traite des mythes sur l'argent, nous avons parlé des voitures neuves et du mauvais investissement qu'elles représentent. Leur valeur diminue très rapidement. Comme la voiture neuve est le bien le plus important que nous achetons et qui perd de la valeur, le paiement de la voiture est généralement le plus important, à l'exception du remboursement du prêt hypothécaire. Environ 70 % des personnes que j'assiste dans le cadre d'un programme de métamorphose financière doivent prendre la décision difficile de vendre leur voiture afin de se libérer du paiement le plus élevé. S'ils ne se libèrent pas de cette très grosse dette et de ce très gros paiement, il leur est très difficile de franchir les petits pas. Ainsi, certains jours, mon émission de radio est axée sur cette dette. Certains jours, j'ai l'impression que ma réponse à chaque question est : « Vendez la voiture ». « Ne pas acheter cette nouvelle voiture » est un conseil que vous entendrez si souvent de ma bouche que vous le répéterez dans votre sommeil.

Il arrive qu'un auditeur demande s'il peut se permettre un achat pendant qu'il est en train de procéder à sa transformation financière totale. Parfois, un nouvel auditeur tombe dans le piège de demander s'il peut acheter quelque chose de complètement ridicule. Au début, je lui explique gentiment qu'il ne peut pas le faire maintenant. Je dis quelque chose comme : « Le fonds d'urgence est plus important qu'un canapé en cuir. » Pendant que je suis à l'antenne, j'ai un ordinateur devant moi, que l'opérateur téléphonique utilise pour m'indiquer qui est en attente et quel est l'objet de son appel. Il y a peu de temps, j'ai regardé l'écran et j'ai vu que Michael attendait de me parler. La note disait qu'il voulait acheter une moto Harley-Davidson. Les Harley sont des motos fabuleuses, mais elles ne sont pas faites pour les gens fauchés, car une belle moto coûte plus de 40 000 $. Je pensais que Michael avait 28 ans, qu'il avait deux paiements de voiture, deux enfants, une épouse et qu'il n'avait pas d'argent. Je me suis dit que Michael était l'un de ces types qui font passer leurs fantasmes de petit garçon avant le bien de leur famille. J'ai chargé mon arme pour répondre à sa question. J'étais prêt non seulement à lui dire de ne pas acheter de Harley, mais aussi à remettre en question toute sa façon d'envisager les questions financières.

Je me suis dit que Michael gagnait probablement 48 000 $ par année et qu'il était fauché, et qu'il n'avait donc aucune raison d'acheter un jouet à 40 000 $. « Dave, j'ai toujours rêvé d'avoir une Harley », a commencé Michael. « J'ai appelé pour savoir si vous pensiez que je devrais en acheter une et si je pouvais me le permettre. » Pendant quelques minutes, j'ai expliqué à quel point les Harley sont géniales et que beaucoup de gens aimeraient en avoir une. J'ai l'habitude de poser des questions sur la situation financière de l'interlocuteur afin de pouvoir porter un jugement à peu près raisonnable, et j'ai donc demandé à Michael ce qu'il avait gagné l'année dernière. Il m'a répondu : « 650 000 $. « Oui, mais quelle a été votre moyenne au cours des cinq dernières années ? », lui ai-je demandé, pensant qu'il avait peut-être gagné à la loterie. Il m'a répondu : « Environ 550 000 $ par année. »

Là, j'étais dos au mur. « Combien d'argent avez-vous investi ? », lui ai-je demandé. « Environ 20 millions de dollars », a-t-il répondu. « Je lui ai conseillé d'acheter une Harley. » Michael peut-il s'offrir un jouet à 40 000 $? Absolument. Est-il moralement répréhensible qu'il profite d'un objet amusant qu'il désire, alors que le pourcentage de sa richesse qu'il consacre à son achat équivaut à celui de la plupart des gens qui achètent un Joyeux Festin chez McDonald's ? Non, il n'y a absolument rien de mal, financièrement ou moralement, à cet achat. Cet homme a mérité sa Harley, et même plus.

Je vous ai raconté l'histoire de Michael pour m'assurer que vous compreniez que l'une des raisons de procéder à une métamorphose financière est de construire une richesse qui vous permettra de vous amuser. Alors, amusez-vous ! Emmener sa famille, même élargie, en croisière de sept jours, acheter de gros diamants ou même une nouvelle voiture sont des choses que l'on peut se permettre de faire quand on a des millions de dollars. Vous pouvez vous le permettre parce que votre situation financière en sera à peine affectée. Si vous aimez les voyages, voyagez. Si vous aimez les vêtements, achetez-en. Je vous encourage à vous amuser avec votre argent, parce que l'argent doit être apprécié. Ce plaisir sans culpabilité est l'une des trois raisons pour lesquelles il faut procéder à une transformation financière totale.

C'EST EN INVESTISSANT QUE NOUS CONTINUONS À GAGNER

L'adulte qui est en nous aime INVESTIR son argent, car c'est ce qui nous rend riches. De plus, les dollars qui s'accumulent sont un moyen de compter les points dans le jeu de la métamorphose financière. Sommes-nous en train de gagner ? Cela devient vraiment un jeu. Dans le film intitulé *L'amour sans préavis*, Hugh Grant joue le rôle de George Ward. Le personnage de George est une figure de proue de son entreprise ; il est très riche et très gâté. Son personnage n'est pas de ceux que nous voulons imiter, mais il a une belle réplique à propos de sa richesse. Il raconte à Sandra Bullock qu'il vit dans un hôtel de luxe et dit nonchalamment : « Je suis propriétaire de l'hôtel ; ma vie ressemble un peu au jeu de Monopoly. »

Au bout d'un certain temps, l'investissement peut ressembler à cela : « au jeu de Monopoly ». Lorsque vous jouez au Monopoly, vous pouvez avoir le vent en poupe ou prendre du retard. Il arrive que le marché fluctue, mais en tant qu'investisseurs matures, nous surmontons les vagues et restons dans la course à long terme. Je rencontre parfois des personnes qui arrivent à cette étape et qui sont effrayées parce que, juste au moment où elles atteignent l'âge de la retraite, leurs investissements sont en baisse. N'ayez crainte : si vous disposez d'investissements de qualité avec de bons antécédents à long terme, ils s'en remettront.

En outre, vous n'avez pas besoin de la totalité de votre pécule pour prendre votre retraite ; vous n'avez besoin que d'une partie des revenus qu'il génère. Puisque vous n'avez pas besoin de tout en même temps, il serait stupide de tout liquider pendant que le marché est au plus bas. « Acheter lorsque le marché est à la hausse, vendre lorsqu'il est en baisse » n'est pas la formule de la richesse. Il faut être patient avec le marché tout en vivant des revenus produits par notre pécule.

Vous pouvez choisir d'être un peu plus sophistiqué, mais jusqu'à ce que vous ayez plus de 10 millions de dollars, je vous conseille de garder vos investissements très simples. Vous pouvez vous encombrer d'un tas de stress inutile en vous lançant dans des investissements extrêmement complexes. J'utilise des fonds communs de placement simples et des biens immobiliers sans dettes comme combinaison d'investissements – des investissements très propres et très simples avec quelques avantages fiscaux de base. Si vous souhaitez posséder des biens immobiliers sans dettes, vous pouvez vous amuser en franchissant ce petit pas.

Gérez toujours votre propre argent. Vous devriez vous entourer d'une équipe de personnes plus intelligentes que vous, mais c'est vous qui prenez les décisions. Vous pouvez savoir si ces personnes sont plus intelligentes que vous si elles sont capables d'expliquer des questions complexes d'une manière que vous pouvez comprendre. Si un membre de votre équipe veut que vous fassiez quelque chose «parce qu'il le dit», remplacez-le. Vous n'embauchez pas un papa, mais des conseillers. Dieu ne leur a pas donné la responsabilité de cet argent. Il vous l'a donné. Les célébrités et les athlètes professionnels perdent souvent toute leur fortune parce qu'ils abandonnent la responsabilité de gérer leur propre argent.

Le gestionnaire qui perd vos investissements durement gagnés ne vivra pas dans le regret et la douleur comme vous le ferez. On peut lire dans la Bible: «Le succès tient au grand nombre de conseillers.» (Proverbes 11:14). Un bon avocat spécialisé dans la planification successorale, un expert-comptable ou fiscal, un professionnel de l'assurance, un professionnel de l'investissement et un bon courtier immobilier sont quelques-uns des membres de l'équipe essentielle que vous devriez réunir autour de vous. Je suis favorable à l'utilisation de planificateurs financiers, à condition qu'ils soient des membres de l'équipe et non les seuls capitaines de l'équipe.

Lors de la sélection de votre équipe de conseillers en gestion de patrimoine et de votre collaboration avec eux, il est essentiel de ne retenir que des gens qui ont le cœur d'un enseignant, et non le cœur d'un vendeur ou d'un « expert ». Le vendeur est toujours à la recherche d'une commission et pense à court terme, et l'« expert » ne peut s'empêcher d'être condescendant, ce qui est amusant, car il a probablement moins d'argent que vous. De même, lorsque vous acceptez un conseil, évaluez si la personne qui le donne en tirera un bénéfice. Si votre assureur vous propose chaque semaine de nouvelles idées géniales en matière d'assurance, il se peut que vous ayez un problème.

Cela ne veut pas dire que toutes les personnes qui perçoivent une commission sur votre dos vous veulent du mal. Il existe de nombreux conseillers financiers qui ne perçoivent que des commissions et qui font preuve d'une grande intégrité. Soyez simplement attentif aux éventuels conflits d'intérêts. Pour trouver des conseillers en investissement dans votre région, scannez le code QR ci-dessous. Vous pouvez également trouver des professionnels de la fiscalité, de l'assurance et de l'immobilier, ainsi que d'autres fournisseurs de services.

Tout le monde sait que le salaire d'un instituteur n'est pas très élevé. Avec un revenu inférieur à 40 000 $, un fils adoptif et aucun plan pour notre avenir financier, je savais que nous devions changer les choses. Nous avons entendu parler du plan de Dave Ramsey à notre communauté et nous avons été tellement inspirés que nous nous sommes fixés pour objectif de rembourser notre prêt hypothécaire de 50 000 $ en cinq ans. Nous savions que pour procéder à une métamorphose financière, les vacances et les jouets de luxe n'étaient plus d'actualité et que nous devrions nous serrer considérablement la ceinture. Mais nous étions enthousiastes à l'idée de ce qui nous attendait à la ligne d'arrivée.

J'ai lancé quelques activités annexes – préparation de déclarations de revenu et eBay – et j'ai pu ajouter environ 15 000 $ à notre paiement. Avec ce revenu supplémentaire, on pourrait penser qu'il serait facile de rembourser un prêt hypothécaire de 50 000 $ en cinq ans, mais nos projets d'adoption d'une petite fille en Chine étaient prioritaires. Les frais d'adoption s'élevaient à environ 17 000 $, et juste au moment où je pensais que mon épouse ne pourrait pas tomber enceinte... surprise ! Notre assurance maladie ne couvrant pas l'accouchement, nous avons dû ajouter 5000 $ à nos paiements.

Avec une famille qui s'agrandissait, nous étions plus déterminés que jamais à nous débarrasser de notre prêt hypothécaire. Et Dieu soit loué ! Nous y sommes parvenus en moins de quatre ans ! Nous avons atteint notre objectif un an plus tôt que prévu. Cela prouve que si nous pouvons le faire, tout le monde peut le faire.

Maintenant que nous sommes de l'autre côté, c'est vraiment génial. C'est un sentiment si paisible de savoir que l'argent ne nous contrôle pas. Même si je suis toujours enseignant et que mon épouse reste à la maison avec nos enfants... MAINTENANT, nous pouvons prendre des vacances et acheter des jouets de luxe. De plus, nous avons adopté une autre petite fille en Chine, ce qui fait de nous une famille de cinq personnes vivant avec un salaire d'enseignant. Nous sommes en mesure de donner librement à des personnes et à des organisations auxquelles nous croyons et qui s'occupent d'enfants orphelins en Chine.

Nous donnons comme jamais auparavant, nous épargnons comme jamais auparavant et, surtout, nous vivons comme Dieu l'a voulu, comme jamais auparavant.

Keith (40 ans) et
Karen (42 ans) McGinty
Professeur de mathématiques;
mère au foyer

La 7e étape (Constituez un patrimoine et donnez) comporte une sous-section *b*, une autre étape. Cette deuxième étape pour devenir riche est le « point culminant ».

Ayant grandi dans les banlieues du Tennessee, je me déplaçais à vélo et j'avais l'habitude d'affronter des collines. Pour un enfant de sept ans qui n'avait qu'une seule vitesse sur son engin, une énorme colline ressemblait au mont Everest. Je ne sais pas quel enfant l'a fait en premier, mais la technique pour gravir les collines à vélo a été transmise de génération en génération : le zigzag. Au lieu de pédaler tout droit, nous allions péniblement d'un côté à l'autre, prenant une petite bouchée à la fois de notre montagne. Les cartes de baseball des joueurs impopulaires produisaient un lent *clic*, *clic*, *clic* dans les rayons au fur et à mesure de notre ascension. Il faisait chaud comme dans un four, et les perles de sueur se transformaient en rivières.

C'est le moment où un enfant de sept ans pousse avec tous les muscles de son corps. La tension et la détermination se lisent sur son visage comme le masque d'Halloween de l'année dernière. Il tire sur le guidon avec toute la puissance que les muscles de ses bras peuvent produire pour pousser ses jambes sur les pédales une fois de plus. Pousser, pousser, respirer, respirer – jusqu'au sommet.

Que trouve-t-on au sommet ? Les plus cyniques d'entre nous se contentent de dire : « Encore une colline à gravir. » Ceux d'entre nous qui ont encore un enfant en eux savent ce qu'il y a au sommet. Ceux d'entre nous qui ont encore en eux un enfant capable de rêver, de croire et d'espérer savent ce qu'ils ont trouvé au sommet. Ceux d'entre nous qui ont gravi des collines incroyables savent ce que j'ai trouvé ce jour d'été dans le Tennessee, au sommet de la colline. J'ai trouvé ce moment parfait. Le moment parfait où l'on appuie une dernière fois sur la pédale avant de descendre de l'autre côté. Le moment parfait où l'on reste en équilibre, après toute la sueur, le travail et l'agonie, et où un sourire se dessine sur notre visage. Ce moment, juste avant la glorieuse descente, est le point culminant.

Et la descente *est* glorieuse. Le vent souffle dans nos cheveux et nos pieds ne sont plus sur les pédales mais sur le guidon. Le *clic*, le *clic*, le *clic* des cartes de baseball se transforme en un bavardage dont le son ressemble à celui de milliers de grillons. Vous appréciez maintenant la balade ; la descente en roue libre est le fruit de votre labeur. Les souvenirs de l'effort, de la sueur et des échecs répétés s'estompent à mesure que le soleil brille et que le vent chatouille vos oreilles en chuchotant : « Tu es le roi ! Tu as réussi ! Tu as gravi la colline ! Tu n'as pas abandonné ! Tu as payé le prix pour gagner ! » Le sourire de votre âme vous dit : « Accomplissement ».

Si vous commencez à penser que je suis un peu trop dramatique, qu'il en soit ainsi. Il est difficile de décrire l'atteinte du point culminant sans émotion. Ce petit pas nous amène au point où votre argent travaille plus dur que vous, le point culminant. C'est le moment où l'intensité de la gazelle a atteint la masse critique et où votre argent prend une vie propre.

Il ne s'agit pas d'abandonner la vie lorsque vous y parviendrez ; vous continuerez à gérer et à diriger, mais l'argent aura les pieds sur terre et vous serez en train de dévaler la pente. La richesse trouvera son chemin jusqu'à vous. Les erreurs dans votre déclaration de revenu seront en votre faveur ; le fisc les découvrira et vous renverra l'argent avec les intérêts. Eh bien, c'est probablement un rêve impossible, mais vous voyez ce que je veux dire.

Lorsque votre argent rapporte plus que vous, vous êtes officiellement riche. Lorsque vous pouvez vivre confortablement de vos revenus d'investissement, vous êtes financièrement à l'abri. L'argent est un travailleur acharné, plus acharné que vous. L'argent ne tombe jamais malade, ne tombe jamais enceinte et n'est jamais handicapé. L'argent travaille 24 heures sur 24, 7 jours sur 7. L'argent fait son travail, et il ne demande que des instructions et un maître ferme.

Vous avez atteint le point culminant lorsque vous pouvez vivre avec 8 % de votre pécule. Allez-y, multipliez votre pécule par 0,08, et si vous pouvez vivre avec ce chiffre ou si ce chiffre est supérieur à vos revenus, vous êtes en train de descendre en roue libre. Félicitations ! Votre argent rapporte plus que vous ! En faisant ce calcul, vous découvrirez à quel point vous êtes près de franchir cette étape majeure de la sécurité financière. Vous serez en mesure de calculer le montant de votre pécule au point culminant, et puis, en utilisant tous vos revenus disponibles, de voir combien d'années il vous faudra pour gravir cette colline. Croyez-moi, après cela, tout n'est que descente. Profitez-en.

LE DON EST LA PLUS GRANDE RÉCOMPENSE DE TOUTE LA SÉANCE D'ENTRAÎNEMENT

La partie la plus mature de votre personnalité rencontrera l'enfant qui sommeille en vous lorsque vous apprendrez à vous impliquer dans la dernière utilisation de l'argent, qui est de DONNER. Donner est probablement le plus grand plaisir que vous aurez jamais avec l'argent. S'AMUSER, c'est bien, mais vous vous lasserez du golf et des voyages, et si vous en mangez suffisamment, le homard commencera à avoir un goût de savon. INVESTIR, c'est bien, mais tourner autour du plateau de Monopoly finit par perdre de son attrait – surtout après avoir atteint le point culminant. Toutes les personnes mentalement et spirituellement saines que j'ai rencontrées ont été excitées par le fait de donner, tant que cela ne nuisait pas à leur situation. Après avoir rencontré des milliers de millionnaires, je peux vous promettre que la chose que les personnes saines ont en commun est l'amour du DON.

Seuls les forts peuvent aider les faibles, et cela vaut aussi pour l'argent. Un enfant en bas âge n'a pas le droit de porter un nouveau-né ; seuls les adultes qui ont la force musculaire nécessaire peuvent porter des bébés en toute sécurité. Si vous voulez aider quelqu'un, vous ne pouvez souvent pas le faire sans argent. La Bible affirme que la religion pure et sans tache consiste à aider le pauvre (saint Jacques 1:27). Margaret Thatcher a déclaré : « Personne ne se souviendrait du bon Samaritain s'il n'avait eu que de bonnes intentions ; il avait également de l'argent. » Le bon Samaritain avait un bon cœur et une bourse assez bien garnie pour payer un aubergiste afin qu'il s'occupe d'un homme blessé. L'argent était en jeu. Ce jour-là, l'argent était à son meilleur. L'argent donne du pouvoir aux bonnes intentions. C'est pourquoi je suis ouvertement favorable à la création de richesses.

Mon père est décédé lorsque j'avais cinq ans, si bien que je suis resté seul avec mes deux sœurs et ma mère pendant la plus grande partie de mon enfance. Ma mère a fait de son mieux, mais je n'ai jamais vraiment eu quelqu'un à qui parler des questions financières. J'ai donc fini par m'endetter lourdement en achetant beaucoup de choses stupides et inutiles.

Après nous être mariés et avoir eu une fille, mon épouse et moi avons décidé que nous devions nous désendetter et commencer à épargner pour l'avenir. Il nous a fallu un certain temps pour mettre en place un plan, car nous gérions notre argent chacun de notre côté. Mais finalement, nous avons décidé de nous débarrasser de nos dettes une fois pour toutes !

Nous avons remboursé 50 000 $ et, sans nouvelle activité de crédit, notre cote de crédit s'en est ressentie. Mais nous nous en moquions : nous ne vénérons plus cette toute-puissante cote ! Nous avons détruit toutes nos cartes de crédit, mis 10 000 $ dans notre fonds d'urgence et nous n'avons plus aucune dette, à l'exception de notre prêt hypothécaire !

Maintenant que nous nous en sortons bien financièrement, nous avons de l'argent à donner lorsque nous nous sentons appelés à le faire. L'année dernière, l'amie de notre fille a perdu son père juste avant la rentrée scolaire. Sa mère était en invalidité temporaire et n'avait que peu de revenus, ce qui rendait les frais de scolarité de son école privée très lourds. Connaissant la douleur de la perte d'un parent, je ne voulais pas que l'amie de notre fille soit confrontée non seulement à la perte de son père, mais aussi au traumatisme d'un changement d'école. Mon épouse et moi avons donc décidé d'intervenir et de payer les frais de scolarité de la jeune fille pour l'année. Elle a pu rester avec ses amis pendant cette période difficile de sa vie, et nous avons eu la chance de pouvoir l'aider !

Acheter des choses peut être agréable, mais donner est toujours très agréable et satisfaisant. Nous sommes reconnaissants à Dieu de nous avoir appris à gérer notre argent, car nous pouvons maintenant chercher des moyens de bénir financièrement les autres. Toutes les « choses » du monde ne peuvent être comparées au sentiment d'aider les autres dans le besoin.

Ron (44 ans) et
Teresa (46 ans) Brewer
Vendeur; responsable d'une
clinique pour enfants

LÂCHEZ PRISE

Malheureusement, je rencontre des gens qui essaient d'éviter cette troisième utilisation de l'argent, pensant à tort qu'ils finiront par en avoir plus. Eric Butterworth parle d'un système intéressant utilisé pour capturer les singes dans la jungle. Les ravisseurs utilisent de lourdes bouteilles en verre à long col. Dans chaque bouteille, ils déposent des noix à l'odeur sucrée. L'arôme des noix attire un singe vers la bouteille. Lorsqu'il y plonge la main pour prendre les noix, le goulot de la bouteille est trop étroit pour que son poing ressorte. Le singe ne peut pas retirer sa main de la bouteille sans laisser tomber les noix, ce qu'il ne veut pas faire. Les bouteilles étant trop lourdes pour être emportées, le singe est pris au piège de la cupidité. Nous pouvons sourire de ces singes stupides, mais combien de fois notre liberté nous a-t-elle été enlevée par notre seule cupidité ?

La plupart d'entre nous ont donné de l'argent à un moment ou à un autre, mais j'ai vu des choses vraiment amusantes se produire lorsque de bonnes personnes deviennent riches. Lorsque vous avez procédé à votre transformation financière totale, vous pouvez faire certaines choses à grande échelle. J'ai un ami qui, chaque année, achète 75 vélos flambant neufs pour un ministère situé dans les quartiers défavorisés. Il reçoit ces vélos à Noël et, en collaboration avec un groupe missionnaire qui connaît les familles de la région, il les distribue un par un aux enfants d'un projet de logement subventionné. Ce lieu est infesté par la drogue et la criminalité, mais un jour par année, ces jeunes voient quelqu'un qui ne demande rien en retour.

Un autre de mes amis pasteurs est impliqué dans un projet appelé Seeds of Kindness (Graines de bonté). Un homme, qui a gardé l'anonymat, a donné 50 000 $ aux membres de la congrégation pour qu'ils les distribuent, un billet de 100 $ à la fois. Les membres ne devaient pas utiliser le cadeau, ils ne devaient rien recevoir en retour et le don devait être fait de la manière la plus personnelle possible. Ces billets de 100 $ ont été distribués en main propre dans toute la ville, avec des résultats fabuleux. Des personnes qui avaient complètement perdu la foi en Dieu et en l'humanité ont été ébranlées par ce simple cadeau. Les donneurs déclarent souvent éprouver plus de plaisir que les receveurs.

UN PÈRE NOËL SECRET

Nous avons tous vu ces puissants exemples de don. *USA Today* a suivi pendant plusieurs années un homme qui se faisait appeler le père Noël secret. Il se promenait dans les rues pendant les Fêtes et distribuait des billets de 100 $. Rien n'était demandé, rien n'était attendu. Parfois, il donnait à des personnes dans le besoin, et d'autres fois, il donnait tout simplement. Chaque année, il distribuait environ 25 000 $ en billets de 100 $. Il a créé cette tradition il y a des années dans sa ville natale de Kansas City et l'a étendue à toute l'Amérique. Il a donné des billets à New York après le 11 septembre et dans la région de Virginie/Washington, D.C., après les attaques d'un tireur embusqué. Il s'est promené et a tendu aux gens des billets de 100 $. Il a été témoin de réactions fabuleuses et a entendu des histoires merveilleuses.

À la fin de l'hiver 1971, il travaillait comme vendeur et, lorsque son entreprise a fait faillite, il s'est retrouvé sans le sou. Il avait dormi dans sa voiture pendant huit jours et n'avait pas mangé depuis deux jours lorsqu'il s'est rendu au Dixie Diner. Il a commandé et pris un petit-déjeuner copieux. Il a attendu que la foule se disperse, puis il a fait comme s'il avait perdu son portefeuille. Le propriétaire du restaurant, Tom Horn, qui était aussi le cuisinier, s'est approché du tabouret où le père Noël secret était assis, a pris un billet de 20 $ et a dit : « Mon fils, tu as dû le faire tomber. » Le père Noël secret a compris plus tard que Tom lui avait donné ce billet de 20 $ pour lui permettre de se sortir d'une situation délicate en conservant sa dignité. En repartant, le père Noël secret a dit: « Merci, Seigneur, pour cet homme, et je promets que si jamais j'ai de l'argent, je ferai la même chose. »

En 1999, le père Noël secret, devenu un homme d'affaires très prospère, est allé voir Tom Horn, âgé de 85 ans, dans sa maison de Tupelo, dans le Mississippi. Il a raconté l'histoire du jeune homme affamé de 1971, alors qu'il se tenait sous le porche de Tom, coiffé d'un bonnet de père Noël. Il a demandé à Tom ce qu'il pensait que ces 20 $ vaudraient en ce jour, et Tom a répondu en riant: « Probablement 10 000 $ ». Le père Noël secret a alors remis à Tom 10 000 $ en liquide dans une enveloppe. Bien sûr, Tom a essayé de les lui rendre, mais le père Noël secret a fini par le convaincre et Tom a déposé l'argent à la banque. Il a dit qu'il pourrait en avoir besoin pour s'occuper de son épouse, atteinte de la maladie d'Alzheimer.

Tom a déclaré à propos du père Noël secret: « Il ne veut pas être remercié ou félicité pour ce qu'il fait. Il le fait par pure bonté d'âme. » Après avoir donné à des dizaines de personnes il y a quelques années, le père Noël secret a déclaré: « N'est-ce pas amusant de mettre du baume au cœur des gens et de voir les sourires sur leur visage ? » Je pense savoir pourquoi ce père Noël secret a donné. Il a donné parce que c'est le plus grand plaisir qu'il puisse avoir avec l'argent, et vous ne le saurez jamais tant que vous n'aurez pas essayé.

Il y a quelques années, l'identité du père Noël secret a été dévoilée. Il s'agissait de Larry Stewart, de Kansas City. Larry a révélé son identité parce que, après avoir donné plus de 1,3 million de dollars, on lui avait diagnostiqué un cancer. Le souhait de Larry était que nous perpétuions tous son héritage en tant que pères Noël secrets. C'est ce qu'on appelle faire fructifier l'argent !

FAITES LES TROIS

L'argent ne sert qu'à trois choses : S'AMUSER, INVESTIR et DONNER. Vous ne pouvez pas prétendre avoir procédé à une transformation financière totale tant que vous n'avez pas fait ces trois choses. Vous n'êtes pas obligé d'acheter une Harley, d'investir des millions ou de donner 25 000 $ en liquide, mais vous devez faire un peu de tout cela. Et comme je l'ai dit plus haut, vous devriez commencer à faire un peu de tout cela au fur et à mesure que vous franchissez les étapes. Donner quelque chose, même s'il s'agit simplement de donner de son temps en servant de la soupe aux sans-abri, doit commencer dès la première étape. Le plaisir commence également à ce stade, même s'il doit s'agir d'un plaisir peu coûteux au début ; le plaisir devient plus grand et meilleur au fur et à mesure que l'on franchit les étapes. L'investissement, bien sûr, commence à la 4e étape (Investissez 15 % de vos revenus dans un compte de retraite). Vous ne profiterez pas pleinement de votre argent si vous ne faites pas les trois.

Quelqu'un qui ne s'amuse jamais avec l'argent passe à côté de l'essentiel. Celui qui n'investit jamais d'argent n'en aura jamais. Celui qui ne donne jamais est un singe qui a la main coincée dans une bouteille. Faites un peu de tout cela et, si vous êtes marié, laissez un peu de marge à votre conjoint dès qu'il y en a. Une fois passée l'étape du fonds d'urgence, fonctionnez tous deux dans les domaines que vous préférez. Mon épouse, Sharon, est une épargnante naturelle, elle triche donc toujours en faveur de l'investissement. Je suis un dépensier naturel, alors je m'assure qu'elle s'amuse. Nous aimons tous les deux donner.

Veuillez appuyer sur ces pédales une fois de plus. Avancez en zigzag s'il le faut ; l'échec n'est pas une option. Poussez, poussez ! Je vous promets, et les dizaines de milliers de personnes qui ont atteint leur point culminant dans leur programme de métamorphose financière vous promettent, qu'au sommet de la colline, commence une descente glorieuse. Accompagnez-nous dans cette descente !

Scannez le code QR ci-dessous pour en savoir plus sur l'augmentation de vos investissements à la 7e étape.

J'étais bizarre avant que la bizarrerie ne devienne cool. J'ai commencé à épargner pour ma première maison à l'âge de 17 ans et j'en ai payé la moitié à l'âge de 23 ans. Ma future épouse, en revanche, était légèrement différente. Lorsque nous nous sommes mariés, elle avait 13 cartes de crédit et un prêt automobile d'un montant de 30 000 $. Je savais que ce n'était pas une bonne situation pour de jeunes mariés, et nous avons donc décidé de nous libérer de nos dettes.

Même si mon épouse était un peu réticente, nous avons commencé à travailler sur le remboursement des dettes de consommation et du prêt hypothécaire de 95 000 $ que nous avions contracté pour notre nouvelle maison. C'est à ce moment-là que j'ai découvert le programme de transformation financière totale et que j'ai décidé de m'y mettre à fond. J'ai donc créé une entreprise d'entretien de pelouses à temps partiel en utilisant les outils que je possédais déjà, et ma belle-mère m'a laissé utiliser sa tondeuse autoportée à condition que je tonde son gazon tous les samedis. Nous nous sommes mis à régler nos factures allègrement.

Mon épouse rêvait de rester à la maison avec nos enfants. Grâce à mon entreprise d'entretien de pelouses en plein essor et à un budget serré, nous avons éliminé les dettes de consommation en 10 mois, et lorsque nous avons décidé de fonder une famille, c'est exactement ce qu'elle a pu faire. Pendant longtemps, nous avons consacré presque chaque sou disponible au remboursement de notre prêt hypothécaire, et aujourd'hui nous pouvons fièrement crier : « Nous n'avons plus de dettes ! »

Les disputes au sujet de l'argent ont disparu. Si quelque chose se casse, nous le réparons ou le remplaçons. Ce n'est même pas une préoccupation. J'ai tout le temps que je veux passer avec ma famille, sachant que l'avenir de tous sera radieux parce que nous avons fait des sacrifices pour cela.

Peu de temps après avoir remboursé notre prêt hypothécaire, nous avons entamé la 7e étape, et permettez-moi de vous le dire… donner de l'argent est un sentiment agréable, et c'est facile à faire lorsqu'on n'a plus de dettes. Nos comptes de retraite sont approvisionnés, de même que les fonds destinés à l'enseignement supérieur de nos deux garçons. Investir est essentiel ! Vous devez le faire MAINTENANT, car vous ne pourrez pas récupérer le temps perdu. Plus tard dans la vie, vous serez tellement heureux de l'avoir fait. Désormais, nous pouvons prendre notre retraite comme nous l'entendons et quand nous l'entendons. Aujourd'hui, nous avons plus de 100 000 $ de fonds de retraite, 90 000 $ d'épargne, notre maison vaut maintenant 450 000 $ et nous avons payé comptant deux voitures plus récentes. Le symbole de mon statut est donc le prêt hypothécaire remboursée ET la BMW dans l'allée.

Luke (36 ans) et
Laura (34 ans) Lokietek
Programmeur-analyste principal;
femme au foyer

CHAPITRE 13

Vivez comme personne d'autre

Vous avez commencé ce livre en étant financièrement désorganisé, mal structuré en étant surchargé de dettes, en n'étant pas en forme sur le plan de l'épargne et en ayant désespérément besoin d'un entraîneur personnel. Dans ces pages, vous avez découvert comment des dizaines de milliers de personnes ordinaires sont parvenues à une bonne santé financière. Il s'agit d'un livre sur la façon de sortir de l'endettement et de s'enrichir. Cependant, le programme de transformation financière totale présente un problème. Le problème est simplement qu'il s'agit d'un « plan éprouvé » parce qu'il fonctionne. Si vous suivez ce système, il *fonctionnera*. Il fonctionnera si bien que vous deviendrez riche au cours des 20 à 40 prochaines années. Le problème quand on devient riche, c'est qu'on risque de devenir épris, amoureux de la richesse. Nous pouvons facilement commencer à vénérer l'argent, surtout lorsque nous en avons.

UN FAUX SENTIMENT DE SÉCURITÉ

Selon les Proverbes (10:15), la fortune du riche peut devenir sa place forte. À l'époque de la Bible, le mur qui entourait la ville servait à la protéger de l'ennemi. Si la seule chose que vous retirez de votre richesse est une vision erronée de celle-ci, la richesse détruira votre paix. Si vous en tirez l'idée que vous êtes quelqu'un d'important parce que vous avez amassé de l'argent, vous n'avez pas compris l'essence de la transformation financière totale de l'argent. La personne riche qui est gouvernée par son argent n'est pas plus libre que le consommateur criblé de dettes dont nous avons parlé tout au long de ce livre. Antoine Rivaroli a dit: « Il y a des gens qui n'ont de leur fortune que la crainte de la perdre. »

Comme vous avez lu de nombreuses pages sur mon système de développement de la richesse, vous pourriez penser que je crois que l'argent est la réponse au bonheur, au bien-être émotionnel et à la maturité spirituelle. Vous auriez tort, car je sais que ce n'est pas le cas. Au contraire, je vois un réel danger spirituel à posséder de grandes richesses. Ce danger, c'est le matérialisme à l'ancienne. Dans son excellent livre intitulé *Money, Possessions, and Eternity*, l'auteur Randy Alcorn jette un regard approfondi sur le matérialisme.

Randy parle d'une maladie qui sévit en Amérique: la « grippe de l'abondance ». C'est une maladie qui touche certaines personnes aisées et leurs enfants. Parce que ces personnes recherchent le bonheur, le réconfort et l'épanouissement dans la consommation d'objets, elles sont confrontées à un problème. En essayant de faire faire aux objets ce pour quoi ils n'ont pas été conçus, elles n'obtiennent rien et finissent par être déprimées, voire suicidaires. Elles découvrent alors la sagesse de cet autocollant de pare-chocs: « Celui qui meurt avec le plus grand nombre de jouets est tout de même mort. » Les objets sont merveilleux; achetez-en, mais ne laissez pas la recherche de la richesse devenir votre dieu.

Mon épouse et moi craignions que notre richesse soit une malédiction et non une bénédiction pour nos enfants. Nous avons donc été durs avec eux lorsqu'ils étaient jeunes en ce qui concerne le travail, l'épargne, le don et les dépenses. Dès leur plus jeune âge, nous avons exigé beaucoup d'eux. Aujourd'hui, je suis très fier du caractère de nos enfants adultes. Comme leurs parents, ils ne sont pas parfaits, mais ils s'en sortent bien.

Lorsque l'une de mes filles était adolescente, elle s'est plainte à moi : « Sais-tu à quel point il est difficile d'être l'enfant de Dave Ramsey ? Papa, tu es si dur avec nous, tu nous obliges à acheter nos propres voitures, à gérer nos propres chéquiers. Tu ne nous laisses pas de répit. » Je lui ai répondu que nous étions intransigeants avec eux parce qu'un jour ils hériteront de notre richesse, et que cette richesse pourra soit ruiner leur vie, soit devenir un outil de grand bien.

Mes enfants, vous et moi pouvons obtenir de bonnes choses grâce à notre transformation financière totale seulement si nous avons le caractère spirituel nécessaire pour reconnaître que la richesse n'est pas la réponse aux questions de la vie. Nous devons également admettre que si la richesse est très agréable, elle s'accompagne d'une grande responsabilité.

Un autre paradoxe est que la richesse vous rendra plus fidèle à ce que vous êtes. Laissez-vous-en imprégner pendant une minute. Si vous êtes un crétin et que vous devenez riche, vous serez le roi des crétins. Si vous êtes généreux et que vous devenez riche, vous serez le plus généreux. Si vous êtes gentil, la richesse vous permettra de faire preuve d'une gentillesse incommensurable. Si vous vous sentez coupable, la richesse fera en sorte que vous vous sentirez coupable pour le reste de votre vie.

L'AMOUR DE L'ARGENT, ET NON L'ARGENT, EST LA RACINE DE TOUS LES MAUX

En tant que chrétien, je suis étonné de voir que certains groupes politiques et religieux ont décrété que la richesse était un mal. De nombreux héros de la foi biblique, de l'histoire du monde et de notre nation étaient très riches, notamment le roi David, Salomon, Job et la plupart de nos pères fondateurs. Il existe un état d'esprit négatif qui justifie la médiocrité de l'argent et qui est exaspérant. La richesse n'est pas un mal, et les gens qui la possèdent ne sont pas mauvais en vertu de leur richesse. Il y a des connards riches et des connards pauvres. Dallas Willard, dans son livre intitulé *The Spirit of the Disciplines*, dit qu'*utiliser* la richesse, c'est encourager la consommation, que se *fier* aux richesses, que compter sur elles pour des choses qu'elles ne peuvent pas fournir, mais que *posséder* les richesses, c'est avoir le droit de dire comment elles seront ou ne seront pas utilisées.

Si vous êtes une bonne personne, c'est votre devoir spirituel de posséder des richesses pour le bien de l'humanité. Si vous êtes un chrétien comme moi, il est de votre devoir spirituel de posséder des richesses afin de pouvoir en faire des choses qui rendent gloire à Dieu. En fin de compte, si vous estimez que la gestion des richesses est mauvaise ou charnelle, alors, par défaut, vous laissez toutes les richesses aux personnes mauvaises et charnelles. Si la richesse est spirituellement mauvaise, alors les bonnes personnes ne peuvent pas l'avoir, et ce sont les mauvaises personnes qui l'obtiennent. Il est du devoir des bonnes personnes d'obtenir la richesse pour la garder loin des mauvaises personnes parce que les bonnes personnes feront le bien avec elle. Si nous abandonnons tous l'argent parce que certaines âmes égarées le considèrent comme un mal, les seuls à posséder de l'argent seront les pornographes, les trafiquants de drogue et les proxénètes. C'est assez simple ?

POUR VOUS DONNER DE L'ESPOIR

Je pense que vous pouvez dire maintenant que la transformation financière totale est plus qu'une simple discussion sur les questions d'argent. La métamorphose financière vous met face à l'homme ou à la femme que vous voyez dans le miroir. Face à cet homme ou à cette femme, nous devons faire face aussi aux aspects émotionnels, relationnels, physiques et même spirituels de notre vie. Les personnes fortunées que je connais et qui sont épanouies ne se sont pas contentées de procéder à une transformation *FINANCIÈRE*. Ils ont changé de vie. Les finances personnelles étant constituées à 80 % de comportements et à 20 % de connaissances théoriques, vous allez soit transformer votre vie au cours de ce processus, soit finir dans la misère.

Je suis très spirituel ici, mais le spirituel est un aspect légitime du comportement. Je vois des personnes bien équilibrées et mûres qui deviennent tout ce que Dieu a voulu qu'elles soient lorsqu'elles font le ménage dans leurs placards à argent. Dieu a un plan pour votre vie, et ce plan n'est pas de vous faire du mal, mais de vous donner un avenir et une espérance (Jérémie 29:11).

L'espoir, c'est ce que je veux que vous retiriez de ce livre. L'espoir que vous puissiez ressembler aux personnes dont j'ai raconté l'histoire. L'espoir que vous puissiez transformer vos problèmes d'argent en triomphes financiers. L'espoir que vous puissiez prendre votre retraite avec dignité. L'espoir que vous puissiez changer votre arbre généalogique, parce qu'en construisant votre richesse, vous laissez un héritage. L'espoir que vous puissiez donner de l'argent comme vous ne l'avez jamais fait auparavant. Il est temps pour vous de devenir une gazelle. Il est temps pour vous d'abandonner la lecture et la salle de classe, et d'appliquer ces principes. Ces principes sont vieux comme le monde et ils fonctionnent. Des dizaines de milliers de personnes ordinaires comme vous et moi se sont libérées de leurs dettes et sont même devenues riches grâce à ce plan. Ce n'est pas de la magie, c'est du bon sens. Ce qui est passionnant, c'est que tout le monde peut le faire – *n'importe qui.* Serez-vous le prochain ? Je l'espère.

QUATRIÈME PARTIE

TRANSFORMATION FINANCIÈRE

Commencez votre transformation totale ici dès maintenant

Nous avons une tradition au *Ramsey Show*. Elle a commencé par accident, il y a longtemps, lorsqu'une auditrice a appelé et a immédiatement commencé à me hurler qu'elle n'avait plus de dettes. Je n'ai même pas pu placer un mot ! Elle s'était sentie piégée par ses dettes pendant si longtemps que lorsqu'elle s'est enfin libérée, tout ce qu'elle voulait, c'était crier sa victoire à tue-tête ! Aujourd'hui, les cris de victoire font partie intégrante de notre émission. Souvent, les gens viennent en personne pour crier victoire depuis la scène que nous avons installée dans le hall de notre siège social et partager l'histoire de leur parcours. C'est à la fois une danse de la victoire pour eux et un encouragement pour tous ceux qui sont encore en chemin.

Je leur demande toujours ce qui a fait la plus grande différence lorsqu'ils ont fait les petits pas, chacune des étapes. Qu'est-ce qui leur a permis de réussir là où d'autres échouent ? La réponse ? À chaque fois, deux mots simples : le budget. Qu'ils aient remboursé 10 000 $ ou 500 000 $ de dettes, qu'ils aient un revenu de 30 000 $ ou 230 000 $, qu'ils soient mariés ou célibataires, qu'ils soient jeunes ou vieux, le fait d'avoir appris à vivre avec un budget est toujours le premier facteur de leur réussite.

Les personnes qui n'ont jamais fait de budget ont souvent des idées très arrêtées à ce propos. Plusieurs d'entre vous pensent qu'un budget est restrictif et que si vous le respectez, vous ne pourrez plus jamais dépenser de l'argent pour quelque chose d'amusant. Mais je vais vous dire ce qui n'est vraiment pas amusant : avoir l'impression que vous ne contrôlez pas votre argent, que vous vous en sortez à peine ou que vous n'arriverez jamais à avancer.

L'établissement d'un budget changera tout cela pour vous, car à la base, un budget n'est qu'un plan pour votre argent. C'est la façon dont vous indiquez à votre argent où il doit aller pour que vous puissiez cesser de vous demander où il est allé. Lorsque vous établissez un budget, vous savez que les besoins essentiels (nourriture, logement, services publics, transport) sont couverts. Vous ne craindrez plus que votre carte de débit soit refusée à l'épicerie – ou pire, que vos courses soient portées sur une carte de crédit. Finis les avis de retard pour le paiement de votre prêt hypothécaire. Lorsque vous utilisez votre budget pour payer un supplément sur votre dette, devinez quoi ? Votre dette est remboursée ! Lorsque vous utilisez votre budget pour épargner en vue d'un fonds d'urgence, de Noël ou d'une nouvelle voiture, devinez quoi ? Vous économisez réellement de l'argent pour atteindre ces objectifs ! L'établissement d'un bon budget est tellement essentiel à votre réussite que nous le considérons comme l'étape 0, et c'est un exercice que vous ferez sans cesse.

Si vous êtes marié, l'établissement d'un budget commun vous aidera à vous mettre d'accord avec votre conjoint sur les questions d'argent et à mettre un terme aux disputes. Vous ferez partie de la même équipe, vous travaillerez pour atteindre les mêmes objectifs. Pouvez-vous imaginer la paix que cela apportera à votre foyer ? Si vous êtes célibataire et que vous n'établissez pas de budget, vous savez déjà à quel point il est facile de cacher ses dépenses, même à soi-même. C'est pourquoi vous devez également établir un budget – afin de rendre des comptes à vous-même et aux objectifs que vous vous êtes fixés.

Pour réussir votre transformation financière totale de l'argent, vous devez planifier vos dépenses chaque mois, sur papier, avant le début du mois. Je dis « sur papier » parce que c'est ainsi que Sharon et moi avons commencé à établir notre budget – sur un bloc-notes jaune de format légal. Mais vous n'avez pas besoin d'être aussi vieux jeu (ou ringard) que moi, car mon équipe a créé, haut la main, la meilleure application de budgétisation au monde. Elle s'appelle EveryDollar et des millions de personnes l'utilisent chaque jour pour établir leur budget, faire le suivi de leurs dépenses et réaliser des progrès concrets dans l'atteinte de leurs objectifs financiers.

Nous croyons tellement à l'importance d'un budget pour votre réussite que nous vous donnons accès à la version premium de EveryDollar pendant trois mois – et ce tout à fait gratuitement ! Avec la version premium, vous pouvez relier vos comptes bancaires et intégrer vos transactions directement dans votre budget. De plus, vous aurez accès à toutes sortes de ressources pour vous aider à développer vos compétences en matière de budgétisation, ainsi qu'à des rapports pour demeurer sur la bonne voie. Et mon équipe ajoute sans cesse de nouvelles fonctionnalités !

Je ne vous promets pas que vous adorerez établir un budget après le premier mois. Il faut environ trois mois pour vraiment s'y habituer. N'abandonnez donc pas. Ce que je vous promets, c'est que si vous continuez à travailler et à respecter le budget que vous avez établi, vous commencerez à voir des progrès. Vous aurez enfin l'impression de contrôler votre argent. Votre conjoint et vous aurez une meilleure communication au sujet de l'argent. Vous aurez l'espoir que votre transformation financière totale fonctionnera. Tout ce que vous avez à faire est de scanner le code QR ci-dessous et de commencer !

À propos de l'auteur

Voix de confiance de l'Amérique en matière d'argent et d'affaires, Dave Ramsey est un expert en gestion des finances personnelles et une personnalité extrêmement populaire de la radio nationale. Il est l'auteur de cinq best-sellers du *New York Times*: *Financial Peace*, *More Than Enough*, *Transformation financière totale*, *EntreLeadership* et *Baby Steps Millionaires*. Le *Ramsey Show* est écouté par des millions d'auditeurs chaque semaine sur des centaines de stations de radio à travers les États-Unis. Dave est le fondateur et le PDG de Ramsey Solutions, une entreprise qui aide les gens à atteindre la liberté financière, à se fixer des objectifs de carrière et à renforcer leurs relations grâce à son cours intitulé Financial Peace University, à ses programmes d'études sur les finances personnelles, à ses événements en direct de classe mondiale, à ses balados informatifs et à bien d'autres choses encore.

Vers une transformation financière totale – Formulaires

Pour obtenir la version numérique
de ces formulaires (en anglais),
consultez le site **ramseysolutions.com/outils**.
Et découvrez l'application
EveryDollar sur **ramseysolutions.com/budgeting**.

Plan de trésorerie mensuel

Oui, ces formulaires comportent beaucoup de lignes et de cases.
Mais c'est très bien, car vous pourrez y inscrire pratiquement toutes les dépenses imaginables sur ce formulaire, pour vous éviter d'oublier quelque chose. Ne vous attendez pas à remplir chaque ligne. N'utilisez que celles qui sont appropriées à votre situation.

Étape 1
Inscrivez votre salaire mensuel net dans la case en haut à droite (**A**). C'est le montant dont vous disposez pour le mois à budgétiser. Jusque-là, tout va bien, n'est-ce pas?

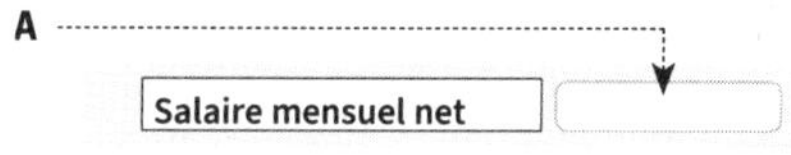

Étape 2
Chaque catégorie principale, comme la nourriture, comporte des sous-catégories, comme l'épicerie et les restaurants. Commencez par le haut et descendez en remplissant d'abord la colonne Budgétisé (**B**). Additionnez chaque sous-catégorie et inscrivez ce chiffre dans la case Total (**C**).

Faites également attention aux pourcentages recommandés par Dave (**D**). Cela vous aidera à ne pas budgétiser trop d'éléments dans une même catégorie.

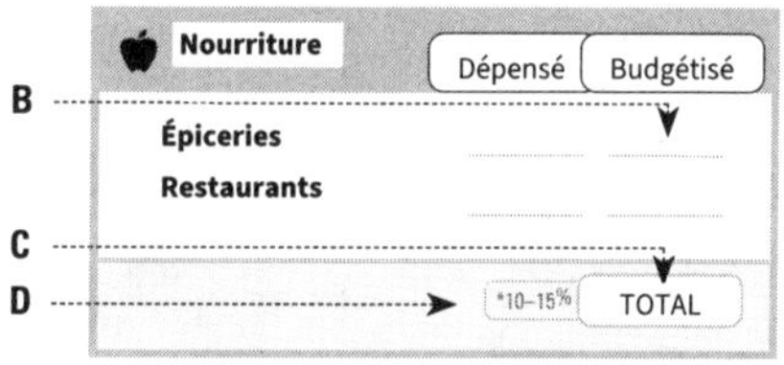

Étape 3
Enfin, inscrivez votre salaire mensuel net dans la case (**E**). Puis faites le total de toutes les catégories et inscrivez-le dans la case Total des catégories (**F**). Soustrayez ensuite montant de ce total de votre salaire net. Vous devriez avoir un solde nul (**G**). N'est-ce pas merveilleux?

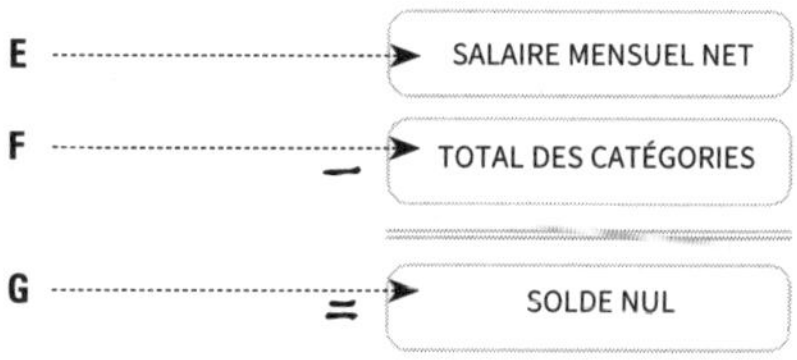

Étape 4
À la fin du mois, inscrivez ce que vous avez réellement dépensé dans la colonne Dépensé (**H**). Cela vous aidera à faire les ajustements nécessaires au budget du mois suivant.

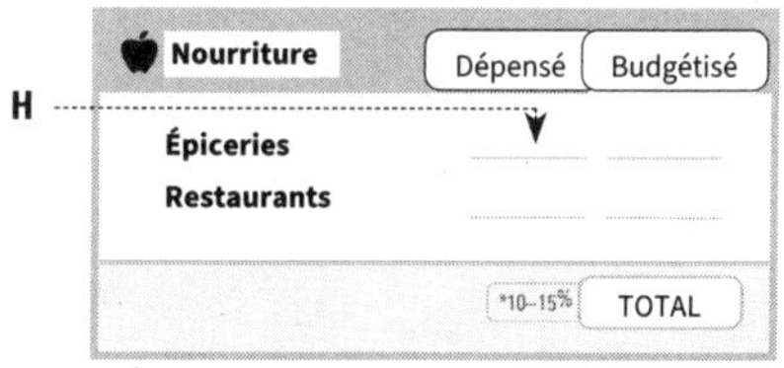

Plan de trésorerie mensuel

Salaire mensuel net ______

Additionnez la colonne et inscrire le total ici

Ces icônes représentent de bonnes options pour les enveloppes de trésorerie

DONS	Dépensé	Budgétisé
Dîmes		
Charité et offrandes		
*10–15%		TOTAL

NOURRITURE	Dépensé	Budgétisé
Épicerie		
Restaurants		
*5–15%		TOTAL

ÉPARGNE	Dépensé	Budgétisé
Fonds d'urgence		
Compte de retraite		
Fonds enseignement supérieur		
*10–15%		TOTAL

VÊTEMENTS	Dépensé	Budgétisé
Adultes		
Enfants		
Teinturerie		
*2–7%		TOTAL

LOGEMENT	Dépensé	Budgétisé
Hypo. 1er rang/loyer		
Hypo. second rang		
Taxes foncières		
Réparations/entretien		
Charges de copropriété		
*25–35%		TOTAL

TRANSPORT	Dépensé	Budgétisé
Carburant		
Réparations et pneus		
Permis conduire/taxes		
Remplacement auto		
Autre ______		
*10–15%		TOTAL

SERVICES PUBLICS	Dépensé	Budgétisé
Électricité		
Gaz		
Eau		
Ordures		
Téléphone/cellulaire		
Internet		
Câble		
*5–10%		TOTAL

SANTÉ	Dépensé	Budgétisé
Médicaments		
Factures médicales		
Dentiste		
Optométriste		
Vitamines		
Autre ______		
Autre ______		
*5–10%		TOTAL

*Pourcentages recommandés par Dave

ASSURANCE	Dépensé	Budgétisé
Vie		
Maladie		
Propriétaire/locataire		
Automobile		
Invalidité		
Vol d'identité		
Soins de longue durée		
*10–25% TOTAL		

PERSONNEL	Dépensé	Budgétisé
Gardiennage		
Articles de toilette		
Cosmétiques/cheveux		
Éducation/frais scolaires		
Livres/fournitures		
Pension alimentaire		
Abonnements		
Cotisations organismes		
Cadeaux (incluant Noël)		
Remplacement mobilier		
Argent de poche (mari)		
Argent de poche (épouse)		
Fournitures pour bébé		
Produits pour animaux		
Musique/technologie		
Divers		
Autre ______		
Autre ______		
Autre ______		
*5–10% TOTAL		

LOISIRS	Dépensé	Budgétisé
Divertissement		
Vacances		
*5–10% TOTAL		

DETTES	Dépensé	Budgétisé
Paiement de voiture 1		
Paiement de voiture 2		
Carte de crédit 1 ______		
Carte de crédit 2 ______		
Carte de crédit 3 ______		
Carte de crédit 4 ______		
Carte de crédit 5 ______		
Prêt étudiant 1		
Prêt étudiant 2		
Prêt étudiant 3		
Prêt étudiant 4		
Autre ______		
Autre ______		
Autre ______		
Autre ______		
Autre ______		
*5–10% TOTAL		

Votre objectif est de 0 %

Une fois que vous avez rempli chaque catégorie, soustrayez le total de toutes les catégories de votre salaire mensuel net.

Utilisez le formulaire « Récapitulation des sources de revenu » si nécessaire

REVENU

Additionnez les totaux de chaque catégorie

– TOTAL DES CATÉGORIES

Rappel — L'objectif d'un budget base zéro est de ramener ce chiffre à zéro.

= SOLDE NUL

Plan de répartition des dépenses

La vie réclame votre argent de tous les côtés. Passez du temps ici avant de le dépenser.

La *répartition* est un mot sophistiqué pour signifier « quand vous dépensez votre argent ». Nous allons nous appuyer sur votre plan de trésorerie mensuel et l'approfondir un peu plus en ventilant vos revenus par période de paie. Les quatre colonnes de ce formulaire représentent les quatre semaines d'un mois donné. Si vous êtes marié, combinez les revenus de votre conjoint avec les vôtres.

Étape 1a

Indiquez la période de paie dans la case (**A**). Il s'agit simplement de l'intervalle entre deux paies. Si vous êtes payé le 1er et le 15, votre 1re période de paie pour le mois de juillet, par exemple, sera du 1er au 14 juillet.

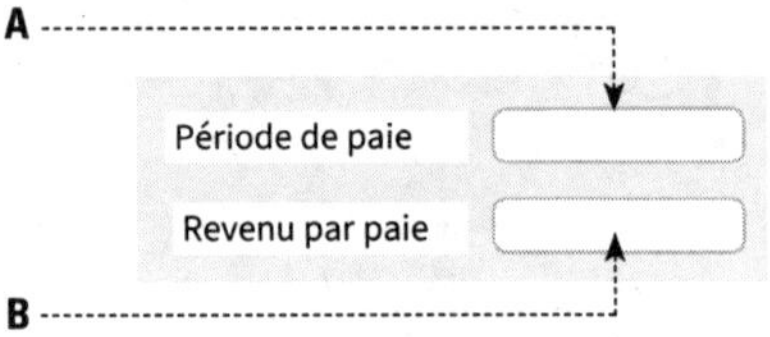

Étape 1b

Inscrivez le montant qui vous sera versé au cours de cette période de paie dans la case (**B**).

Étape 2

Inscrivez le montant de votre budget dans la colonne Budgétisé (**C**). Dans la colonne Reliquat (**D**), faites le total de la part de revenu de départ qu'il vous reste pour cette période de paie.

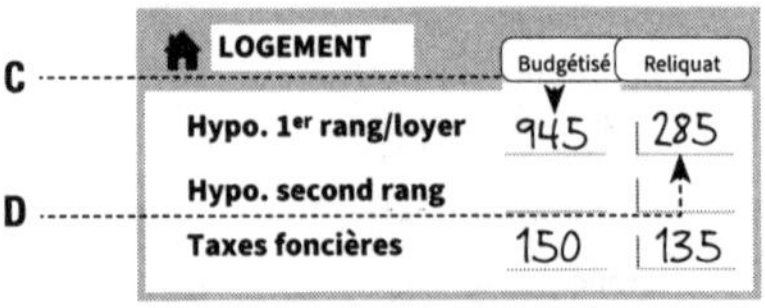

Étape 3

Continuez à descendre dans la liste jusqu'à ce que la colonne Reliquat (**E**) atteigne zéro. Lorsque le solde est égal à zéro, vous avez terminé l'établissement du budget pour cette période de paie.

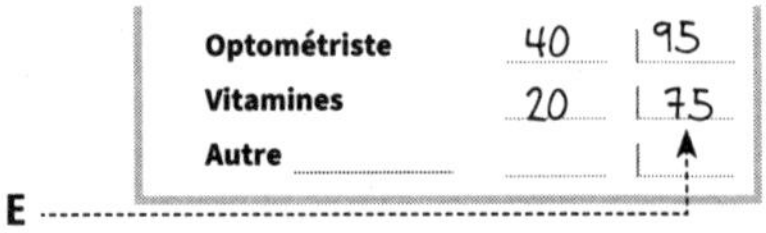

Étape 4

S'il vous reste de l'argent à la fin de la colonne (**F**), revenez en arrière et ajustez une catégorie, par exemple épargne ou dons, afin de dépenser chaque dollar.

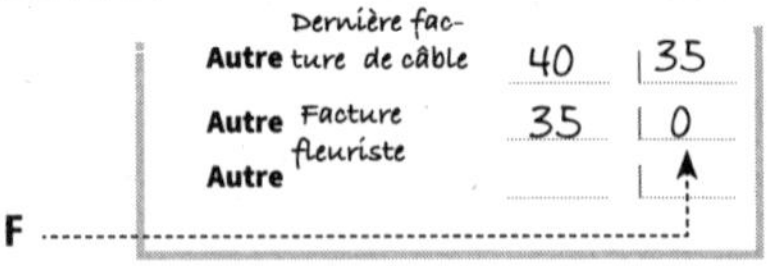

Plan de répartition des dépenses

Période de paie				
Revenu par paie				

Revenu
− Dîme
= Reliquat à budgétiser pour cette période de paie

DONS	Budgétisé	Reliquat	Budgétisé	Reliquat	Budgétisé	Reliquat	Budgétisé	Reliquat
Dîmes								
Organisation caritative et offrandes								

«Reliquat» - «Budgétisé». Dans un sens et dans l'autre.

ÉPARGNE	Budgétisé	Reliquat	Budgétisé	Reliquat	Budgétisé	Reliquat	Budgétisé	Reliquat
Fonds d'urgence								
Compte de retraite								
Fonds enseignement sup.								
Autre ______								
Autre ______								

LOGEMENT	Budgétisé	Reliquat	Budgétisé	Reliquat	Budgétisé	Reliquat	Budgétisé	Reliquat
Hypo. 1er rang/loyer								
Hypo. second rang								
Taxes foncières								
Réparations/entretien								
Charges de copropriété								
Autre ______								
Autre ______								

SERVICES PUBLICS	Budgétisé	Reliquat	Budgétisé	Reliquat	Budgétisé	Reliquat	Budgétisé	Reliquat
Électricité								
Gaz								
Eau								
Ordures								
Téléphone/cellulaire								
Internet								
Câble								
Autre ______								
Autre ______								

Plan de répartition des dépenses

Périodes de paie				

Lorsque le « Reliquat » est égal à zéro, vous avez terminé la budgétisation pour cette période de paie.

NOURRITURE	Budgétisé	Reliquat	Budgétisé	Reliquat	Budgétisé	Reliquat	Budgétisé	Reliquat
Épicerie								
Restaurants								

VÊTEMENTS	Budgétisé	Reliquat	Budgétisé	Reliquat	Budgétisé	Reliquat	Budgétisé	Reliquat
Adultes								
Enfants								
Nettoyage à sec								

TRANSPORT	Budgétisé	Reliquat	Budgétisé	Reliquat	Budgétisé	Reliquat	Budgétisé	Reliquat
Carburant								
Réparations/pneus								
Permis conduire/taxes								
Remplacement auto								
Autre ______								
Autre ______								
Autre ______								

SANTÉ	Budgétisé	Reliquat	Budgétisé	Reliquat	Budgétisé	Reliquat	Budgétisé	Reliquat
Médicaments								
Factures médicales								
Dentiste								
Optométriste								
Vitamines								
Autre ______								
Autre ______								
Autre ______								
Autre ______								
Autre ______								
Autre ______								

Plan de répartition des dépenses

Périodes de paie				
Revenu par paie				

ASSURANCE

	Budgétisé	Reliquat	Budgétisé	Reliquat	Budgétisé	Reliquat	Budgétisé	Reliquat
Assurance vie								
Assurance maladie								
Propriétaire/locataire								
Assurance automobile								
Assurance invalidité								
Vol d'identité								
Soins de longue durée								

PERSONNEL

	Budgétisé	Reliquat	Budgétisé	Reliquat	Budgétisé	Reliquat	Budgétisé	Reliquat
Gardiennage								
Articles de toilette								
Soins cosmétiques et capillaires								
Éducation/frais de scolarité								
Livres/fournitures								
Pension alimentaire								
Abonnements								
Cotisations à des organismes								
Cadeaux (incluant Noël)								
Remplacement du mobilier								
Argent de poche (mari)								
Argent de poche (épouse)								
Fournitures bébé								
Produits pour animaux								
Musique/technologie								
Divers								
Autre ______								
Autre ______								
Autre ______								

Plan de répartition des dépenses

Périodes de paie								
LOISIRS	Budgétisé	Reliquat	Budgétisé	Reliquat	Budgétisé	Reliquat	Budgétisé	Reliquat
Divertissement								
Vacances								
Autre								
DETTES	Budgétisé	Reliquat	Budgétisé	Reliquat	Budgétisé	Reliquat	Budgétisé	Reliquat
Paiement voiture 1								
Paiement voiture 2								
Carte de crédit 1								
Carte de crédit 2								
Carte de crédit 3								
Carte de crédit 4								
Carte de crédit 5								
Prêt étudiant 1								
Prêt étudiant 2								
Prêt étudiant 3								
Prêt étudiant 4								
Autre								
Autre								
Autre								
Autre								
Autre								
Autre								
Autre								
Autre								
Autre								
Autre								
Autre								
Autre								
Autre								

Planification des revenus irréguliers

Les chèques de paie de certaines personnes se ressemblent tous, et ceux de certaines personnes ne se ressemblent pas.
Si vous êtes travailleur autonome ou vendeur, vous l'avez bien compris ! Mais vous n'êtes pas dispensé d'établir un budget. En fait, ce formulaire est essentiel pour cette raison ! Les dettes et les dépenses peuvent aisément excéder ce que vous gagnez.

Étape 1
Remplissez le formulaire « Plan de trésorerie mensuel » en vous basant sur ce que vous pensez raisonnablement rapporter à la maison pour le mois. Si vous n'êtes pas sûr, prenez comme point de départ le mois de l'année dernière où vos revenus ont été les plus faibles.

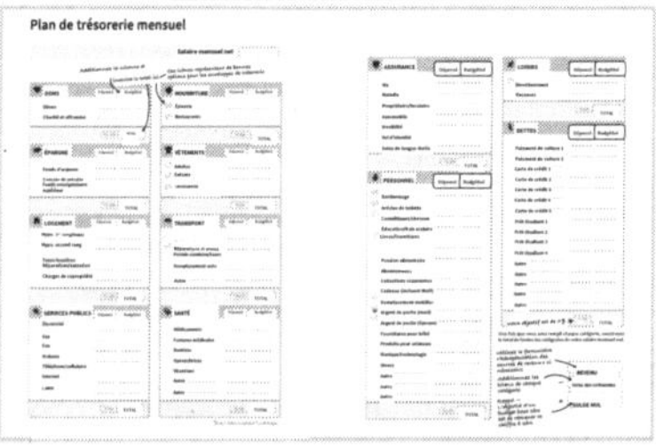

Étape 2
Dressez la liste de tout ce qui n'a pas été inclus dans votre plan de trésorerie mensuel dans la colonne (**A**). Il s'agit des éléments que vous n'avez pas pu budgétiser mais qui doivent être financés.

ÉLÉMENTS

A → Frais d'hôpital – Méthode boule de neige

Home Depot – Méthode boule de neige

Divertissement supplémentaire

Étape 3
Réinscrivez vos dépenses par ordre de priorité et tenez-en le compte. Il est essentiel de fixer de bonnes priorités. Par exemple, un voyage au soleil n'est pas plus important que de mettre de la nourriture sur la table !

BUDGÉTISÉ		TOTAL
460	+	460
1000	=	1460
50		1500

Étape 4
Lorsque vous êtes payé, inscrivez tout revenu supplémentaire dans la case (**B**). Par supplémentaire, on entend tout ce qui dépasse ce que vous avez budgétisé dans le plan de trésorerie mensuel.

Revenu supplémentaire	1500

B

Étape 5
Dépensez votre argent tout au long de la liste jusqu'à ce qu'il soit épuisé. Vous ne vous rendrez probablement pas au bas de la liste. Ce n'est pas grave ! C'est pourquoi il est important d'établir des priorités.

BUDGÉTISÉ		TOTAL
460	+	460
1000	=	1460
~~50~~ 40		~~1510~~ 1500

Plan des revenus irréguliers

Inscrivez ici tout revenu supplémentaire

Revenu supplémentaire	

Dressez la liste, par ordre de priorité, de tout ce qui n'a pas été pris en compte dans votre plan de trésorerie mensuel

Ajoutez chaque élément budgété au total, dans un sens et dans l'autre

ÉLÉMENTS	BUDGÉTISÉ	TOTAL

La méthode boule de neige

Vous avez constitué votre fonds d'urgence. Il est maintenant temps de vous débarrasser de vos dettes !

La méthode boule de neige vous permettra de remporter des victoires rapides et de prendre de l'élan ! Vous effectuerez des paiements minimums pour toutes vos dettes, à l'exception de la plus petite d'entre elles. Ensuite, vous vous attaquerez à cette dernière avec l'intensité d'une gazelle ! Vous y consacrerez tous les dollars que vous pourrez !

Étape 1

Dressez la liste de vos dettes dans l'ordre, de la plus petite à la plus grande. Ne vous préoccupez pas des taux d'intérêt, sauf si deux dettes ont un solde de remboursement similaire. Dans ce cas, indiquez d'abord celle dont le taux d'intérêt est le plus élevé.

Dettes	Remboursement total
Diagnostic	50
Frais d'hôpital	460
Home Depot	770

Étape 2

Attaquez-vous à la plus petite dette en payant le plus possible. Une fois que vous avez remboursé une dette, prenez le montant que vous payiez sur cette dette et ajoutez-le au paiement minimum de la dette suivante. Au fur et à mesure que la boule de neige roule, elle grossit. Vous comprenez ?

Paiement min.		Nouveau paiement
~~10~~		~~10~~
~~38~~	+	~~48~~
45	=	93

Étape 3

Chaque fois que vous remboursez une dette, rayez-la de votre liste. Cela vous montrera à quel point vous vous rapprochez de votre objectif, qui est de ne plus avoir de dettes !

~~Frais d'hôpital~~

~~Home Depot~~

~~VISA Chase~~

~~Pret automobile~~

JE N'AI PLUS DE DETTES !!!

La méthode boule de neige

Dressez la liste de vos dettes, de la plus petite à la plus grande, en fonction de leur solde

Lorsqu'une dette est remboursée, ajoutez le prochain paiement minimum au montant actuel. Ce montant devient le nouveau paiement

DETTES	PAIEMENT TOTAL	PAIEMENT MIN.	NOUVEAU PAIEMENT
			+
			=

Répartition de l'épargne

Ces éléments sont également appelés fonds d'amortissement. Ce sont les filets de sécurité de votre plan.

Une fois votre fonds d'urgence entièrement approvisionné, commencez à épargner pour d'autres postes, comme les meubles, les voitures, l'entretien de la maison ou les vacances. Ce formulaire vous rappellera que chaque dollar de votre compte d'épargne est déjà engagé dans quelque chose.

Montant de chaque fonds d'amortissement (→ SOLDE)

Votre solde cible pour chaque fonds d'amortissement (→ CIBLE)

ÉLÉMENTS	SOLDE	CIBLE
Fonds d'urgence (1) 1000 $		
Fonds d'urgence (2) 3-6 mois		
Compte de retraite		
Fonds d'études supérieures		
Taxes foncières		
Assurance habitation		
Réparations/entretien		
Remplacement des meubles		
Assurance automobile		
Remplacement de la voiture		
Assurance invalidité		
Assurance maladie		
Médecin		
Dentiste		
Optométriste		
Assurance vie		
Frais de scolarité/fournitures		
Cadeaux (incluant Noël)		
Vacances		
Remplacement de l'ordinateur		
Pneus		
Bébé		
Autre		
	TOTAL	

Calcul des capitaux propres

Votre valeur nette : ce que vous possédez moins ce que vous devez.

Utilisez ce formulaire pour dresser la liste de tous vos biens et de leur valeur. Soustrayez ensuite ce que vous devez, le cas échéant, pour chacun d'entre eux. Lorsque vous faites le total des colonnes, la case Total des capitaux propres en bas de page indique votre valeur nette.

La valeur de chaque élément

Quel est le montant de votre dette pour chaque poste ?

Soustrayez la dette de la valeur pour obtenir le montant des capitaux propres.

ÉLÉMENTS	VALEUR	–	DETTE	=	CAPITAUX PROPRES
Immobilier ____________					
Immobilier ____________					
Voiture ____________					
Voiture ____________					
Liquidités					
Compte chèque					
Compte d'épargne					
Compte du marché monétaire					
Fonds communs de placement					
Compte de retraite					
Valeur de rachat (assurance)					
Articles ménagers					
Bijoux					
Antiquités					
Bateau					
Dette non garantie (négative)					
Dette de carte de crédit (négative)					
Autre ____________					
Autre ____________					
	VALEUR TOTALE	–	TOTAL DE LA DETTE	=	TOTAL DES CAPITAUX PROPRES

Ceci est votre valeur nette

Formulaire de paiement forfaitaire

Ces éléments sont également appelés fonds d'amortissement. Ce sont les filets de sécurité de votre plan.

Une fois votre fonds d'urgence entièrement approvisionné, commencez à épargner pour d'autres postes, comme les meubles, les voitures, l'entretien de la maison ou les vacances. Ce formulaire vous rappellera que chaque dollar de votre compte d'épargne est déjà engagé dans quelque chose.

À l'échéance de ce poste, de quel montant aurez-vous besoin pour le couvrir?

Utilisez la formule ci-dessous pour déterminer le montant à budgétiser

Ce montant est intégré dans votre budget mensuel

ÉLÉMENT REQUIS	MONTANT REQUIS	÷	MOIS	=	BUDGÉTISÉ
Taxes foncières					
Assurance habitation					
Réparations résidentielles					
Remplacement des meubles					
Factures médicales					
Assurance maladie					
Assurance vie					
Assurance invalidité					
Assurance automobile					
Réparations de la voiture					
Remplacement de la voiture					
Vêtements					
Frais de scolarité					
Billet de banque					
Fisc (travailleur autonome)					
Vacances					
Cadeaux (incluant Noël)					
Autre ____________					
Autre ____________					

Principaux éléments

Votre plan financier comporte de nombreux éléments mobiles.

Vous devez donc savoir ce que vous devez faire et quand vous devez le faire. Ce formulaire vous indique les éléments essentiels qui doivent absolument faire partie de tout plan réussi. Allez-y ligne par ligne et notez les mesures que vous devez prendre pour chaque élément, puis fixez une date limite.

ÉLÉMENTS	ACTION REQUISE	DATE D'ACTION
Plan de trésorerie écrit		
Testament ou plan successoral		
Plan de réduction de la dette		
Plan de réduction des impôts		
Fonds d'urgence		
Compte de retraite		
Enseignement supérieur		
Dons		
Éducation des enfants		
Assurance vie		
Assurance maladie		
Assurance invalidité		
Assurance automobile		
Assurance habitation		
Assurance locataire		
Assurance soins de longue durée		
Assurance vol d'identité		

Pourcentages recommandés

Quel pourcentage de votre argent doit aller où ?

Voici quelques recommandations fondées sur l'expérience et la recherche. Si vous constatez que vous dépensez beaucoup plus dans une catégorie que ce que nous recommandons, envisagez d'adapter votre mode de vie dans ce domaine afin de bénéficier d'une plus grande liberté et d'une plus grande souplesse dans l'ensemble de vos dépenses. Il ne s'agit toutefois que de suggestions. Par exemple, si vous avez un revenu plus élevé, votre pourcentage pour des éléments comme la nourriture sera plus faible.

Utilisez la formule suivante pour obtenir vos pourcentages cibles

Revenu mensuel total X Pourcentage recommandé

Utilisez la formule suivante pour obtenir vos pourcentages réels

Montant budgétisé ÷ Revenu mensuel total X 100

ÉLÉMENTS	% RECOMMANDÉ	CIBLE	ACTUEL
Dons	10-15%		
Épargne	10-15%		
Logement	25-35%		
Services publics	5-10%		
Nourriture	5-15%		
Transport	10-15%		
Vêtements	2-7%		
Santé	5-10%		
Assurance	10-25%		
Personnel	5-10%		
Loisirs	5-10%		
Dettes	5-10%		

Récapitulation des sources de revenu

L'argent est amusant, si vous en avez.

Vous avez des rentrées d'argent quelque part, n'est-ce pas? Alors notez-les. Ce formulaire consigne toutes vos sources de revenu. Il n'y a pas d'argent « trouvé ». Tout compte, et tout doit figurer dans le budget!

Inscrivez ici le montant de chaque élément de revenu (→ MONTANT)

Inscrivez la date ou la période de paie à laquelle il arrivera (→ DATE D'ARRIVÉE)

EMPLOI	MONTANT	DATE D'ARRIVÉE
Chèque de paye 1		
Chèque de paye 2		
Commissions		
Primes		
Travail autonome		
Remboursement d'impôts		
Autre ______		
INVESTISSEMENTS/RETRAITE		
Revenus d'intérêts		
Dividendes		
Revenus locatifs		
Fonds fiduciaire		
Sécurité sociale		
Pension		
Rente		
Autre ______		
AUTRES		
Rente d'invalidité		
Pension alimentaire		
Aide temporaire aux familles nécessiteuses		
Cadeaux en espèces		
Assurance emploi		
Autre ______		
Additionnez et indiquez le revenu total →	TOTAL	

Liste des dettes au *prorata*

« Mais je ne peux pas verser les paiements minimums. » Ce n'est pas grave. Nous avons un plan pour cela.

Au *prorata* signifie « juste part ». Utilisez ce formulaire pour déterminer le pourcentage de vos revenus que représente chaque créancier, puis envoyez-lui un paiement accompagné d'une copie de ce formulaire et de votre budget chaque mois – même s'il dit qu'il ne l'acceptera pas.

Étape 1

Soustrayez les dépenses de première nécessité (**B**) du revenu du ménage (**A**). Vous obtenez ainsi votre revenu disponible (**C**). Il s'agit du montant qu'il vous reste pour rembourser vos dettes une fois que vous avez couvert toutes vos dépenses de première nécessité.

A	Revenu du ménage	
B	Dépenses de première nécessité	
C	Revenu disponible	

Étape 2

Faites le total de vos dettes et inscrivez ce montant dans la case Dette totale **(D).** Rassemblez ensuite toutes les factures et faites le total de tous vos paiements minimaux mensuels. Inscrivez ce total dans la case Total des paiements minimaux (**E**). Si le total de vos paiements minimaux est supérieur à votre revenu disponible (**C**), vous devez utiliser le formulaire intitulé Liste des dettes au *prorata*.

D	Dette totale	
E	Total paiements min.	

ÉLÉMENT	REMB. ÷	DETTE TOTALE =	% ×	REVENU DISPO. =	NOUVEAU PAIEMENT
F	G	H	I	J	K

Étape 3

Dressez la liste de chaque dette dans la colonne Élément **(F)** et inscrivez le montant total du remboursement de la dette dans la colonne Remboursement (**G**). Inscrivez également le montant de la dette totale (**H**) et du revenu disponible (**J**), le montant qui figure à la case (**C**) plus haut.

Étape 4

Sur chaque ligne, divisez le montant du remboursement (**G**) par le montant de la dette totale (**H**) pour obtenir le pourcentage (**I**). Ce chiffre vous indique la juste part de chaque créancier dans votre revenu disponible.

Étape 5

Multipliez le pourcentage **(I)** par votre revenu disponible (**J**). Inscrivez le résultat dans la colonne Nouveau paiement (**K**). C'est le calcul au *prorata* pour chaque créancier.

Liste des dettes au *prorata*

N'incluez pas les paiements de dettes à la consommation

Additionnez tous vos paiements minimaux et inscrivez-les ici

Revenu du ménage

Dépenses de première nécessité —

Revenu disponible =

Dette totale

Total des paiements min.

Additionnez vos dettes et inscrivez le total ici

Utilisez la formule suivante pour calculer le montant de votre nouveau paiement

ÉLÉMENT	REMB.	÷	DETTE TOTALE	=	%	x	REVENU DISPO.	=	NOUVEAU PAIEMENT

MARQUIS

Québec, Canada

Imprimé sur Sustana Enviro^MC.
Ce papier contient 100% de fibres recyclées durables,
est fabriqué avec un procédé sans chlore
et à partir d'énergie biogaz.

100%

PCF

BIOGAZ ÉNERGIE

PERMANENT